INHALT

W0190221

PROLOG 9

KAPITEL 1: Auf der Suche nach Hilfe 11
KAPITEL 2: Die ersten Tage im Krankenhaus 21
KAPITEL 3: Die Explosion 57
KAPITEL 4: Eine Mutprobe der besonderen Art 89
KAPITEL 5: Krankheitsgewinn 93
KAPITEL 6: Weihnachten 101
KAPITEL 7: Ein Leben auf der Zuschauerbank 109
KAPITEL 8: Paula 127
KAPITEL 9: Essen 135
KAPITEL 10: Ein neues Jahr beginnt 143
KAPITEL 11: Die drohende Entlassung 163
KAPITEL 12: Abschied 175
KAPITEL 13: Erste Schritte zurück ins Leben 185
KAPITEL 14: Kiara 197
KAPITEL 15: Ringen um Normalität 207
KAPITEL 16: Nur eine dumme Mango 213
KAPITEL 17: Licht am Horizont 223
KAPITEL 18: Ein Stück richtige Haut 233
KAPITEL 19: Die Reha 247
KAPITEL 20: Der Alltag kehrt zurück 261
KAPITEL 21: Heilung? 277

AUSKLANG: Leben mit Neurodermitis 303

NACHWORT: 311
Von Dr. Raphael Shimshoni

ANHANG 315

Was ist Neurodermitis? 316
Was sind die Ursachen? 317
Ist Neurodermitis heilbar? 319
Was hilft im Kampf gegen die Neurodermitis? 320
Imaginationstraining nach Simonton 323
Meine Erste-Hilfe-Tricks bei Juckreiz 324
    Kalte Dusche 324
    Kühlakkus 324
    Imaginationstraining mit dem Wasserfall 324
    Knöchelkratzen und Hautklopfen 324
Verbände 326
Fachkliniken 327
Interessante Webseiten 328
Thema Histamin 329
    Literatur 329
    Webseiten 329
Thema Brottrunk 330
Bioresonanz 331
Thema Korruption Pharma 332
    Buchtipp 332
    Webseiten 332

DANKSAGUNG... 333

PROLOG

Fassungslos sah ich mich im Spiegel an und fuhr mit den Fingerspitzen über meine verschorften Lippen, die verschwollenen Augenlider, die riefige, brandrote Haut auf der Stirn, auf den Wangen, um die Augen und den Mund herum. Tote Hautstücke rieselten dabei herab. Ich schaute ihnen nach, wobei mein Blick auf meinen aufgekratzten Hals fiel. Mir kamen die Tränen. Sie brannten auf der entzündeten Haut wie Feuer und lösten eine neue Juckattacke aus. Ich bohrte die Fingernägel in die ärgsten Stellen, fühlte durch den Schmerz kurzfristig Erleichterung, aber schließlich musste ich doch kratzen, und einmal angefangen, konnte ich nicht wieder aufhören. Ich schabte und bohrte meine Fingernägel in die Haut hinein, und mir war egal, wie sehr ich mein Gesicht damit zerschindete. Erkennen konnte ich mich ohnehin nicht mehr. Die Frau im Spiegel war uralt; ich aber erst 42 …

KAPITEL 1

Auf der Suche nach Hilfe

Auch der längste Weg
beginnt mit dem ersten Schritt.

Asiatische Weisheit

Das Warten machte mich nervös. Geduld war noch nie meine Stärke. Außerdem machte ich mir Sorgen – und ich hatte Angst. Ziemliche Angst sogar. Ich wusste so gar nicht, was mich hier erwartete …

Die Sekretärin der Hautklinik hatte mich in diese Bibliothek geführt.

»Die Frau Doktor wird gleich kommen und die Aufnahmebesprechung mit Ihnen machen«, hatte sie gemeint und mich dann in dem großen Raum allein gelassen. Von der Decke strahlten erbarmungslos grelle Neonlampen auf mich herunter. Sicher sehen die großen roten Ekzemflecke in meinem Gesicht und an meinem Hals bei diesem Licht besonders scheußlich aus, grummelte ich unwirsch in mich hinein. Am liebsten hätte ich das Licht ausgemacht, aber draußen fing es schon an zu dämmern, und wenn die Ärztin kam, würde sie es vielleicht komisch finden, mich hier im Halbdunkel sitzen zu sehen. Ich ging ans Fenster. Im letzten Tageslicht segelten dicke weiße Schneeflocken herab und deckten die Erde zu. Zu gern wäre auch ich mit meiner entzündeten Haut in diesem Moment unter einer solch herrlich weißen, alles verdeckenden Schicht verschwunden. Einfach so aussehen, wie alle anderen um mich herum aussahen: heil und gesund.

Seufzend wandte ich mich vom Fenster ab und ließ mich auf einem der vielen Stühle nieder, die um den großen Tisch in der Mitte des Raumes herumstanden. Ich sah mich um.

An der Wand hing ein Kalender. Das Tagesblatt zeigte den 13. Dezember 2005. Mein Blick wanderte weiter zu den Regalen, die mich umgaben. Sie reichten bis zur Decke hinauf und waren vollgestopft mit Fachliteratur über Neurodermitis, Vitiligo und Psoriasis. Na also, sprach ich mir Mut zu, wenn schon so viele Bücher über Neurodermitis geschrieben worden sind, steht doch in einem von ihnen sicher auch, was in meinem ganz konkreten Fall zu tun ist! Ich war versucht, mir eines der Bücher zu nehmen und darin zu stöbern, wagte es dann aber doch nicht.

Die Tür ging auf. Eine hübsche, überraschend junge Ärztin schwirrte mit wehendem weißen Kittel herein und begrüßte mich mit einem herzlichen Lächeln.

»Hallo, Frau Wolff, ich bin Doktor Schneider.«

Ihr Händedruck war fest, verbindlich und angenehm warm. Sie setzte sich mir gegenüber.

»Die Schwester hat Ihnen ja sicher schon gesagt, dass wir erst einmal eine gründliche Anamnese machen müssen«, meinte sie.

Ich nickte. Als ihr prüfender Blick über mich glitt, hätte ich mich am liebsten in eine dunkle Ecke verkrochen. Ich mochte es nicht, wenn man mich so ansah, auch wenn ihr, als meiner Ärztin, natürlich keine andere Wahl blieb. Schließlich musste sie sich ein Bild von mir und meinem Hautzustand machen. Trotzdem war es mir unangenehm, dass sie so auf diese geröteten, riefigen Stellen um meine Augen blickte und auf die roten Flecken auf der Wange, am Kinn und am Hals …
Endlich beendete sie ihre Hautschau. Sie machte sich ein paar Notizen und las noch einmal kurz, was in ihren Unterlagen über mich stand.

»Sie kommen aus Spanien zu uns?«, meinte sie anschließend erstaunt.

»Ja, dort lebe ich, zumindest zeitweise, und nicht zuletzt wegen meiner Haut.«

»Beneidenswert.« Sie lächelte mich an. »Da haben Sie ja einen weiten Weg zurückgelegt, um zu uns zu kommen. Und der Hauptgrund, warum Sie um Ihre Aufnahme gebeten haben, ist, dass Sie schon seit längerer Zeit hohe Dosen Cortison einnehmen und dies nun absetzen möchten?«

Ich nickte. »Vor einem Jahr hatte ich den bisher schlimmsten Neurodermitisschub meines Lebens, und leider waren ausgerechnet das Gesicht und der Hals am stärksten betroffen.«

»Sie sahen aber nicht wie jetzt aus, nehme ich an, oder?«

»Nein, allerdings nichts. Das hier«, ich machte eine vage Handbewegung über mein Gesicht, »ist gar nichts im Vergleich dazu, wie es schon einmal war. Allerdings würde ich auch so nicht gern auf Dauer herumlaufen.«

»Wie viel schlimmer war es denn?«

»Um die Augen herum war eigentlich die ganze Haut großflächig entzündet, aufgeplatzt und geschwollen, auch auf den Wangen hatte ich etliche Stellen, und dann der Mund, der war am ärgsten betroffen. Die Lippen waren so trocken und rissig, dass ich kaum noch reden und noch weniger essen konnte, weil die Haut bei der kleinsten Bewegung noch weiter aufriss. Und den Hals und die Armbeugen hatte ich auch komplett aufgekratzt.«

»Seit wann leiden Sie unter Neurodermitis?«

»Von klein auf.« Ich zuckte mit den Achseln, als wolle ich mich für etwas entschuldigen. »Schon in meinem ersten Winter musste meine Mutter mit mir deswegen zum Arzt gehen. Ich hatte mir die ganzen Handrücken aufgekratzt.«

Sie schrieb fleißig mit. »Und der letzte große Schub – wann genau war der?«

»Das muss so Ende Oktober 2004 angefangen haben und wurde dann immer schlimmer.«

»Und was haben Sie dagegen gemacht?«

»Zuerst habe ich selbst herumgedoktert. Mit Diäten, Akupunktur und verschiedenen homöopathischen Mitteln, die mir sonst immer ganz gut geholfen haben. Aber diesmal hat es rein gar nichts gebracht.«

»Und dann?«

»Kurz nach Silvester war ich in Deutschland und bin dort gleich zu meinem Hausarzt gegangen.«

»Und was hat der gemacht?«

»Er meinte, das Einzige, was er in diesem akuten Zustand tun könne, sei, mir Cortison zu spritzen.«

»Eine Depotspritze?«

Ich nickte. »Eigentlich wollte ich kein Cortison, aber ich sah so schlimm aus, dass ich schließlich doch nickte. Ich wollte einfach mein Gesicht wiederhaben und mich wieder wie ein Mensch fühlen können!«

»Gab es für diesen Schub einen bestimmten Auslöser?«

»Ja.« Bei dem Gedanken an »den Auslöser« brach mir die Stimme weg. Der Auslöser war Holländer, drei Jahre jünger als ich, groß, hatte blonde Locken, unbeschreiblich blaue Augen, war sehr männlich und hieß Arno. Der Kloß in meinem Hals ließ sich auch durch Räuspern nicht verdrängen. Zu allem Überfluss traten mir auch noch Tränen in die Augen. Frau Dr. Schneider strich mir über die Hand. Ich rang um Fassung. »Nun ja, es war eine unglückliche Liebe. Eine von denen, auf die man sich besser nie einlässt.« Wieder musste ich mich räuspern.

»Vielleicht wollen Sie lieber ein anderes Mal darüber reden …«

Ich nickte und stieß einen Schwall Luft aus.

»Wie lange hielt die Wirkung der Spritze denn an?«

»Der Arzt meinte, sie müsste drei Monate lang wirken und dass der ganze Schub mit ein bisschen Glück bis dahin vergessen sei, aber leider ist meine Haut sogar schon nach sechs Wochen wieder aufgeblüht und das noch schlimmer als zuvor.«

Frau Dr. Schneider notierte weiter. »Und was haben Sie dann gemacht?«

»Inzwischen war ich wieder in Spanien. Zuerst habe ich es erneut mit Diät und Homöopathie versucht, aber leider hat das wieder nichts gebracht. Also habe ich meinen Hausarzt in Deutschland angerufen. Er hat gemeint, so kurz hintereinander könne man nicht noch eine Depotspritze geben und ich solle Cortisontabletten nehmen, bis meine Haut sich wieder beruhigt hat.« Ich kramte aus meiner Tasche eine Schachtel hervor.

»Prednisona 10 alonga«, notierte Frau Dr. Schneider. »Und wie viel Milligramm davon am Tag nehmen Sie?«

»Sechzig, manchmal auch noch mehr.«

Sie sah mich ungläubig an. »Sie nehmen seit …«, sie rechnete, »… seit einem Dreivierteljahr täglich sechzig Milligramm Prednisona und mehr?« Ihre Augen wurden noch größer.

»Was soll ich denn machen? Teilweise reichen inzwischen selbst die sechzig Milligramm nicht mehr, und sobald ich die Dosis reduziere, werden die Ekzeme noch schlimmer als vor der Cortisonspritze!«

»Haben Sie die Tabletten langsam reduziert oder radikal abgesetzt?«

»Natürlich langsam abgesetzt. Ich habe die Dosis alle drei Tage um die Hälfte reduziert.« Schon als Kind hatte ich gelernt, dass man Cortison immer nur stufenweise absetzen darf, damit die Nebenniere ihre eigene Cortisonproduktion wieder aufnimmt. Außerdem nahm ich die Tabletten morgens zwischen sechs und acht Uhr – weil zu dieser Zeit der körpereigene Cortisonspiegel ansteigt und der Körper damit am wenigsten irritiert wird. Meist kombinierte ich dies auch noch mit einer eiskalten Dusche, weil auch dies die Cortisonausschüttung des Körpers anregt.

»Und wie haben Sie diese hohen Cortisondosen vertragen?«

»Zunächst ganz gut, aber inzwischen …« Ich fuhr mir mit den Fingern durchs Haar und hielt ihr eine ansehnliche Anzahl langer Haare hin. »Sie sehen ja selbst«, brummte ich.

»Mir gehen die Haare aus, und das nicht zu knapp. Und auch sonst … Das Cortison mag ja für die Haut helfen, aber allmählich habe ich das Gefühl, dass darüber mein ganzer übriger Körper den Bach runtergeht. Seit dem Sommer lagert sich in meinen Beinen immer mehr Wasser ein, dauernd habe ich Magenschmerzen, jede kleine Erkältung weitet sich zu einer handfesten Bronchitis aus, die ich nur noch mit Antibiotika in den Griff bekomme, und zu meiner Frauenärztin traue ich mich auch nicht mehr. Sie hat mir vorgehalten, dass das Cortison die Knochen entkalkt, und will unbedingt eine Knochendichtemessung bei mir durchführen, aber was bringt das denn, solange ich das Cortison weiternehme? Ehrlich gesagt genügt mir schon der übrige Niedergang meines Körpers. Da will ich nicht auch noch wissen, wie schlimm es jetzt in meinen Knochen aussieht. Dass das Cortison keine Lösung ist, weiß ich selbst, nur nicht, wie ich wieder davon loskommen soll.«

»Dafür sind Sie jetzt ja hier!« Sie lächelte mich beruhigend an. »Wie viele Tabletten nehmen Sie denn derzeit ein?«

»Ich habe schon zu Hause angefangen, die Dosis wieder runterzufahren. Erst von achtzig auf vierzig, dann auf zwanzig, und heute früh bin ich auf zehn Milligramm runter. Und Sie sehen ja«, ich fuhr mir mit einer Hand über das Gesicht, »die Haut platzt wieder auf.«

»Davor werden wir Sie leider auch hier nicht schützen können.« Sie sah mich nachdrücklich an. »Ich nehme an, man hat Sie darauf hingewiesen, dass Ihre Haut nach dem Absetzen des Cortisons erst einmal explodieren wird.«

Ich strich mir beklommen über den Hals. »Nun ja, die Ärztin hat so etwas in meinem Vorgespräch am Telefon angedeutet, aber auf Anraten meiner Heilpraktikerin nehme ich jetzt auch schon seit einigen Wochen homöopathisches Cortison – zum Ausleiten. Vielleicht fällt diese Explosion dann nicht so heftig aus.«

»Das kann schon helfen, aber ob es die Explosion verhindern wird …« Sie hob zweifelnd die Augenbrauen. »Große Hoffnungen würde ich mir da an Ihrer Stelle nicht machen.«

Ich nickte, dachte aber: Warten wir es ab. Vielleicht ging das Ganze dank des homöopathischen Mittels ja doch glimpflicher für mich aus. Woher ich meine Hoffnung nahm, weiß ich nicht. Bisher hatte ich mich auf meine Haut noch nie verlassen können.

Die Anamnese zog sich über zwei Stunden hin. Die Ärztin schrieb in den Aufnahmebefund: »42-jährige Patientin im reduzierten AZ und normalen EZ (Gewicht 66,8 kg, Größe 175 cm, BMI 21,5, RR 130/80 mm Hg, Puls 84 Schläge/min).

Die grob orientierende internistische und neurologische Untersuchung ist unauffällig.

Lokalbefund: bei Aufnahme unter 10 mg Prednisolon: sebostatischer Photohauttyp III. Dermographismus albus, positives Hertoghe-Zeichen, periorbitale Verschattung, Dennie-Morgan-Falte. Flammendrote, überwärmte, unscharf begrenzte Erytherne, bedeckt von pityriasiformer Schuppung und durchsetzt von Kratzexkoriationen bestehen im Gesicht, an Hals, Nacken, Dekolleté, Oberarmen, Schultergürtel und Beugeseiten der Arme. Starker Pruritus. Atopie-Scorad bei Aufnahme: 42.«

Verstehen tue ich von diesem Fachchinesisch bis heute nichts. Was Frau Dr. Schneider nicht notierte, war, wie es in mir drinnen aussah: Der Cortisonentzug machte mir eine Heidenangst, zumal mir auch das »halbe« Absetzen des Cortisons zu Hause schon gezeigt hatte, wie schnell und heftig sich die Ekzeme wieder ausbreiteten. Aber dass sie hier gleich von einer »Explosion« sprachen? Und wie, zum Teufel, musste ich mir diese »Explosion« meiner Haut eigentlich vorstellen? Was würden sie dagegen tun? Wie lange würde sie anhalten? Und wie ging es dann weiter? Würde ich nach Abschluss der Behandlung hier mit schöner, glatter, gesunder Haut nach Hause gehen können – und diese dann auch endlich einmal behalten? Fragen über Fragen … doch im Moment fehlte mir der Mut, sie zu stellen.

KAPITEL 2

Die ersten Tage im Krankenhaus

Es ist besser, ein kleines Licht anzuzünden,
als über die Dunkelheit zu fluchen.

Konfuzius

Die Ärztin begleitete mich hoch zum Schwesternzimmer. Der Weg dorthin war ebenso kurzweilig wie verwinkelt: Die Klinik war in einer weit oben auf einem Berg gelegenen romantischen Burg eingerichtet worden. Wir überquerten den weitläufigen Innenhof, betraten einen der Ecktürme und stiegen bis zum ersten Stock hoch. Die Schwestern begrüßten mich mit einem verbindlichen Lächeln und wirkten allesamt sehr warmherzig und zugänglich. Ich hoffte, dass mich mein erster Eindruck nicht trog. Als Zehnjährige war ich am Magen operiert worden und gleich am Tag danach von einer ebenso riesigen wie kräftigen Krankenschwester, einer wahrhaftigen Dragonerin, mit einem einzigen fiesen Ruck aus dem Bett gerissen und auf die Füße gestellt worden. Ich weiß noch, wie ich vor Schmerzen aufschrie und in Tränen ausbrach, weil ich mir sicher war, dass die Operationswunde wieder aufgerissen war.

»Mein Gott, was stellst du dich an!«, herrschte die Krankenschwester mich an. »An so einem kleinen Ruck ist noch niemand gestorben! Außerdem muss man nach einer Operation aufstehen. Wie soll denn sonst der Kreislauf wieder in Schwung kommen?«

Als mich eine andere Schwester am Abend wieder zum Aufstehen überreden wollte, fing ich schon im Vorfeld zu weinen an. Geduldig redete die kleine, rundliche Frau auf mich ein und versprach mir, dass sie mir helfen würde.

»Du wirst sehen, wenn du dich erst auf die Seite drehst, tut das Aufstehen kaum weh. Aber aus dem Bett musst du mal, sonst wirst du uns hier noch ganz steif!«

Was soll ich sagen: Dank der behutsamen Unterstützung von Schwester Heide tat das Aufstehen tatsächlich nicht sehr weh; es war kaum mehr als ein feines Ziepen zu spüren, und natürlich erklärte ich damals Schwester Heide sofort zu meiner Lieblingsschwester. Aber selbst sie konnte nicht verhindern, dass ich seither einen Heidenrespekt vor Krankenschwestern habe und ihnen so ziemlich alles zutraue. Doch wie gesagt: Bisher hatte ich den Eindruck, dass ich hier eher von Schwestern vom Schwester-Heide-Typ umgeben war.

Eine der Schwestern stellte sich als Schwester Ruth vor und erbot sich, mir das Haus zu zeigen. Ich sagte mir, dass sich dies eigentlich noch nicht direkt gefährlich anhörte, nickte und folgte ihr. In direkter Nähe des Schwesternzimmers lagen die Salbenzimmer – eines für Weiblein, eines für Männlein. In das für die Frauen nahm Schwester Ruth mich mit.

In dem Raum waren zwei Patientinnen. Die eine streifte über ihren eingecremten Oberkörper gerade ein langärmliges Männerunterhemd; um ihren Unterkörper schlabberte eine langbeinige Männerunterhose, die sie mit einem alten Gürtel um die Hüfte festgezurrt hatte. Ich nahm an, dass sie auch unter der Hose großflächig Creme aufgetragen hatte. Die andere Frau trug noch gänzlich das Evaskostüm und wurde gerade von einer Krankenschwester vom Gesicht bis zu den Füßen mit einer gelben Salbe einbalsamiert. Auch für sie lag die wenig kleidsame Männerunterwäsche schon bereit. Dort, wo die gelbe Salbe die Haut noch nicht bedeckte, sah ich großflächige rote Ekzeme wuchern, in denen ihre Fingernägel tiefe Kratzspuren hinterlassen hatten. Nachdem die Schwester auch noch das hochentzündete Gesicht der Frau mit der gelben Salbe bestrichen hatte, sah sie endgültig wie ein Marsmensch aus – dafür aber auch auf einmal eigenartig heile. Besondere Lust auf eine ähnliche Behandlung hatte ich trotzdem nicht, und noch viel weniger wollte ich überhaupt je so schlimm wie diese beide Frauen aussehen. Erneut flammte in meinem Kopf die Frage auf, wie diese »Explosion« meiner Haut vonstattengehen und ob sie etwa die ganze Haut meines Körpers betreffen würde. Ich sah noch einmal zu den beiden Frauen hin und gestand mir ein, dass ich in diesem Moment noch viel weniger eine Antwort auf diese Frage haben und eigentlich nur noch auf dem schnellsten Wege wieder hier rauswollte.

»In diesem Raum hier«, meinte Schwester Ruth, »müssen Sie sich mindestens zweimal am Tag zu festgelegten Zeiten zum Eincremen einfinden.«

»Nun, das glaube ich eigentlich weniger«, gab ich mit aufkommendem Trotz zurück. »Ich vertrage nämlich generell keine Cremes.« Und mich in einen derart albernen »Herrenanzug« stecken lassen, will ich auch nicht, dachte ich weiter.

»Ach, bisher haben die Ärzte hier eigentlich noch für jeden eine passende Creme gefunden«, erwiderte die Schwester und nickte mir zuversichtlich zu. Ich schluckte beklommen und war mehr als erleichtert, als sie vorschlug, weiterzugehen.

Gegenüber dem Salbenraum lag das Büro der Diätassistentin und nicht weit davon ein Räumchen, in dem man sich zum Wiegen und Blutdruckmessen einzufinden hatte. Auch die reizende Männerunterwäsche lagerte hier und das in so gigantischen Mengen, dass mir auf den ersten Blick klar war, dass ich zumindest nie aus purem Wäschemangel um diese Art der Bekleidung herumkommen würde. Die Schwester schätzte meine Größe ab und drückte mir mein ganz persönliches Wäschepaket in die Hand. Ich presste mir ein Danke ab und schickte ein Stoßgebet zum Himmel, dass meine Haut mich zumindest nicht so weit im Stich lassen möge, dass auch ich mich in diese grandiosen Liebestöter würde hüllen müssen.

»In genau diesen Raum kommen Sie bitte auch morgen früh um halb sieben, und zwar nüchtern«, fuhr die Schwester fort und drückte mir einen Urinbecher in die Hand. »Und den hier bringen Sie gefüllt wieder mit.«

Anschließend zeigte sie mir die Ärztezimmer und verschiedene Funktionsräume. Außer Inhalationsgeräten für Asthmatiker gab es dort auch eine Anlage für eine Sauerstoffbehandlung und eine Liege, auf der man die Magnetfeldtherapie durchführen oder Infusionen verabreichen konnte. Die Existenz dieser Geräte beruhigte mich: So gab es hier also jedenfalls mehr als nur Cremes zur Neurodermitisbehandlung. Und im Vergleich zu dem, was ich im Salbenraum gesehen hatte, fand ich dies hier alles harmlos, und hoffte, dass ich mich eher hier als im Salbenraum würde aufhalten müssen. Schließlich hatte die Ärztin im Vorgespräch doch gemeint, jeder Fall sei anders! Möge meiner doch bitte einer sein, der sich allein mit der Magnetfeldtherapie lösen ließ! Wirklich glauben konnte ich zwar nicht daran, aber die Hoffnung stirbt bekanntlich immer zuletzt – und für den Moment war es doch das Einzige, was mir blieb, das bisschen Hoffnung.

Schwester Ruth zeigte mir auch das übrige Haus: Es gab Versammlungsräume, in denen außer Vorträgen auch autogenes Training, progressive Muskelentspannung nach Jacobsen und Gruppensitzungen mit den Psychologen abgehalten wurden. Tief unten im Keller gab es eine finnische Sauna, einen Raum, in dem man sich der individuellen Tiefensuggestion hingeben konnte, und ein Stück weiter oben das Labor, in dem außer Blutabnahmen auch Allergietests durchgeführt wurden. Auch dies alles fand ich deutlich harmloser als den Salbenraum.

Schwester Ruth schleuste mich wieder einen Turm hoch und brachte mich nach etlichen Windungen und noch mehr Gängen zu meinem Zimmer. Es war tatsächlich ein Einzelzimmer. Klein, aber mein, mit Waschgelegenheit, einem kleinen Tisch vor dem Fenster und einem Fernseher unter der anheimelnden Dachschräge; das Bad und die Toilette lagen nur zwei Zimmer weiter.

»Sie haben Glück, dass Sie ein Einzelzimmer haben«, meinte die Schwester. »Die meisten müssen sich Zwei- oder Dreibettzimmer teilen. Eigentlich ist das hier ein Mutter-Kind-Zimmer, aber so kurz vor Weihnachten sind wir auch nicht stark belegt.«

Ich nickte und war durchaus dankbar für den Luxus eines Einzelzimmers. Allerdings hatte ich auch inständigst darum gebeten. Ich tue mich sehr schwer damit, mit anderen auf engstem Raum zusammen zu sein oder gar zu schlafen. Leider hätte es mir meine finanzielle Situation nicht erlaubt, einen Einzelzimmerzuschlag zu bezahlen. Umso glücklicher war ich, dass es auch so geklappt hatte. Allerdings erklärte die Schwester mir auch, dass sich die Klinik ab Mitte Januar wieder füllen würde – und ich dann vielleicht doch in ein Mehrbettzimmer würde weichen müssen. Also konnte ich nur hoffen, bis zu diesem Zeitpunkt wieder zu Hause zu sein. Das Meine dazu wollte ich gern tun.

Mein Gepäck hatte der Hausmeister schon auf mein Zimmer gebracht. Die Schwester riet mir, das Auspacken auf später zu verschieben. »Gleich gibt es Abendessen; das wollen Sie sicher nicht verpassen. Bei uns essen alle gemeinsam im großen Speisesaal.«

Ich ging wieder mit ihr nach unten. Von den vielen Gängen, Türmen und Treppen war ich inzwischen so verwirrt, dass ich befürchtete, mich ohne sie hoffnungslos zu verlaufen. Auf dem Weg zum Speisesaal fragte mich Schwester Ruth, ob ich schon einen Speiseplan bekommen hätte.

»Nein, davon hat die Ärztin vorhin eigentlich nichts gesagt.«

»Dann schlagen Sie noch mal richtig zu, ehe die Ärzte Sie morgen auf Diät setzen!«, ermunterte sie mich und wies einladend auf das Buffet.

Erwartungsvoll und auf einmal sehr hungrig ging ich näher. Ich hätte nichts gegen einen leckeren Obstsalat gehabt oder ein paar Scheiben Käse und Tomatenscheiben auf einem guten deutschen Mehrkornbrot, für mich eine herrliche Abwechslung zu dem spanischen Baguette. Doch dort gab es nichts von alledem, und auch keine Wurst oder raffiniert angemachte Salate. Ich sah eine Schüssel mit Feldsalat, eine mit Eisbergsalat, eine mit Chicoréesalat, in der nächsten war noch einmal Feldsalat, daneben eine Schüssel eingelegte Rote Bete, die, wie ein angehefteter Zettel verriet, aus eigener Herstellung stammten und ohne Zusatzstoffe zubereitet waren. Und dahinter standen etliche Schüsseln mit Mischungen von verschiedenen Gemüsesorten mit Nudeln oder Reis, die allerdings allesamt entweder Brokkoli oder Blumenkohl enthielten, was ich beides nicht vertrug. Insgesamt war das Büfett also vor allem sehr grün.

Da die Salate allesamt nicht angemacht waren, sah ich mich nach einer Salatsoße um, entdeckte aber nur eine Karaffe mit Olivenöl und eine Schüssel mit verrührtem Joghurt, in den ein paar Dillblättchen eingerührt waren. Ich seufzte, belud mir einen Teller mit Feldsalat und Eisbergsalat, entdeckte schließlich auch noch eine Schüssel mit Mozzarellascheiben, gab ein bisschen Öl darüber und dekorierte das Ganze mit ein paar Körnern Salz. Essig konnte ich keinen finden. Immerhin gab es auch Butter und Roggenbrot, von dem ich mir gleich drei Scheiben auf einmal nahm. Von irgendetwas musste ich schließlich auch satt werden. Anschließend hielt ich nach einem Platz Ausschau, an dem ich mich meiner bescheidenen Henkersmahlzeit hingeben konnte.

An einem der langen Tische saßen ein paar sehr nett ausse-
hende Frauen zwischen zwanzig und fünfzig; die meisten
von ihnen steckten in diesen fabulösen Männerunterwäsche-
anzügen und trugen kaum kleidsamere Männerbademäntel
in gedeckten Farben darüber. Auch diese Bademäntel konnte
man vom Krankenhaus bekommen. Die Schwester hatte mir
erklärt, dass viele der hier verwendeten Cremes in der Kleidung dauerhafte Flecken hinterließen, sodass sich die meisten Patienten lieber in die altertümlichen Mäntel hier hüllten,
als ihre guten, von zu Hause mitgebrachten Morgenmäntel
zu ruinieren. Einige der Frauen am Tisch hatten weiß, andere gelb eingecremte Gesichter. Und sie alle stopften fleißig
grünen Salat in sich hinein, der sich vor allem von den gelben
Gesichtern sehr dekorativ abhob. Nur mit Mühe konnte ich
mir ein Grinsen verkneifen.

Zwei der Frauen trugen zu dem neckischen Männerun-
terwäscheanzug auch noch Baumwollhandschuhe. Als eine
dieser beiden Frauen zu mir sah, fragte ich sie, ob ich mich
zu ihnen setzen könne.

»Aber klar doch!« Sie machte eine einladende Geste. Mit
sichtlich großem Hunger machte sie sich gleich weiter über
ihren großen Teller Reis mit Reis und Reis her.

»Ich mache Suchdiät«, erklärte sie mir auf meinen er-
staunten Blick. »Den Reis habe ich aus der Küche. Für die
anderen gibt es heute nur Bratkartoffeln. Wenn du auch welche möchtest, solltest du sie dir besser gleich holen gehen,
ehe keine mehr da sind.« Sie zwinkerte mir gut gelaunt zu
und stellte sich als Alexandra vor. Ich schätzte sie auf knapp
über vierzig, also auf mein Alter. »Wir duzen uns hier alle,
weißt du.«

Ich nickte. Duzen war mir recht. In Spanien benutzte man
das förmliche Sie ohnehin nur selten.

Alexandra war Lehrerin. Sie litt schon »seit ewig und drei
Tagen« an Neurodermitis, erzählte sie mir, und fand, dass es

ihr schon wieder ganz gut ging. Immerhin war ihr Gesicht makellos.

»Ich habe es mehr am Körper, vor allem an den Fingern«, erzählte sie weiter und hob ihre behandschuhten Hände. »Ich hoffe, der Teergeruch der Salbe verdirbt dir nicht den Appetit. Ich kann ihn schon lange nicht mehr riechen, aber die Salbe hilft total gut.«

Der Geruch war in der Tat ziemlich unangenehm, aber er störte mich nicht.

»Du siehst eigentlich gar nicht so schlimm aus«, meinte sie dann noch nach einem prüfenden Blick über mein Gesicht, meinen Hals und meine Hände. Im Vergleich zu manchen meiner Mitpatientinnen und Mitpatienten hier hatte sie da sicher recht, im Vergleich zu meinem kerngesunden Umfeld zu Hause nicht.

»Na ja, noch geht es«, gab ich zurück. »Aber das kann sich schnell ändern. Ich setze gerade das Cortison ab.«

»Oha«, machte sie. Ich nahm an, dass sie diese Erfahrung auch schon gemacht oder von anderen davon gehört hatte, fragte aber nicht nach. Mir stand der Sinn noch immer mehr nach hoffen als nach wissen.

Nach dem ersten Bissen von meinem wenig würzigen, dafür jedoch umso chlorophyllreicheren Abendmahl fragte ich sie, ob das Buffet hier jeden Abend in dieser Art ausfiele.

»Nicht nur in dieser Art, sondern wie abfotografiert!« Sie grinste breit. »Aber man gewöhnt sich schnell daran. Und dann ist es eben auch genau das, was man essen sollte, wenn man Neurodermitis hat: viel Grünzeug, weil da viel Sauerstoff drin ist und der wichtig für die Haut ist, und alles Übrige ist allergen- und histaminarm!«

Sie nahm einen weiteren Löffel von ihrem gigantischen Reisteller. »Übrigens gibt es in dem Durchgang vor der Küche auch noch ein paar Nudelaufläufe. Vielleicht sagt dir davon ja was zu. Der Rest vom Fisch vom Mittag ist, glaube ich, schon weg. Manchmal gibt es abends auch Bratenaufschnitt oder selbst gemachte Kaninchenwurst. Die ist superlecker!«

»Nudelauflauf?« Ich spitzte die Ohren und war schon so gut wie am Aufstehen. »Was denn für einer?«

Sie wies auf den Teller ihrer Tischnachbarin. Zwischen den Nudeln blitzten Brokkoli und Blumenkohl hervor. Ich sackte in mich zusammen. Schon wieder Brokkoli und Blumenkohl – den Weg konnte ich mir also sparen.

»Gibt es hier eigentlich irgendwo Essig für den Salat?«, fragte ich unglücklich weiter.

»Nein, und das aus gutem Grund: Essig ist Salz für die Wunden der Neurodermitiker. Den kannst dir für dein weiteres Leben ganz abschminken. Der enthält viel zu viel Histamin!«

Schon wieder dieses Wort, mit dem ich nichts anfangen konnte, doch ich wollte mir keine Blöße geben und nahm mir vor, demnächst einen Arzt nach diesem ominösen Histamin zu fragen. Ich muss auf ihren Exkurs über den Essig hin ein ziemlich langes Gesicht gemacht haben, auf jeden Fall fing Alexandra zu lachen an.

»Trag es mit Fassung. Entweder gut essen oder gut aussehen – mehr Wahlmöglichkeiten haben wir Neurodermitiker nicht!«

»Eigentlich machen mir Diäten nicht viel aus. Ich muss schon mein ganzes Leben lang welche machen, aber ein wenig mehr als Salat mit Salat und etwas Brot habe ich zu Hause schon noch gegessen.« Ich hob die Achseln und brummte weiter: »Na ja, solange sie mich wenigstens noch das Brot und den Salat essen lassen …«

»Eben«, grinste Alexandra weiter, nahm eine neue Gabel voll Reis mit Reis auf und zwinkerte mir zu.

Nach dem Essen zog ich mich auf mein Zimmer zurück. Die anderen am Tisch waren alle schon so vertraut miteinander.

Ich fühlte mich fehl am Platz, ausgeschlossen und fremd, und hoffte, dass ich hier mit der Zeit noch reinwachsen würde. Immerhin war mir gesagt worden, dass ich mindestens drei Wochen bleiben müsste. Im Moment erschien mir das wie eine kleine Ewigkeit.

Die Stille meines Zimmers behagte mir jedoch auch nicht. Mir fehlten meine Kinder, ihr ewiges munteres Geschnatter, selbst ihre kleinen Zankereien. Meine Tochter war neun, mein Sohn vor einem Monat fünf geworden, und es war das erste Mal, dass wir mehr als einen halben Tag voneinander getrennt waren. Sie fehlten mir so sehr, dass mir der Hals eng wurde. Ich stellte mir vor, wie die beiden jetzt mit meiner Mutter, meinem Stiefvater und Julien beim Abendessen saßen. Sicher hatte meine Mutter ihnen eines ihrer Lieblingsgerichte gekocht und versuchte, ihnen mit Späßen über unsere Trennung hinwegzuhelfen und sie zugleich so ruhig zu halten, dass mein an Alzheimer erkrankter Stiefvater nicht über Gebühr belastet wurde. Julien, damals seit einem halben Jahr mein Lebensgefährte, ein Mann, den die Engel in mein Leben geschickt haben mussten und den ich sehr liebe, stellte ich mir in diesem Kreis eher still und zurückhaltend vor: Er ist Franzose, konnte auf Deutsch bisher nur ja, nein, danke und gute Nacht sagen und hatte – als echter Franzose – auch kein großes Interesse daran, Deutsch zu lernen. Mit den mehr als eingerosteten Schulfranzösischkenntnissen meiner Mutter würden sie auch keine großartige Unterhaltung zustande bringen, und mein Stiefvater mit seinen achtzig Jahren sprach gar keine Fremdsprachen. Auf einmal musste ich grinsen, weil mir in den Kopf kam, dass mein Stiefvater Julien vielleicht gerade mal wieder von seinen Erlebnissen im Zweiten Weltkrieg erzählte, die diesem, je weiter seine Erkrankung fortschritt, desto präsenter zu werden schienen. Dass Julien kein Deutsch verstand, störte ihn dabei nicht, oder vielleicht vergaß er es auch nur immer wieder.

Beneidenswert war Juliens Lage also nicht, und umso höher rechnete ich ihm an, dass er mir angeboten hatte, meine Mutter bei meinen beiden Wildfängen zu unterstützen. Allein wäre es für sie wegen der Erkrankung meines Stiefvaters sicher zu viel geworden, auch wenn sie nie abgelehnt hätte, die Kinder während meines Krankenhausaufenthaltes zu versorgen. Aber für mich war es wichtig, sie nicht zu überfordern. Ich lade anderen nicht gern meine Probleme auf und bitte nicht gern um Hilfe, selbst meine Mutter damals nicht, obwohl sie mir noch nie eine Bitte abgeschlagen hatte und auch nicht zu denen gehörte, die einem später vorhielten, was sie alles für einen getan hatten. Sie tat es gern; es war ihr ein Bedürfnis, für andere und vor allem für ihre Familie da zu sein. Aber ich gehöre zu denen, die lieber alles selbst in die Hand nehmen – und darunter leiden, wenn sie auf andere angewiesen sind. Von daher erleichterte es mich, dass Julien ihr wenigstens mit den Kindern half.

Ich schaute auf die Uhr. Inzwischen könnten sie mit dem Abendbrot fertig sein. Ich rief sie an. Meine Mutter hob den Hörer ab.

»Na, mein Schatz, wie geht es dir? Hast du dich schon eingelebt? Erzähl doch mal: Wie ist es so in dem Krankenhaus?«

»Na ja, viel kann ich noch nicht sagen, aber bisher fühle ich mich hier eigentlich recht wohl. Die Schwestern machen einen durchweg netten Eindruck, und die anderen Patienten wirken auch alle sehr aufgeschlossen und sympathisch. Insgesamt ist das hier eine sehr angenehme Atmosphäre. Und wie geht es bei euch? Ich hoffe, die Kinder sind nicht allzu anstrengend!«

»Aber nein, mach dir keine Gedanken, das kriegen wir schon alles hin. Sieh du nur zu, dass du wieder gesund wirst und dass du die Zeit, die du dort für dich hast, genießt!«

Wir redeten noch eine Weile, dann rief sie meine Tochter.

»Hallo, meine Süße. Wie geht es dir?«, fragte ich sie.

»Mmh.«

»He! Ist dir die Zunge abgefallen?« Ich lachte.

»Gut«, kam nun nach einem Zögern von ihr. Ich hörte ihrer Stimme an, dass sie kurz davor war loszuweinen.

»Na komm, mein Schatz, Kopf hoch!«, rief ich. »Ihr kommt mich doch bald besuchen! Und du weißt, dass ich nicht zu meinem Vergnügen in dem Krankenhaus bin. Ich brauche Hilfe, um wieder gesund zu werden!«

»Mmh.«

Im Hintergrund meckerte mein Sohn. »Jetzt will ich die Mama haben! Du sagst ja eh nichts!«

Noch ehe ich mich verabschieden konnte, hatte Leon seiner Schwester den Telefonhörer entrissen. Leon war weit redseliger als sie. Ich nahm an, dass Kiara ganz froh war, nicht weiter mit mir sprechen zu müssen – ansonsten hätte sie sich gewiss zur Wehr gesetzt. Damit hatte sie sonst auch keine Probleme. Von Anfang an war mir klar gewesen, dass sie, obwohl sie »die Große« war, unter der Trennung weit mehr als Leon leiden würde. Sie ist viel anhänglicher als Leon, schon immer gewesen. Leon ist ein sehr unabhängiger Junge.

»Wir waren mit Julien am See und haben Enten gefüttert«, erzählte mir Leon begeistert und dass sie Fußball gespielt hätten und Kastanien gesammelt und morgen damit basteln und anschließend Weihnachtsplätzchen backen würden – mit der Oma, versteht sich. Mit Basteln und Backen hatte Julien weniger am Hut.

»Na prima«, freute ich mich. »Dann habt ihr ja richtig viel Spaß gehabt!«

»Aber du fehlst mir so!« Seine Stimme wurde weinerlich.

Auch ich musste mich räuspern. »Wir sehen uns bald«, tröstete ich ihn. »Und du siehst mich sogar noch vor Kiara: Du kommst doch schon nächste Woche her!«

Da auch mein Sohn unter Neurodermitis litt, hatte ich veranlasst, dass er für eine gewisse Zeit im Krankenhaus aufgenommen wurde – auf dass er nie derart massive Probleme mit seiner Haut bekommen sollte wie ich. Zumindest hatte er noch nie Cortison bekommen, weder als Creme noch in Tablettenform. Wenn er sich kratzte, gab ich ihm nur homöopathische Mittel; auch eine Behandlungskur mit Prosymbioflor hatte ich einmal mit ihm gemacht – mit recht gutem Erfolg sogar. Seine größte Schwachstelle war die Haut hinter den Ohren. Nach dem Verzehr mancher Lebensmittel platzte die Haut hinter den Ohren einfach auf. Das sah dann aus, als hätte jemand versucht, ihm das Ohr abzuschneiden. Aus der »Schnittstelle« drang eine klebrige Flüssigkeit – Lymphe –, an der inklusive Kleiderfusseln so ziemlich alles hängen blieb. Vor allem am Morgen war es schlimm, weil sich seine Haare über Nacht gern in dieser Lymphe-Kruste-Pampe verfingen und schließlich wie eingebacken darin festhingen. Wenn ich die Haare rauszulösen versuchte, riss die Wunde meist mit auf, egal, wie behutsam ich vorging. Noch mehr als dies aber belasteten ihn ständig wiederkehrende Durchfälle, für die noch kein Arzt eine Ursache hatte finden können. Auch diesem Phänomen hoffte ich hier auf den Grund gehen zu können. Wie alle kleinen Jungs fand er es nämlich gar nicht spaßig, bisweilen über Wochen nur Schonkost essen zu dürfen, während sich seine Freunde vor seinen Augen die Bäuche mit Pommes, Schokoriegeln und Gummibärchen füllten. Auch Asthma hatte er manchmal, doch bisher hatten auch hier homöopathische Mittel zur Behandlung ausgereicht.

»Wie ist es denn so im Krankenhaus?«, fragte Leon.

»Es wird dir gefallen«, machte ich ihm Mut. »Es befindet sich in einer alten Ritterburg. Und es gibt viele Kinder und ein Spielzimmer; du wirst dich also kaum langweilen!«

Nun wollte Julien mich sprechen. »Et, ma petite, ça va?«

»Ja, es geht mir gut. Es ist gar nicht so übel hier, eher wie in einer Kurklinik als in einem Krankenhaus. Trotzdem bin ich froh, dass ihr bald nachkommt! Ehrlich gesagt komme ich mir ohne euch ziemlich verlassen vor.«

Julien würde Leon ins Krankenhaus bringen und mit ihm hierbleiben. Wie alle Kinder hier konnte auch Leon nur mit einer Begleitperson aufgenommen werden. Da ich selbst Patient war, konnte ich diese Begleitperson nicht sein. Julien hatte sofort angeboten, dass er dann hier auf Leon aufpassen würde. Das war eine seiner vielen liebenswerten Seiten: Er war immer für uns da.

»Ich vermisse euch echt sehr!«, sagte ich leise.

»Wir dich auch«, erwiderte Julien, und der Tonfall, in dem er es sagte, verriet mir noch viel mehr.

In diesem Moment hätte ich sie am liebsten jetzt gleich schon alle bei mir gehabt. Ich versuchte, nicht daran zu denken, dass ich Kiara sogar erst nach Weihnachten wiedersehen würde. Vorher, meinte meine Mutter, könne sie nicht mit ihr herfahren, um mich zu besuchen. Das Krankenhaus lag leider nicht um die Ecke, sondern über 350 Kilometer von ihrem Wohnort entfernt. Es würde mein erstes Weihnachtsfest ohne Kiara sein.

»Bonne nuit, ma petite«, sagte Julien. Das warme, dunkle Timbre seiner Stimme machte mir das Herz noch schwerer.

»Bonne nuit«, erwiderte ich.

Als ich den Hörer auflegte, kam ich mir in meinem kleinen Dachzimmer auf einmal noch einsamer und verlassener vor.

Ich legte mich auf mein Bett, erwog, den Fernseher anzuschalten, tat es dann aber doch nicht. Irgendwie war ich unruhig. Ich trat ans Fenster und blickte hinunter in den schwach beleuchteten, menschenleeren Burghof. Zu Hause würde ich jetzt mit Kiara Hausaufgaben machen oder mit ihr und Leon spielen. Und wieder musste ich denken: Weihnachten ohne

Kiara, Weihnachten ohne Kiara … Aber ich hatte den Krankenhausaufenthalt nicht noch länger hinausschieben können; außerdem konnte während der Weihnachtsferien wenigstens Leon bei mir sein. Trotzdem kam ich mir wie eine Rabenmutter vor und fragte mich, wie ich es, die ich mich für recht stabil, intelligent und leidlich lebenserfahren halte, bloß »geschafft« hatte, mich und meine Haut dermaßen aus dem Gleichgewicht zu bringen, dass ich ohne Hilfe von anderen nicht mehr weiterkam. Ursachen und ihre Wirkungen. Vor der Cortisonspritze war die unglückliche Liebe. Vor der unglücklichen Liebe die Zeit der glücklichen Verliebtheit.

Bisher hatte ich gedacht, nur als Teenager und höchstens noch ein paar Jährchen länger könne man sich so »doll« in jemanden verlieben, dass jede einzelne Zelle des Körpers davon betroffen ist und der Verstand auf Tauchstation geht. Irrtum. Mir ist das erst mit einundvierzig passiert. Als alleinerziehende Mutter zweier Kinder. Fest im Berufsleben stehend. Selbstständig. Unabhängig. Ausgeglichen. Grundeinstellung: positiv.

Blond war er, mit blauen Augen, in die ich mich irgendwie verloren habe. Arno war Holländer und erst wenige Wochen vor unserer ersten Begegnung zusammen mit seiner spanischen Lebensgefährtin Belen und ihrer gemeinsamen sechsjährigen Tochter in »mein« kleines spanisches Fischerdorf gezogen. Ich lernte die drei über gemeinsame Bekannte kennen. Ein paar Tage später traf ich seine Freundin vor der Schule wieder. Ich hatte ihr kaum zugenickt, als sie mir auch schon erzählte, wie unglücklich sie mit ihrem Freund sei und dass sie eigentlich nur hergezogen war, weil ihre Eltern hier lebten und sie sich von ihrem Freund trennen wollte, ohne hinterher mit dem Kind allein dazustehen. »Cuanto antes nos separemos, mejor estaré«, erklärte sie mir. »Je eher wir uns trennen, desto besser für mich.«

Ich war ziemlich erstaunt über ihre Offenheit; immerhin kannte sie mich so gut wie gar nicht. Wenige Wochen später beendete sie in der Tat ihre Beziehung mit Arno und teilte mir auch dies wortreich mit. Kurz darauf lief mir Arno zum ersten Mal allein über den Weg, und dies von da an immer öfter, so oft, dass mir klar wurde, dass er es darauf anlegte, dass wir uns trafen. Eines Nachmittags lud er mich auf einen Kaffee in eines der Hafenlokale ein. Während die Kinder am Strand mit ihren Freunden herumtobten, unterhielten wir uns, und schon nach wenigen Minuten fühlte ich mich ihm so nah und vertraut, als ob wir uns schon ewig kennen würden. Ich fühlte mich wohl in seiner Nähe, ließ mich von ihm zum Lachen bringen, und man brauchte keine hellseherischen Kräfte, um die Blicke, die er mir zuwarf, richtig einordnen zu können. Sein erster Kuss überraschte mich also nicht. Nur die Heftigkeit der Gefühle, die er in mir auslöste. Ich bremste ihn trotzdem.

»Hör mal, du hast dich gerade erst von deiner Freundin getrennt, ihr habt ein gemeinsames Kind …«

»Das haben wir alles schon geregelt«, fiel er mir ins Wort. »Es ist aus und vorbei.«

Ich hielt Arno trotzdem auf Distanz. Dieses »Aus-und-vorbei« wollte ich mir erst einmal eine Weile ansehen. Irgendwie roch ich die Verletzungsgefahr. Als ich Belen zwei Wochen später wieder einmal vor der Schule traf, erzählte sie mir das Gleiche: »Ja, Arno ist ausgezogen. Soy libre! Ich bin frei. Ich kann dir gar nicht sagen, wie erleichtert ich bin! Endlich haben wir klare Verhältnisse, und ich muss niemandem mehr etwas vormachen. Das Beste wäre, er würde gleich jemand anderen kennenlernen, und ich müsste nie mehr etwas von ihm sehen oder hören!«

Zwei glücklich Getrennte also? Für mich sah es danach aus. Als Belen nun mit weitläufigen Berichten über ihre Beziehung anfing und sich dabei immer mehr in Hasstiraden hineinsteigerte, sah ich zu, dass ich wegkam. Wer von den beiden wem was warum angetan hatte, war eine Sache allein zwischen ihnen.

Auch in den nächsten Wochen richtete Arno es so ein, dass wir uns wieder und wieder »über den Weg liefen«, und bedrängte mich weiter. Vertrauend darauf, dass seine Beziehung mit Belen in der Tat zu Ende war, gab ich schließlich nach. Seine Küsse brachten mich zum Schweben. Wenn wir uns in die Augen blickten, versank die Welt um uns herum. Es war wie ein Rausch, ein Sog, der mich mitzog. Es war einzigartig.

Meine Kinder fanden es sehr amüsant, dass es auf einmal einen Mann in meinem Leben gab. An einen Mann im Haus waren sie nicht gewöhnt. An eine verträumt aus dem Fenster blickende Mutter noch weniger. Am besten fanden sie, dass mich auf einmal weit mehr interessierte, wann Arno kam, als ob sie ihre Zimmer aufgeräumt oder ihre Hausaufgaben gemacht hatten.

Arno hatte viel von einem Vogel. Man wusste nie genau, durch welchen Ritz er als Nächstes ins oder aus dem Haus flatterte. Er war da, dann plötzlich wieder weg, und jedes Wiedersehen mit ihm mündete in nicht enden wollenden Küssen. Es war wie eine Explosion. Der pure Magnetismus. Eine bloße Berührung reichte aus, um mich alles andere vergessen zu lassen. Überirdisches Glück. Dann zogen Wolken auf. Sie trugen Belens Züge und ließen ihren Hass und ihre Missgunst wie Hagelkörner auf uns niederprasseln. Sie platzte vor Wut und Empörung, dass der Mann, den sie aus dem Haus geworfen hatte, nicht verzweifelt vor ihrer Tür lag und sie um Wiederaufnahme anflehte, sondern sich mit einer anderen vergnügte und so glücklich war, dass man ihm seine Seligkeit schon auf vier Kilometer Entfernung ansehen konnte. Sie rächte sich und erklärte Arno, dass er ihre gemeinsame Tochter nicht mehr sehen dürfe. »Nunca más vas a verla, nunca más! – Nie mehr wirst du sie sehen, nie mehr!«

Der Hieb saß: Arno verlor den Boden unter den Füßen. Seine Tochter war sein Ein und Alles. Von der Geliebten wurde ich zur Trösterin, hörte mir stundenlang seine Geschichten von früher an, versuchte zu verstehen, was in ihm und seiner Exfreundin vorging, und riet ihm, dass wir uns trennen sollten, bis sich alles beruhigt hatte. Doch das wollte Arno nicht.

»Du bist das Beste, was mir je passiert ist. Ich liebe dich und will nie mehr auch nur einen Tag ohne dich sein!«

Zwei Wochen später verließ mich Arno auf einmal doch. Zu diesem Zeitpunkt hatte ich damit schon nicht mehr gerechnet. Ich war geschockt, verzweifelt, weinte. Und noch mehr, als ich hörte, dass er zu Belen zurückgekehrt war. Sie wollten es noch einmal miteinander versuchen, erzählten mir gemeinsame Bekannte und warfen mir mitleidige Blicke zu. Ich verzog mich in mein Haus, fühlte mich amputiert, verraten und verloren. Und ich verstand nichts. Gar nichts.

Drei Tage später stand Arno wieder vor meiner Tür. »Ich liebe Belen nicht mehr, Anna, das ist mir nun klar geworden. Keinen Tag halte ich mehr mit dieser Furie unter einem Dach aus. Und außerdem werde ich verrückt, wenn ich dich nicht sehe!«

Ich sah ihn an. Hoffnung und Angst schwappten in mir hoch, und zugleich wusste ich schon jetzt: Du kannst ihn nicht wegschicken. Dafür liebst du ihn viel zu sehr.

»Und deine Tochter?«, fragte ich ihn mit zitternder Stimme. »Wenn du Belen verlässt und sie herausfindet, dass wir wieder zusammen sind, wird sie dich deine Tochter wieder nicht sehen lassen. Arno, dann fängt alles von vorn an!«

Arno bestritt es, doch genau so kam es. Binnen weniger Tage hatte Belen herausgefunden, dass wir wieder zusammen waren, und diesmal rastete sie regelrecht aus. Überall lauerte sie Arno auf und machte ihn mit ihren Hasstiraden nieder. Sie bebte vor Rachsucht. »La niña es mía, mía, entiendes? – Das Kind gehört mir, und ich mache mir ihr, was ich will!«

Ich riet Arno, sich einen Anwalt zu nehmen. Der Anwalt erreichte, dass Arno ein festes Besuchsrecht für seine Tochter bekam. Alle zwei Wochen durfte er seine Tochter am Wochenende haben und jeden Mittwochnachmittag bis zum nächsten Morgen. Aber das reichte Arno nicht. Bisher hatte er weit mehr Zeit mit Aischa verbracht als Belen. Er war verzweifelt.

»Das sind gerade einmal vier Tage im Monat und vier Nachmittage, kaum mehr als gar nichts! Außerdem kommt Belen mit Aischa gar nicht zurecht. Sie ist viel zu hart mit ihr und schiebt sie sowieso die meiste Zeit nur zwischen ihrer Schwester und ihren Eltern hin und her. Und Aischa will auch gar nicht bei Belen bleiben. Sie will mit mir leben!«

Aber der Anwalt konnte nicht mehr für ihn erreichen.

Ich wurde Arnos Halt, sein einziger Lichtblick. Jede neue Eifersuchtstirade seiner Exfreundin trat er haarklein vor mir breit, und sein Leid wurde mein eigenes. Meine Haut platzte auf. Das Ganze ging mir eben im wahrsten Sinne der Worte »unter die Haut«. Zuerst betraf es nur die Haut um die Augen, dann auch den Mund. Meine Lippen entzündeten sich und verschorften, ähnelten bald Kratern. Küssen war unmöglich. Es tat einfach zu weh. Arno störte sich nicht an meinen Ekzemen. Das hatte seltsamerweise noch nie ein Mann getan, egal ob Partner, Freund oder Bekannter. Bisher habe ich immer nur von Frauen »Kommentare« zu hören bekommen. Arno meinte, meine Haut würde schon wieder in Ordnung kommen, und damit war das Thema für ihn erledigt. Und ich, ich hoffte, dass er recht behielt.

Je näher Weihnachten rückte, desto schweigsamer wurde Arno – und desto schlimmer wurden meine Ekzeme, gerade so, als würde meine Haut schon ahnen, was mir noch alles bevorstand. Arnos Dilemma war, dass er seine Tochter erst am

30. Dezember wiedersehen würde. Die erste Hälfte der Winterferien »gehörte« Aischa seiner Exfreundin. Es würde sein erstes Weihnachtsfest ohne seine Tochter sein. Noch nicht einmal am Telefon ließ Belen ihn mit Aischa sprechen.

»Du hast uns verlassen!«, schrie sie ihm so laut per Telefon entgegen, dass ich es selbst noch in etlichen Metern Entfernung von Arno hören konnte. »Jetzt kriegst du die Quittung dafür!«

Dieses Mal hatte Arno sie verlassen, ja, sicher, aber zuvor hatte sie ihn doch gar nicht schnell genug loswerden können.

Eigentlich hatte ich geplant, Weihnachten und Silvester mit meinen Kindern in Deutschland bei meiner Mutter und meinem Stiefvater zu feiern. Die Flüge hatte ich schon vor Monaten gebucht. Arno aber bat mich zu bleiben. »Ich halte das alles hier nicht aus ohne dich. Du kannst jetzt nicht gehen. Du bist doch alles, was ich noch habe!«

Ich sah ihn an, sah, wie sehr er litt, wusste, dass auch er mir fehlen würde – aber die Kinder freuten sich schon so sehr auf das Fest bei ihrer Oma.

»Das kann ich nicht machen. Die Kinder würden es nicht verstehen!«

»Und, wenn wir aber die Kinder für das ihnen entgehende Weihnachtsfest bei ihrer Oma entschädigen würden?« Arno wurde ganz aufgeregt. »Belen muss mir Aischa am 30. Dezember abends geben. Ich habe Aischa versprochen, dass wir dann zu meiner Mutter nach Holland fahren. Warum nehmen wir nicht deine Kinder und meine Tochter und fahren zusammen – erst nach Deutschland, dann nach Holland, und ich zeige euch Amsterdam und seine Grachten? Das wird sicher ein Riesenspaß für die Kinder! Vielleicht kannst du sie damit umstimmen?«

Meine Kinder ließen sich von seiner Idee begeistern, also gab ich nach und ließ unsere Flüge verfallen.

Es wurde ein sehr eigenartiger Heiliger Abend. Arno war zwar bei uns, aber das nur physisch. Geistig war er bei seiner Tochter. Er saß abseits von uns, starrte unablässig aus dem Fenster. Weihnachtsstimmung kam da keine auf. Meine Kinder taten so, als würden sie es nicht bemerken, und ich gab mir doppelt so viel Mühe mit ihnen – und zählte insgeheim die Minuten, bis dieses schauderhafte »Fest« endlich vorüber war.

Obwohl Arno Belen regelrecht anflehte, gestattete sie ihm noch nicht einmal, auch nur ein Geschenk für Aischa vorbeizubringen. Die folgenden zwei Weihnachtsfeiertage verbrachte Arno daraufhin im abgedunkelten Gästezimmer. Selbst zum Essen wollte er sich nicht zu uns gesellen. Meine Kinder zogen ein Gesicht, sagten aber nichts. Aber das Fest war auch für sie verdorben.

Nach den Weihnachtstagen kam Arno wieder zu sich. Er lachte und scherzte wieder mit uns, schwärmte von Holland und was wir uns dort mit seiner Tochter alles ansehen würden. Alle beruhigten sich und ließen sich von seinen Schwärmereien beflügeln. Endlich war der von ihm und meinen Kindern so heiß ersehnte 30. Dezember da. Wir packten die Koffer. Auch ich freute mich, dass es nun endlich losgehen sollte, aber zugleich fühlte ich mich auch so zerschlagen wie nach einem Marathon. Arno fühlte meine Stirn.

»Du hast ja Fieber!«

Sofort gerieten meine Kinder in Alarmstimmung. »Aber wir fahren trotzdem heute Abend zu der Oma! Du hast es versprochen!«

Ich wiederholte mein Versprechen. »Natürlich fahren wir!«

Zur Not konnte Arno die Strecke nach Deutschland allein fahren; ob ich im Bett oder im Auto unter einer Decke lag, konnte meiner Grippe doch egal sein. Hauptsache wir waren alle zusammen – und weg von dieser unberechenbaren Frau.

Am Abend stieg mein Fieber weiter an. Inzwischen hatte ich über neununddreißig. Wieder und wieder bestätigte ich den Kindern, dass wir trotzdem fahren würden. Kiara packte noch ein paar Spielsachen in die Koffer und legte behutsam die selbst gebastelten Weihnachtsgeschenke für ihre Oma und meinen Stiefvater oben drauf. In diesem Jahr hatte sie sich mit den Geschenken besonders viel Mühe gemacht und konnte es kaum noch erwarten, sie endlich zu überreichen. Auch Leon freute sich wie verrückt auf seine Oma und Karl – aber Kiara und ihre Oma, das war trotzdem noch einmal etwas anderes. Wenn die beiden zusammen waren, passte kein Blatt Papier mehr zwischen sie. Und entsprechend fieberte vor allem Kiara unserer Abfahrt entgegen.

Um zwanzig Uhr wollte Arno seine Tochter holen gehen. Er küsste mich und machte die Kinder heiß, dass es jetzt bald losginge.

»In spätestens einer halben Stunde bin ich wieder da!«

Das Gepäck wollte er erst ins Auto laden, wenn er zurückkam. Um kurz vor acht fuhr er weg. Es wurde halb neun, neun. Die Kinder fragten, wo er denn so lange bliebe.

»Er wird schon kommen«, beruhigte ich sie, obwohl ich mich längst selbst fragte, was da so lange dauerte. Gab es jetzt doch wieder Diskussionen mit seiner Exfreundin? Aber die Aufteilung der Ferienzeit war doch vom Gericht festgelegt worden ... Sie musste ihm seine Tochter geben. Sie musste ganz einfach!

Es wurde halb zehn. Ich wählte Arnos Nummer. Er nahm nicht ab. Als ich es das nächste Mal versuchte, war sein Handy ausgestellt. Ich bekam einen Kloß im Hals. Was hatte das alles zu bedeuten?

Kiara fing an zu weinen. »Ich will zu meiner Oma!«

Auch Leon weinte. Ich zog die beiden zu mir ins Bett. Die Kinder beschwerten sich, weil ich so heiß war. Ich maß meine Temperatur: 39,5. Mein Kopf dröhnte, meine Haut brannte –

vom Fieber, von den Ekzemen. Von allem. Und in mir drin tobte Angst. Einfach nur Angst, Angst, Angst.

Irgendwann schliefen die Kinder ein. Es war längst nach elf Uhr. Ich rief meine Mutter an.

»Nur dass du dich nicht wunderst, wenn wir morgen früh nicht auftauchen: Wir sind noch nicht einmal losgefahren.«

»Aber wieso das denn nicht?«

»Arno ist … Er ist noch nicht da. Ich rufe dich morgen früh wieder an.«

»Bist du sicher, dass er noch kommt? Es wäre ja immerhin nicht das erste Mal, dass er dich sitzen lässt.«

»Mama, bitte!«

»Was sagen denn die Kinder?«

Das wollte ich ihr lieber nicht erzählen. Ich fühlte mich sowieso schon wie die größte Rabenmutter überhaupt. »Lass uns morgen telefonieren«, bat ich sie. »Und Arno … er wird schon noch kommen.«

Als ich es aussprach, merkte ich, wie wenig ich noch daran glaubte. Ich legte den Hörer auf. Mir schwirrte der Kopf. Wieder und wieder wählte ich Arnos Nummer. Das Handy war und blieb ausgestellt. Nur die Mailbox, die verdammte Mailbox, sprang jedes Mal an. Gegen drei Uhr schlief auch ich ein. Als ich am nächsten Morgen aufwachte, war Arno noch immer nicht da.

Die Enttäuschung und die Tränen meiner Kinder, die Erwartung des vorwurfsvollen Untertons in der Stimme meiner Mutter, mein schlechtes Gewissen ihnen allen gegenüber … und dazu hatte ich weiter über neununddreißig Fieber. Die Kinder jammerten, dass sie Hunger hätten. Ich sagte ihnen, sie sollten die Brote essen, die Arno für die Reise vorbereitet hatte. Ich selbst bekam keinen Bissen hinunter, sondern trank nur eine Tasse Kaffee. Anschließend wählte ich Arnos Nummer. Erneut sprang nur die Mailbox an. Nein, natürlich gab ich mich jetzt keinen Illusionen mehr hin. Die Reise war geplatzt. Meine Mutter rief mich an. Ich musste zugeben, dass Arno mich tatsächlich schon wieder im Regen hatte stehen lassen.

»Und jetzt?«, fragte sie.

»Jetzt …«, ich schluckte, fing zu weinen an und bekam zugleich eine rasende Wut. »Das darf doch alles nicht wahr sein! Das kann er doch nicht mit mir machen!«

»Und wenn du allein mit den Kindern losfährst?«

»Mit dem hohen Fieber? Wie stellst du dir denn das vor?«

»Und wenn ihr fliegt?«

»Selbst ein Billigflug kostet von einem auf den anderen Tag richtig viel Geld, und dann noch auf Silvester! Außerdem kann ich kaum stehen, so elend fühle ich mich. Ich schaffe das nicht.«

Als ich den Kindern sagte, dass unsere Reise geplatzt war, weinten sie so sehr, dass ich hernach doch den Computer hochfuhr. Flüge. Nein, heute gab es keinen mehr, an Neujahr auch nicht. Die nächsten freien Plätze gab es erst am 2. Januar, und sie waren unglaublich teuer. Ich buchte sie trotzdem. Sonst hätte ich meinen Kindern nie mehr in die Augen sehen können.

»Und was essen wir bis dahin?«, fragte Kiara. Schon von klein auf hatte sie einen bemerkenswert praktischen Verstand an den Tag gelegt. »Die Reisebrote reichen jedenfalls nicht bis dahin.«

»Ich weiß«, murmelte ich, und ich wusste auch, dass um dreizehn Uhr die Geschäfte schlossen. Es war eben Silvester. Ich erhob mich. Mir drehte sich der Kopf. Wenn ich Fieber habe, sackt mir regelmäßig der Kreislauf weg. Ich ging trotzdem weiter ins Bad. Der Blick in den Spiegel übertraf meine schlimmsten Erwartungen. Sollte dieses rote, verquollene Wesen, das mich da ansah, wirklich ich sein?

Ich sank wieder in mein Bett und rief eine Freundin an.

»Wieso bist du denn noch hier?«, fragte Elena. »No querias ir a Alemania?«

»Klar wollte ich nach Deutschland, aber … Ach, Elena, erspar mir die Antwort, und sag mir nur eins: Kannst du für mich und die Kinder ein paar Lebensmittel einkaufen gehen? Ich liege mit Fieber im Bett … Es geht mir dermaßen mies, dass ich kaum den Weg bis in die Küche schaffe, ohne umzukippen.«

»In zehn Minuten bin ich bei dir!«

Auf Elena war schon immer Verlass.

Elena versorgte uns nicht nur mit den Lebensmitteln, die einzukaufen ich sie gebeten hatte, sondern brachte uns auch einen großen Topf selbst gekochter Rinderbrühe mit. »Die bringt dich im Nu wieder auf die Beine! Seguro!«

Überdies bot sie mir an, die Kinder mitzunehmen. »So schlecht, wie es dir geht, kannst du dich doch gar nicht um sie kümmern.«

Ich kannte einen Mann, blond und blauäugig und so, der darüber keine Sekunde nachgedacht hatte und offensichtlich auch weiter nicht darüber nachdachte. Wusste der Himmel, wo der Mistkerl jetzt steckte.

»Ihr könnt gern auch heute Abend mit uns Silvester feiern«, meinte Elena weiter.

»Mit dem Gesicht und dem Fieber dazu?« Ich schüttelte den Kopf.

Die Kinder aber wollten unbedingt zu ihr, zumal sie mit Elenas Kindern befreundet waren und am Abend auch noch andere Kinder dort sein würden.

»Ich kann so aber nirgends hingehen«, hielt ich ihnen vor. »Schaut mich doch mal an!«

Kiara nickte so tapfer, dass ich ein noch schlechteres Gewissen bekam. Ich seufzte. »Dann geht eben ohne mich zu Elena.«

Sofort brachen die beiden in Jubelgeschrei aus und schnappten sich ihre Jacken.

Ich sah Elena bittend an: »Kannst du mir die Kinder vor Mitternacht wieder herbringen? Irgendwie würde ich das neue Jahr nur ungern ohne sie anfangen. Du weißt doch, wie abergläubisch ich bin.«

Elena versprach es. Die Kinder stoben mit ihr davon. Als die Tür hinter ihnen zufiel, heulte ich los. Viel zu ruinieren gab es an meinem Gesicht ohnehin nicht mehr.

In den nächsten Stunden versuchte ich immer wieder, Arnos Mutter in Holland zu erreichen. Vor ein paar Wochen hatte sie Arno hier besucht. Als wir uns kennenlernten, waren wir uns auf den ersten Blick sympathisch. Sie gestand mir, dass sie von Anfang an Vorbehalte gegen Belen hatte. »Mir war vom ersten Augenblick an klar, dass sie Arno nur Leid zufügen würde. Diese Frau hat ein Herz aus Granit, und Arno ist so weich und nachgiebig … Das konnte gar nicht gut gehen!«

Leider ging sie nicht ans Telefon.

Immer wieder fragte ich mich auch, ob es für Arnos Fernbleiben nicht doch eine ganz einfache, natürliche Erklärung geben konnte. Schließlich wusste er, dass meine Kinder nur wegen ihm auf das Weihnachtsfest mit ihrer heißgeliebten Oma verzichtet hatten. Er wusste, dass ich krank im Bett lag, wir hier ohne Essen saßen und auf ihn warteten. Und dass ich ihn liebte. Mein Gott, unter diesen Umständen so einfach von der Bildfläche zu verschwinden – das tat man doch noch nicht einmal seinem größten Feind an!

Ich klammerte mich an den Gedanken, dass Belen ihm irgendwelche neuen, abstrusen Auflagen gemacht hatte, die er noch schnell zu erfüllen versuchte. Zwischendurch war ich auch fest davon überzeugt, dass er einen Unfall gehabt haben musste oder dass Belen ihn hatte verhaften lassen. Dieser

Frau traute ich allmählich so ziemlich alles zu. Irgendeinen triftigen Grund musste es doch geben, dass sich Arno nicht meldete.

Gegen Abend versuchte ich wieder, Arnos Mutter zu erreichen. Diesmal nahm sie den Hörer ab. Als sie hörte, dass ich am anderen Ende der Leitung war, sagte sie erst einmal gar nichts mehr. Da wurde mir klar, dass sie etwas wissen musste. Aber was?

»Wo ist er?«, fragte ich mit tonloser Stimme.

Ich hörte das Klicken ihres Feuerzeugs und wie sie Rauch ausstieß. »Er ist hier.«

Trotz meines Fiebers wurde mir auf einmal eiskalt. Hatte Belen ihm zur Auflage gemacht, dass er nur ohne uns mit seiner Tochter zu seiner Mutter fahren durfte? Aber warum hatte er mir das noch nicht einmal sagen können? Warum ließ er mich im Ungewissen? Mein Gott, ich hatte ihn allmählich schon für tot gehalten!

»Kann ich ihn sprechen?« Mich ärgerte, wie sehr meine Stimme zitterte.

»Ich glaube nicht, dass das eine gute Idee wäre. Er ist mit ihr hier.«

»Ihr?« Ich verstand nicht, wollte es wohl auch nicht.

»Ja, mit Belen und der Kleinen.«

Ich drückte den Anruf weg. In meinem Kopf hallten ihre Worte trotzdem wider: mit Belen, mit Belen, mit Belen … Und jedes Mal, wenn dieser Name in meinem Kopf aufflammte, tat er mir aufs Neue weh.

Als ich zwei Wochen später aus Deutschland zurückkam, hatte ich dann die »berühmte« Cortisonspritze schon hinter mir – und dank ihrer durchschlagenden Wirkung mein Gesicht zurück. Am gleichen Abend klingelte es an meiner Tür. Ich öffnete – und Arno stand vor mir. Er weinte und hob hilflos die Achseln.

»Anna, bitte.«

Ich wollte die Tür gleich wieder zudrücken, doch Arno stellte einen Fuß dazwischen.

»Anna, ich wusste nicht, was ich machen sollte, aber ich … ja, verdammt, natürlich war es falsch, mit Belen nach Holland zu fahren. Außerdem habe ich sowieso die ganze Zeit nur an dich denken können und was ich dir und deinen Kindern angetan habe!«

Mir zitterten die Knie. »Geh, Arno. Bitte, geh nur einfach.«

Aber Arno ging nicht. »Gib mir noch eine Chance. Eine letzte. Anna, bitte! Ich wusste gar nicht, was ich tat. Und wir lieben uns doch!«

Und das Schlimmste war, dass zumindest das Letzte stimmte. In meinem Kopf schrillten sämtliche Alarmglocken los – trotzdem schaffte ich es nicht, Arno wegzuschicken. Seine Nähe, sein Blick machten mich wehrlos. Und als er mir dann auch noch mit dem Finger über den Arm fuhr …

»Sag mir wenigstens, dass sie dir Aischa nicht hat geben wollen und du Belen nur deswegen mit nach Holland genommen hast.« Nichts erhoffte ich mehr als ein Ja, doch Arno schüttelte den Kopf. »Ich will dich nicht belügen. Ich dachte – ach, ich weiß auch nicht, was ich dachte, aber …«

»Verschon mich mit dem Rest. Ich will es gar nicht wissen.«

»Darf ich reinkommen?«

Ich schüttelte den Kopf, aber er kam trotzdem rein.

Schon drei Tage später waren Arno, Belen und seine Tochter aus Holland zurückgekehrt. Belen und er – es ging einfach nicht mehr mit ihnen.

»Das sieht Belen jetzt auch selbst ein«, schwor mir Arno. »Sie wird mir keine Schwierigkeiten mehr machen, und ich kann Aischa fortan so oft abholen, wie ich will!«

Ich glaubte ihm, dass er ihr glaubte – ich aber tat es nicht. Trotzdem ließ ich mich wieder mit ihm ein. Zunächst sehr vorsichtig und behutsam, bald jedoch wieder leidenschaftlich mit Haut und Haaren. Nur meine Kinder wollten nichts mehr von ihm wissen. Wenn er kam, zogen sie sich in ihre Zimmer zurück, wenn er sie ansprach, gaben sie nur knappste Antworten.

Wir lebten unsere Liebe neu – oder sollte ich lieber sagen: unseren Wahnsinn? Drei Wochen später klingelte abends beim Essen Arnos Handy. Es war Belen. Sie beschimpfte Arno in einer Lautstärke, dass ich noch am anderen Ende des Tisches fast jedes ihrer Worte verstehen konnte. Sie hatte herausgefunden, dass Arno und ich wieder zusammen waren. Von Sekunde zu Sekunde wurde Arno blasser.

»Belen, das, das kannst du nicht machen! Das Gericht hat festgelegt, dass ich Aischa regelmäßig sehen kann, und du hast nicht das Recht …«

Eine neue lautstarke Salve Belens brachte Arno zum Verstummen.

»Belen«, versuchte er, ihr ins Wort zu fallen. »Aischa ist auch meine Tochter, und du hast kein Recht, sie mir vorzuenthalten!«

Belen legte auf.

Arno sah zu mir. Hilfe suchend. Verzweifelt. Ich hob die Hände. »Ich habe dir gleich gesagt, wir sollten lieber vorsichtig sein, aber du musstest ja Hinz und Kunz erzählen, dass wir wieder zusammen sind! Das war doch klar, dass du sie damit aufs Neue provozieren würdest!«

Arno schob den Teller von sich. Meine Kinder fragten, ob sie fernsehen gehen könnten. Ich nickte ihnen zu und setzte mich neben Arno.

»Sie wird sich schon wieder beruhigen«, versuchte ich ihn zu beschwichtigen.

»Nein, das wird sie nicht«, krächzte Arno. »Belen will mit Aischa weggehen, an einen Ort, an dem ich sie nicht finden kann. Anna, ich muss zu ihr, mit ihr reden, ihr die Situation noch einmal ganz klarmachen.«

»Arno, beruhige dich erst einmal. In dieser aufgeheizten Stimmung mit ihr zu reden bringt gar nichts!«

»Trotzdem, ich muss zu ihr. Ich muss es wenigstens versuchen. Und du, Anna, kannst du bitte mitkommen?«

»Wenn Belen mich sieht, wird sie erst recht durchdrehen!«

»Aber vielleicht brauche ich einen Zeugen. Und ich schaffe das jetzt nicht allein! Anna, bitte!«

Ich dachte an meine Kinder. Ich hatte sie noch nie allein gelassen. Andererseits saßen sie vor dem Fernseher und würden sich die nächste halbe Stunde ohnehin nicht von dort wegrühren. Ich ging zu ihnen ins Wohnzimmer.

»Kann ich euch mal zehn Minuten allein lassen? Ich bin wirklich gleich wieder da!«

Die beiden nickten abwesend. Spongebob Schwammkopf interessierte sie mehr als mein chaotisches Liebesleben, und wahrscheinlich musste ich darüber auch noch froh sein. Ich ging zurück zu Arno.

»Okay, aber echt nur zehn Minuten. Und ich bleibe im Auto sitzen. Und das Auto parken wir da, wo sie mich nicht sehen kann!«

Arno sprang auf und schnappte sich den Wagenschlüssel. Er lief so eilig los, dass ich ihm kaum nachkam.

Arno parkte den Wagen in einer dunklen Hofeinfahrt. Von dort hatte ich einen direkten Blick auf Belens Haus, dessen Eingang direkt unter einer Straßenlaterne lag. Mich aber würde Belen selbst dann nicht entdecken können, wenn sie aus dem Haus trat. Arno ging läuten. Seine Tochter, ein blond gelocktes, zierliches Mädchen von sechs Jahren, öffnete ihm die Tür und fiel ihm selig um den Hals.

»Ach, Papa, Papa, ich will nicht von hier wegziehen, und ich will auch nicht länger bei Mama bleiben. Bitte, nimm mich mit, du fehlst mir so! Warum kann ich denn nicht zu dir ziehen?«

Sofort schoss Belen ihr hinterher. Sie schlug auf Arno ein.

»Lass Aischa los, lass sie sofort los! Und verschwinde von hier, hörst du, hau ab! Hau ab!«

Arno hob die Hände, doch Aischa klammerte sich nur umso heftiger an ihn. »Papa, Papa, nimm mich mit!«

»Belen, bitte, du siehst doch, dass Aischa ...«

»Geh rein, Aischa, hörst du nicht?«, kreischte Belen. »Vete a casa! Du sollst ins Haus gehen!«

Ich sah, wie Aischas Arme von ihrem Vater glitten, und hörte sie schluchzen.

»Geh rein! Sofort!«

Sie stieß das Kind ins Haus.

»Belen, so lass deine Wut an mir, aber doch nicht an Aischa aus!«, versuchte Arno, sie zu beschwichtigen.

»Verschwinde, verschwinde, du Scheißkerl!«, brüllte sie ihn an, versetzte ihm einen Stoß und knallte die Tür zu.

Arno sah zu mir. Ich sah die Verzweiflung in seinem Blick, wusste jedoch nicht, was ich für ihn tun sollte. Und auch für Aischa tat mir das alles unendlich leid. Auf einmal wurde das Fenster im ersten Stock geöffnet. Ein Schwung Bücher flog heraus und donnerte über Arno nieder.

»Hier, nimm! Und das auch!« Belen schleuderte auch noch Arnos Hosen und Pullover aus dem Fenster.

»Belen, spinnst du denn jetzt völlig? Hör sofort damit auf!«

Als Nächstes warf Belen einen Stapel CDs herunter. Die Hüllen zersprangen auf der Straße.

Fassungslos sah Arno zu ihr hoch und hielt sich schützend die Hände über den Kopf. »Belen! Belen!«

Doch sie warf unverdrossen weiter: Berge von Fotos schleuderte sie heraus, Geschirr, zwei Stühle, und schließlich gar einen großen Flipperautomaten, der mit einem derart lauten Knall zu Boden polterte, dass nun auch noch der allerletzte Nachbar ans Fenster stürzte.

Ich saß da wie gelähmt. Arno flüchtete zum Wagen. Als er auf den Fahrersitz sank, sah ich, dass er weinte. Ich war noch immer zu geschockt, um irgendwie reagieren zu können. Erst etliche Minuten später und nach dem Hinauswerfen weiterer Gegenstände knallte Belen das Fenster zu.

»Ich glaube, du gehst die Sachen besser holen, oder?«, meinte ich nach einer Weile schüchtern.

Arno nickte, stieg aber erst etliche Atemzüge später aus. Er trug das wenige, das nicht zu Bruch gegangen war, in den Wagen, und nahm auch den Flipper mit.

»Vielleicht kann man ihn reparieren«, sagte er tonlos, als er wieder in den Wagen stieg. »An ihm hängen sehr, sehr viele schöne Erinnerungen.«

Zu Hause verzog sich Arno ins Gästezimmer und bat mich, ihn allein zu lassen. Ich blies die Backen auf, nickte aber doch. Am liebsten hätte ich losgeschrien, einfach ganz laut und lange geschrien. Stattdessen ging ich zu meinen Kindern und brachte sie ins Bett.

Die nächsten beiden Wochen hörte Arno nichts von Belen und rief sie auch nicht an. Mit mir redete er kaum noch ein Wort, saß meist vor sich hin starrend in einer Ecke und ging auch nicht arbeiten. Er war literarischer Übersetzer, hatte sich aber krankschreiben lassen. Dann rief Belen ihn an. Sie bat ihn, Aischa übers Wochenende zu nehmen. Als Arno mir dies mit einem über alles strahlenden Gesicht erzählte, sah ich ihn verwundert an. »Woher der plötzliche Sinneswandel?«

»Belen hat eine alte Jugendliebe wiedergetroffen, und so, wie sie sagt, hat es erneut zwischen ihnen gefunkt. Ab sofort kann ich Aischa jederzeit holen!«

»Aha«, sagte ich. Irgendwie konnte ich dem Ganzen allmählich nicht mehr folgen. Und ich war müde, einfach nur noch müde, ausgepowert und ausgelaugt.

Das Wochenende verbrachten wir also mit Aischa und meinen Kindern. Arno war glücklich. Vielleicht hätte ich es auch sein sollen, aber ich war es nicht. Dieses ganze Hin und Her. Und was würde passieren, wenn sich Belen in drei Tagen wieder von ihrer Jugendliebe »entliebte«? Würde dann alles wieder von vorn losgehen?

Auch meine Haut traute dem »Frieden« nicht. Die ersten Stellen platzten wieder auf, obwohl die Cortisonspritze erst sechs Wochen zurücklag. Und die Haut juckte, juckte so schlimm wie noch nie. Der Juckreiz trieb mich regelrecht in den Wahnsinn. Nachdem ich mich drei Nächte durchgekratzt hatte und entsprechend schlimm aussah, rief ich meinen Hausarzt in Deutschland an.

»Die Wirkung war allerdings sehr kurz«, bedauerte er mich, »aber noch eine Spritze kann man Ihnen jetzt nicht geben. Gehen Sie einmal zu Ihrem spanischen Arzt, und lassen Sie sich Prednisona alonga verschreiben. Beginnen Sie mit sechzig Milligramm täglich, und versuchen Sie dann, allmählich runterzugehen. Es wird schon wieder werden. Und versuchen Sie, sich zu entspannen und das Leben zu genießen. Das ist noch immer die beste Medizin!«

Das Leben genießen und entspannen. Der Mann hatte gut reden! Statt etwas zu erwidern, schluckte ich jedoch nur, und das vernehmlich.

Am nächsten Morgen nahm ich die ersten Cortisontabletten. Binnen weniger Tage heilte meine Haut wieder ab. Ich wartete noch ein paar Tage, dann fing ich an, die Dosis behutsam zu reduzieren, doch schon eine Woche später platzte die Haut wieder auf. Ich rief meine Homöopathin in Deutschland an. Sie riet mir zu homöopathischem Cortison. »Solange Sie das Cortison nicht endgültig und vollständig aus dem Körper ausgeleitet haben, wird Ihnen auch kein anderes homöopathisches Mittel helfen, und Sie kommen nie wieder aus diesem Teufelskreis heraus. Sie hätten sich niemals diese

Cortisonspritze geben lassen dürfen! Ansonsten könnten Sie es noch mit Lymphdrainagen für den Gesichtsbereich versuchen. Aber setzen Sie um Himmels willen dieses Teufelszeug ab!«

Ich versuchte es, nahm das homöopathische Cortison, fuhr die Dosis der Tabletten wieder herunter und ließ mir Lymphdrainagen machen. Die Drainagen halfen auch etwas, aber nur, wenn ich fast jeden Tag hinging – und das war für mich auf Dauer nicht zu bezahlen. Ich versuchte es mit einer Diät, ließ Fleisch, Süßwaren und Milchprodukte weg. Als auch das nichts half, aß ich schließlich auch keinen Fisch mehr und machte jeden Tag über eine Stunde lang Yoga. Die Haut wurde trotzdem immer schlimmer. Als ich mich gar nicht mehr im Spiegel sehen konnte, fuhr ich die Dosis der Tabletten wieder hoch und hoffte auf ein Wunder.

Statt eines Wunders geschah jedoch etwas anderes: Belen wollte wegziehen. Diesmal war es ihr damit ernst, und es war scheinbar auch keine Retourkutsche. Sie wollte zu ihrem Jugendfreund ziehen. Alte Liebe rostet wohl wirklich nicht. Arno sollte seine Tochter regelmäßig sehen können, gern auch jeden Abend. Der Vorschlag war der blanke Hohn: Belen zog hundertfünfzig Kilometer von hier weg, das bedeutete für Arno jedes Mal zwei Stunden Hinweg und zwei Stunden Rückweg, wenn er Aischa sehen wollte. Arno war außer sich.

»Das halte ich nicht aus, Anna, das kann sie doch nicht machen!«

Doch Belen konnte. Schon eine Woche später stand der Umzugswagen vor ihrer Tür. Arno war verzweifelt – und trennte sich von mir. »Nur zum Schein, Anna, das musst du mir glauben. Wenn ich Belen sage, dass wir nicht mehr zusammen sind, kann ich sie damit vielleicht dazu bringen, doch hier wohnen zu bleiben!«

Aber für Belen änderte das jetzt nichts mehr. Sie packte ihren Umzugswagen weiter. Am nächsten Tag war sie weg. Doch auch als Belen schon etliche Wochen weg war, hielt Arno sein »Theater« aufrecht. Er wollte nicht, dass wir uns sahen. Ich denke, er wollte sich irgendwie vor allem selbst damit bestrafen. Aber er bestrafte auch mich. Und es war sinnlos. Einfach nur sinnlos. Belen würde nicht zurückkommen.

Ich war so erschöpft, ausgelaugt und enttäuscht, dass ich noch nicht einmal mehr weinen konnte. Nur Cortisontabletten schlucken. Damit ich wenigstens die äußeren Wunden nicht auch noch sehen musste. Und mitten in dieser Verzweifelung lief mir Julien über den Weg – oder genauer gesagt: ich ihm …

KAPITEL 3

Die Explosion

Die Verzweiflung schickt Gott nicht, um uns zu töten,
er schickt sie, um neues Leben in uns zu erwecken.

Hermann Hesse

Schon seit geraumer Zeit stand ich am Fenster meines Zimmers und sah zu, wie die dicken Schneeflocken den Burghof unter sich begruben, während ich zugleich darauf lauschte, ob sich im Flur Schritte näherten. Ich wartete auf die Visite und schwankte zwischen Angespanntheit, Angst und Hoffnung.

Vor allem der ominöse Begriff »Explosion« schwirrte mir ständig im Kopf herum, obwohl ich mir immer wieder sagte, dass es nichts half, wenn ich mich deswegen jetzt schon verrückt machte: Was kommen sollte, würde sowieso unweigerlich kommen.

Endlich hörte ich Schritte, und kurz darauf betrat die junge Ärztin vom Vortag mein Zimmer und stellte mir den Klinikleiter, Dr. Kröner, vor. Er betrachtete meine Haut mit fachmännischem Blick und gerunzelter Stirn, murmelte »Mm« und »Aha« und wollte sehen, welche Stellen außer denen im Gesicht und am Hals noch befallen waren. Ich zeigte ihm meine Armbeugen und Schultern. Auch dort hatte ich in der vergangenen Nacht zu kratzen angefangen.

»Ich nehme jetzt ja nur noch zehn Milligramm Cortison«, kommentierte ich die neuen Ekzeme und merkte selbst, wie entschuldigend es klang. Doch wofür entschuldigte ich mich eigentlich? Für die Ekzeme oder dafür, dass ich Cortison genommen hatte? Oder war mir beides gleich unangenehm? Und warum?

»Die Tabletten setzen wir weiter ab, die Schwestern händigen Ihnen abends die Medikamente für den nächsten Tag aus, und sobald wir die Ergebnisse der Blut- und Urinuntersuchung von heute Morgen haben, sehen wir weiter.«

Ich erzählte ihm, dass ich seit vier Wochen eine streng vegetarische Diät machte und auch auf Milchprodukte fast ganz verzichtete – auch in der Hoffnung, dass dies die »Explosion« verhindern würde –, und legte ihm eine Liste der Lebensmittel vor, die ich in der letzten Woche zu mir genommen hatte. Schon bei meinem Vorgespräch war ich darauf hingewiesen worden, dass eine solche Liste hilfreich sei. Sowohl Dr. Kröner als auch Frau Dr. Schneider studierten die Liste aufmerksam. An ihren Blicken und Fingerzeigen sah ich, dass ich mich wohl trotzdem noch nicht »optimal« ernährt hatte.

»Holen Sie sich nachher bitte im Schwesternzimmer Ihren Wochenfahrplan ab. Auch eine Liste der Speisen, die Sie essen dürfen, wird dabei sein«, meinte Frau Dr. Schneider anschließend.

»Wie wird das denn nun mit meiner Haut?«, fragte ich schüchtern. »Ich meine, wegen dieser Explosion.«

»Tja, um die werden Sie nach der langen und hohen Cortisoneinnahme nicht herumkommen«, meinte Dr. Kröner und begutachtete noch einmal mit gerunzelter Stirn mein Gesicht. Nervös fuhr ich mir über die Wangen und den Hals und hatte auf einmal das Gefühl, diese Explosion müsse schon gleich jetzt losgehen.

»Und wie muss ich mir diese Explosion vorstellen?«

»Das ist von Patient zu Patient verschieden«, erklärte mir Frau Dr. Schneider, »und wie lange sie anhält, auch. Am besten machen Sie sich darüber erst einmal keine Gedanken. Einen Einfluss darauf haben Sie oder wir ohnehin nicht.«

Und wenn ich an nichts anderes mehr denken kann?, pochte es in meinem Kopf. Ich sagte jedoch nichts weiter und ließ es vorerst dabei bewenden. Hellsehen konnten auch Ärzte schließlich nicht.

Im Schwesternzimmer bekam ich einen dicken Stapel Unterlagen in die Hand gedrückt.

»Aber lesen Sie das alles lieber später«, meinte Schwester Ruth. »Gleich fängt das autogene Training an. Da möchten Sie doch sicher teilnehmen!«

Es fand in dem großen Saal statt, in dem auch Vorträge gehalten wurden. Vier Frauen und drei Männer lagen schon auf ihren Matten. Eine der Frauen erklärte mir, wo auch ich eine Matte finden könne. Ich holte sie mir und legte mich neben meine Leidensgenossin.

Während wir auf die Ärztin warteten, die das Training mit uns durchführen sollte, erfuhr ich, dass hier am nächsten Tag auch die Gruppensitzung mit dem Psychologen stattfand.

»Der Mann hat echt was drauf«, erzählte mir Alexandra, die ich schon vom Abendessen kannte. »Da solltest du auch einmal hingehen. Und wenn man möchte, kann man hinterher auch eine Einzelsitzung bekommen. Die meisten Neurodermitisschübe haben auch eine psychische Ursache.«

»Da sagst du mir nichts Neues«, seufzte ich und musste an Arno denken. Ob er sich jemals Gedanken darüber gemacht hatte, was er mir mit seinem ewigen Hin und Her angetan hatte?

Direkt neben mir lagen zwei jüngere Frauen. Ich unterhielt mich mit ihnen. Die eine war Altenpflegerin, Anfang zwanzig und bis zum Haaransatz in gelbe Creme gehüllt, die andere etwa gleich alt, Hausfrau und Mutter eines einjährigen Kindes, das sie derzeit bei ihrer Schwester untergebracht hatte, und ganz in weißer Creme. Sie teilten sich ein Zimmer – aber scheinbar keine große Sympathie füreinander. Das zumindest schloss ich aus den spitzen Bemerkungen, die sie sich zwischendurch immer wieder gegenseitig zuwarfen. Anscheinend konnte die junge Mutter nur mit Fernsehgeplärr einschlafen und schaltete den Kasten auch schon beim Aufwachen gleich wieder an, während die Altenpflegerin sich nur nach Ruhe, Ruhe und nochmals Ruhe sehnte und bei Fernsehgeflimmer kein Auge zubekam. Wieder dankte ich dem Himmel und den Entscheidungsträgern der Klinik, dass ich ein Zimmer für mich allein hatte.

Kurz darauf kam Frau Dr. Schneider. Da ich in diesem Kreis zwar neu war, aber schon autogenes Training gemacht hatte, konnte sie sich eine Einführung sparen.

»Ich atme ruhig und regelmäßig, meine Beine sind schwer, meine Arme sind schwer …«

Im Nu schwebte ich im Leeren.

Ich empfand autogenes Training als sehr angenehm und in der Wirkung ähnlich wie Meditationen, die wir regelmäßig im Yogaunterricht machten. Nichts denken, nichts fühlen, alles vergessen, einfach nur im Nichts schweben.

Anschließend gingen wir zum Mittagessen nach unten. Unterwegs warf ich einen Blick auf die Unterlagen, welche die Schwestern mir in die Hand gedrückt hatten. Ich entdeckte, dass auch noch andere Entspannungsverfahren auf meinem Programm standen, oft sogar zwei am Tag. Darüber hinaus hatte ich einen Termin bei der Diätassistentin, und ich fand eine Mitteilung für die Küche, dass ich eine Suchdiät machte und heute nur Reis bekommen sollte. Wundern konnte mich das nicht: Ich hatte der Ärztin gesagt, dass ich mir mehr als unsicher war, welche Lebensmittel ich derzeit überhaupt noch vertrug, also war eine Suchdiät nur naheliegend. Auf einmal erschien mir mein Salat-Mozarella-Brot-Abendessen vom Vortag wie die größte Köstlichkeit der Welt. Wie lange es wohl dauern würde, bis ich das wieder essen durfte? Trotzdem rang mir die Einschränkung noch kein Seufzen ab.

Diäten gehörten zu meinem Leben wie Zähneputzen. Irgendwann hatte ich aufgehört, mir darüber Gedanken zu machen. Es war eben so. Und fertig.

Nach meinem grandiosen mittäglichen Reismahl legte ich mich hin, um zu lesen, schlief darüber jedoch ein. Als ich aufwachte, hatte die Sonne die Schneewolken vertrieben und verlockte mich zu einem Spaziergang im glitzernden Weiß. Rasch lief ich in den Funktionsraum, um mich zuvor noch zehn Minuten auf die Magnetfeldmatte zu legen und eine Sauerstoffbehandlung zu machen, dann zog ich meine dicke Jacke an und stapfte los.

Ich fand es seltsam, so allein vor mich hin zu laufen. Wenn die Kinder in der Schule waren, arbeitete ich, wenn sie nach Hause kamen, war ich für sie und ihre Freunde da, spielte oder lernte mit ihnen und versuchte, das Haus trotz meiner recht chaotischen Kinder einigermaßen in Ordnung zu halten. Allein spazieren ging ich zu Hause nie. Selbst wenn ich den Hund ausführte, war in der Regel wenigstens eines der Kinder dabei. Ich tat eigentlich überhaupt fast nie etwas ohne die Kinder. Von daher hätte ich diesen Spaziergang jetzt richtig genießen müssen, aber es gelang mir nicht. Ich vermisste die beiden, als fehle mir ein Bein oder ein Arm. Wie gern ich jetzt mit ihnen hier eine Schneeballschlacht gemacht hätte. Und auch Julien vermisste ich. Es dauerte noch über eine Woche, bis er mit Leon herkam. Was hätte ich dafür gegeben, ihn jetzt bei mir zu haben! Und plötzlich musste ich auch wieder an diese verflixte »Explosion« denken. Mein Gott, hoffentlich sah ich, wenn er kam, nicht gar so schlimm aus!

Als ich zur Klinik zurückkam, war schon Abendbrotzeit. Auf mich wartete wieder nur Reis. Die anderen am Tisch witzelten über mich und Alexandra, die heute immerhin auch schon Kartoffeln dazu bekam. Wir ertrugen ihr Lästern mit

Gelassenheit und prosteten uns grinsend mit unseren Reis-Kartoffel-Gabeln zu. Insgesamt war es ein sehr fröhliches Essen, bei dem viel gelacht wurde.

»Und was haben sie hier mit dir sonst noch alles außer viel Reis und Teersalbe angestellt?«, fragte ich Alexandra.

»Zuerst musste ich eine Woche heilfasten, das heißt: gar nichts essen, sondern nur Gemüsebrühe schlürfen. Und danach bekam ich Darmspülungen, die waren besonders genial. Aber um bei der Wahrheit zu bleiben: Schwester Karin macht das echt super! Allerdings kam mir nach dem dritten Tag das Gemüsegebräu fast zu den Ohren raus. Von daher bin ich mit meinem Reis und den Kartoffeln schon richtig glücklich. Wenigstens habe ich wieder etwas zum Kauen!«

»Und bist du mit dem Ergebnis zufrieden?«

»Und ob!«, rief Alexandra und zog einen ihrer Handschuhe aus. »Hier, sieh selbst: Fast alles ist abgeheilt. Und am Körper auch!«

Auch die anderen erzählten von ihrer Behandlung: Die Haut von Anke, der jungen Mutter mit dem einjährigen Kind, sprach am besten auf die Salben an. Sandra, die nach wie vor gelb eingecremte Altenpflegerin, bekam zudem auch noch verschiedene Mineralstoffe. Und die ältere Dame am oberen Tischende erzählte, dass sie Infusionen mit hoch dosiertem Vitamin B und C erhielt und sie den Eindruck hatte, regelrecht zusehen zu können, wie ihre Haut abheilte.

»Ich bin ganz glücklich, dass die Behandlung hier so schnell greift!«

Das alles machte mir natürlich Hoffnung, am Ende meines Klinikaufenthalts auch wieder eine heile Haut zu haben – und nichts wünschte ich mir sehnlicher!

Am nächsten Morgen fühlte ich mich völlig gerädert. Ich hatte in der vergangenen Nacht noch mehr gekratzt als in der vorherigen und war immer wieder von meinem elenden Herumgeschabe wach geworden. Ich schaute auf den Wecker: Es war halb sieben, bald Zeit zum Frühstücken. Große Lust auf meinen Reis hatte ich zwar nicht, aber mein Magen knurrte so vernehmlich, dass ich zur Not sogar Schuhsohlen gegessen hätte. Ich erhob mich, torkelte schlaftrunken zum Spiegel, sah dort mein Gesicht – und musste zweimal hinsehen, bis mir klar wurde, dass ich nicht träumte, sondern in der Tat mich selbst dort sah. Auf meiner Stirn flammte eine große rote aufgekratzte Stelle, und um mein rechtes Auge hatte ich ein saftiges Ödem. Dazu hatte ich natürlich weiter all die anderen Ekzeme, die ich schon bei meiner Ankunft hatte. Und sie waren noch größer und noch röter geworden.

»Na super«, knurrte ich, schaufelte mir kaltes Wasser ins Gesicht und zog mich an, wobei ich es vermied, noch einmal am Spiegel vorbeizukommen.

Auch die anderen am Frühstückstisch sahen mich länger als sonst an.

»Jetzt fängt es langsam an, was?«, meinte Alexandra mitfühlend.

Ich zuckte mit den Schultern.

»Mach dir nichts draus. Das wird sicher nicht lange anhalten«, versuchte mich Sandra, die Altenpflegerin, zu trösten. Scheinbar hatte auch sie keine gute Nacht verbracht: Um ihren Hals trug sie einen Wickel, den ich bisher noch nicht an ihr gesehen hatte. Als sie meinen Blick bemerkte, grinste sie schief: »Ich bin heute früh um drei vor Juckreiz fast wahnsinnig geworden. Die Schwester hat mir dann einen Wickel mit schwarzem Tee gemacht und eben noch einmal. Mal sehen, was der Arzt nachher meint. Vielleicht habe ich irgendetwas vom Abendessen nicht vertragen.«

»Oder es war der Anruf von deiner Kollegin, den du gestern Abend hattest«, meinte ihre Zimmernachbarin. »Danach warst du doch völlig aus dem Häuschen!«

Sandra winkte ab. Es war offensichtlich, dass sie das Thema nicht vertiefen wollte. Schweigend stopfte ich meinen Reis
in mich hinein und fragte mich, was eigentlich mit uns allen
»falsch« war. Andere aßen doch auch, was sie wollten, bekamen auch unangenehme Anrufe und schabten sich trotzdem
nicht die Haut vom Leib.

Am folgenden Morgen näherte ich mich dem Spiegel in meinem Zimmer sehr viel zögerlicher. Wieder hatte ich die ganze
Nacht gekratzt, und mir war klar, dass dies seine Spuren hinterlassen haben musste. In der Tat hatte sich das rote Ekzem
auf meiner Stirn inzwischen zu einem stattlichen Fleck aus-
gewachsen, mein linkes Auge war nun genauso prächtig von
Schwellungen umgeben wie mein rechtes – wenigstens war
damit die Symmetrie wiederhergestellt – und auch über der
Wange und am Kinn zeigten sich rote offene Stellen und tiefe
Kratzspuren. Da Sonntag war, kam keine Visite aufs Zimmer.
Ich hätte die Möglichkeit gehabt, unten im Behandlungsraum
einen Arzt zu sprechen, zog es aber vor, bis Montag zu warten, wenn Frau Dr. Schneider wieder da war.

Am Montagmorgen erkannte ich mich endgültig nicht mehr
im Spiegel wieder: Die Schwellungen um die Augen waren
noch massiver geworden, und dazu hatte ich auf einmal eigenartige dicke Falten unter den Augen, die mich auf einen
Schlag fünfzehn Jahre älter aussehen ließen. Hinzu kam, dass
jetzt die ganze Haut im Gesicht und am Hals feuerrot war,
wie verbrüht aussah und dermaßen spannte, dass ich kaum
noch eine Miene verziehen konnte. Auch die Lippen waren
aufgesprungen, taten bei der geringsten Regung weh und rissen noch weiter auf.

»Nicht gerade zum Verlieben«, murrte ich mein Spiegelbild an, schaffte es aber, dies als einen Zustand anzusehen,
der sicher bald vorübergehen würde. Dafür war ich ja in ei-

nem Krankenhaus. Aber Krankenhaus hin oder her – an den Frühstückstisch traute ich mich so trotzdem nicht.

»Aha, dann geht es jetzt also richtig los«, konstatierte Frau Dr. Schneider nüchtern, als sie zur Visite in mein Zimmer kam. Sie befühlte meine Haut. »Ziemlich überwärmt.«

»So heiß war die Haut auch immer, bevor ich mit dem Cortison angefangen habe.«

»Und am übrigen Körper?«

Ich zog meinen Pullover aus und hielt ihr meine malträtierten Armbeugen hin. Auch an den Schultern hatte ich alles aufgekratzt.

»Zeigen Sie mir bitte mal Ihre Fingernägel«, meinte Frau Dr. Schneider. Ich streckte ihr meine Hände hin. »Die Nägel müssen Sie viel kürzer schneiden, so kurz, bis nichts mehr übersteht!«

»Aha. Und womit kratze ich mich dann?«

Sie lachte auf. »Mit gar nichts!« Gleich darauf wurde sie wieder ernst. »Je mehr Sie kratzen, desto mehr Histamin wird an diese Stellen transportiert und desto mehr juckt es.«

Da war er schon wieder, dieser Begriff: Histamin. Ich hatte noch immer nicht gefragt, was genau Histamin mit Neurodermitis zu tun hat. Im Moment interessierte mich aber mehr, was ich sonst gegen den Juckreiz tun sollte. Ohne Kratzen ließ sich das doch gar nicht aushalten!

»Lassen Sie sich von der Schwester Coolpacks oder tiefgekühlte Akkus geben«, meinte Frau Dr. Schneider.

»Akkus?« Ich sah sie verständnislos an.

»Ja, diese blauen Dinger für Kühltaschen. Die meisten ziehen sie den Coolpacks vor, auch weil sie viel kälter sind und länger kalt bleiben.«

»Und die sollen helfen?« Ich sah sie ungläubig an. »Das hört sich so simpel an.«

»Es ist ebenso simpel wie effektiv!« Sie nickte mir nachdrücklich zu.

»Und was kann ich sonst noch machen?«

»Im Moment nicht viel. Ich rede nachher mal mit dem Chefarzt, ob wir nicht schon jetzt mit Salben anfangen wollen.«

Beim Gedanken an den Salbenraum wurden mir die Knie weich. »Ich versuche lieber erst einmal diese Kühlakkus«, versicherte ich ihr hastig und ging gleich nach der Visite hinunter ins Schwesternzimmer. Die Schwester drückte mir einen dicken blauen »Akku« mitsamt einem Baumwollüberzug in die Hand.

»Wenn er nicht mehr kühl genug ist, holen Sie sich einfach den nächsten!«

Ich nickte, ging zurück in mein Zimmer und packte den Akku auf meinen Hals. Der brannte und juckte am meisten. Tatsächlich sank der Juckreiz damit auf ein erträgliches Maß.

Bis zum Mittagessen knurrte mein Magen dermaßen, dass ich mich doch den anderen »stellen« musste. Als ich mich mit meinem Teller Reis an den Tisch setzte, sahen die anderen mich zwar an, kommentierten mein Aussehen aber mit keiner Silbe. Sie wussten sicher aus eigener Erfahrung, dass man bei diesem Hautzustand nicht auch noch von anderen hören wollte, wie schrecklich man aussah. Kaum hatte ich meinen Reisteller geleert, verzog ich mich wieder. Ich schlief eine Stunde, machte meine Therapien im Funktionsraum und ging dann im Wald spazieren. Die eisige Luft – wir hatten zehn Grad unter null – empfand ich auf meiner heißen Haut als so angenehm, dass ich fast zwei Stunden draußen herumlief. Ich dachte an meine Kinder, an Julien und meine Mutter. Durch unsere abendlichen Telefongespräche wusste ich, dass es ihnen allen gut ging. Aber sie fehlten mir trotzdem. Sie waren so sehr die zentralen Punkte meines Lebens, dass ich mir wie ausgehöhlt vorkam. Und gerade jetzt, wo ich mich so elend fühlte, wäre es mir ein Trost gewesen, wenigstens die Kinder bei mir zu haben.

Als ich vom Spaziergang zurück in mein Zimmer kam, war meine Sehnsucht nach ihnen so groß, dass ich sie schon vor dem Abendessen anrief.

»Und, wie geht es dir?«, fragte meine Mutter.

»Na ja, die Haut platzt immer weiter auf und juckt wie der Teufel.« Ich schluckte. »Insgesamt alles sehr unerfreulich. Lass uns lieber von den Kindern sprechen. Was machen sie? Könnt ihr sie noch in Schach halten?«

»Ach, das geht schon. Julien ist heute mit ihnen ins Schwimmbad gegangen. Da waren sie hinterher schön ausgetobt.«

Schwimmbad. Wie lange war ich mit den Kindern schon nicht mehr ins Schwimmbad gegangen, weil ich Angst davor hatte, was das Chlorwasser mit meiner Haut anrichten würde? Und jetzt hatte ich sie gleich ganz allein gelassen. War ich nicht allmählich eine riesige Enttäuschung für sie?

»Ist Kiara in der Nähe?«

Meine Mutter rief sie.

»Na, Mäuschen, wie geht es dir? Ihr seid im Schwimmbad gewesen, habe ich gehört?«

»Mm.«

»Kiara, bitte, kannst du nicht mal mit mir reden? Bisher hast du bei keinem Telefongespräch mehr als drei Silben gesagt!«

»Ich rede doch!«

»Was man so reden nennt!« Ich stöhnte auf. »Wie geht es dir also?«

»Gut.«

»Und sonst? Was habt ihr außer dem Schwimmbad gemacht?«

»Gemalt.«

»Und was?«

»Weiß nicht. Willst du wieder die Oma haben? Leon ist mit Julien zum Einkaufen gegangen.«

»Ja, dann gib mir halt die Oma wieder«, seufzte ich und verkniff mir ein mütterlich vorwurfsvolles »Wenn du eh nicht mit mir reden willst«. Ich merkte, wie mir Tränen in die Augen stiegen. Verlor ich jetzt wegen dieses langwierigen Krankenhausaufenthalts meine Kinder? Nahm es mir Kiara übel, dass ich hier war? Fühlte sie sich im Stich gelassen? Sollte ich das alles hier lieber wieder abbrechen? Aber was dann?

»Ja, mein Schatz?«

Statt meiner Mutter zu antworten, fing ich an zu weinen.

»Was hat Kiara denn? Warum redet sie nicht mit mir?«

»Da darfst du dir nichts draus machen«, meinte meine Mutter. »Das ist ihre Art, mit der Trennung fertig zu werden. Du weißt doch, wie sehr sie an dir hängt!«

»Ist sie wütend auf mich?«

»Ach, woher. Du fehlst ihr, das ist alles. Gerade heute früh hat sie mir wieder gesagt, wie froh sie ist, dass du jetzt im Krankenhaus behandelt wirst, und wie sehr sie hofft, dass es dir nachher wieder richtig gut geht.«

»Und wenn es mir hinterher nicht richtig gut geht?« Ich klemmte mir den Hörer ans Ohr und putzte mir die Nase. Das half mir auch dabei, endlich mit dem Weinen aufzuhören. »Was ist, Mama, wenn es mir hinterher nicht gut geht?«

»Das wird es aber. Jetzt warte erst einmal ab. Du bist erst seit wenigen Tagen da. So schnell kann das gar nicht gehen!«

»Ich weiß ja, aber trotzdem.«

Ich hörte, wie mein Stiefvater im Hintergrund zu schimpfen anfing. Er suchte die Fernsehzeitung und die Fernbedienung und brummelte, dass die Kinder alles, aber auch wirklich alles durcheinanderbrachten.

»Aber Karl ist das alles doch jetzt schon zu viel!«, jammerte ich.

»Nein, nein, mach dir keine Gedanken. Das habe ich schon im Griff.« Ich hörte, wie meine Mutter Kiara bat, Karl beim Suchen zu helfen, da der seine Sachen ohnehin noch nicht einmal mehr dann finden konnte, wenn sie direkt vor seiner Nase lagen. Auch das hing mit seiner Erkrankung zusammen.

»Du würdest mir aber auch nicht sagen, wenn es dir doch zu viel wäre«, gab ich zurück.

»Es geht schon, mein Schatz, ganz bestimmt. Und jetzt sorge dich nicht um uns, sondern nur um dich. Es geht ohnehin nicht anders.«

Ich wusste, dass sie recht hatte. Besser fühlte ich mich deswegen dennoch nicht.

»Ich rufe euch noch einmal nach dem Abendessen an. Mit Julien und Leon will ich doch auch noch sprechen.«

»Ja, mach das, bis nachher!«

Ehe sie den Hörer auflegte, hörte ich, wie Karl eine neue Schimpfsalve auf die Kinder losließ. Ich konnte es ihm nicht verdenken und wusste, dass er eigentlich nicht so war und meine Kinder sehr gernhatte. Es war nur seine Krankheit. Jede größere Veränderung um ihn herum brachte ihn noch mehr durcheinander. Ich sank auf mein Bett und weinte wieder. Warum, warum verdammt, konnte ich nicht gesund sein und mich selbst um meine Kinder kümmern, statt sie meiner Mutter aufzubürden, die sowieso schon genug Probleme am Hals hatte?

Unruhig wälzte ich mich im Bett hin und her. Ich kam aus dem Grübeln und den Selbstwürfen nicht heraus, dem, was ich anderen mit meiner verdammten Neurodermitis zumutete. Und zugleich war mein Körper so unruhig, als trieben dort Horden von Ameisen ihr Unwesen. Am schlimmsten war dieses schmerzhafte Ziehen in meinen Beinen. Wieder veränderte ich meine Position, aber dieses seltsame Ziehen hielt sich hartnäckig. Woher kam das? Ich versuchte, mich zu entspannen, sprang zwischen Meditieren und autogenem Training hin und her, ohne auch nur die geringste beruhigende Wirkung zu verspüren. Und ich kratzte mich mit den winzigen Fingernagelresten, die ich noch hatte: an den Armen, in den Kniekehlen, am Hals, im Gesicht. Um Mitternacht stand ich schließlich auf und ging mir einen Kühlakku holen, legte ihn zuerst auf die Wangen, dann in die Armbeugen, aber irgendwie juckte es überall gleichzeitig. Und dieses Ziehen, dieses unangenehme Ziehen in den Beinen!

Irgendwann schlief ich schließlich doch ein. Als der Wecker klingelte, kam es mir so vor, als sei ich gerade eben erst eingenickt. Ich fühlte mich zerschlagen, gerädert, müde, ohne jeden Antrieb, und schielte vom Bett aus zum Spiegel. Welcher Anblick würde mich wohl heute dort erwarteten?

Bang tastete ich mein Gesicht ab. Irgendetwas klebte da, vor allem an den Wangen. Ich geriet ein wenig in Panik. Und jede Berührung tat weh. Beunruhigt erhob ich mich und näherte mich dem Spiegel. Als ich mich erblickte, konnte ich nur stöhnen. Mein Gott, auch die Haut auf der Stirn war jetzt komplett rot und entzündet, das übrige Gesicht noch stärker gerötet als am Vortag, und dieses Klebzeug da auf meiner Haut – ich näherte mich dem Spiegel noch weiter –, das drang aus den Poren, an den Wangen, am Kinn, am Hals, auch an der Stirn an einigen Stellen. Ich sank zurück ins Bett und beschloss, das Frühstück ausfallen zu lassen. Erst wollte ich mit der Ärztin sprechen.

Sie kam gut zwei Stunden später. Sofort schoss ich auf sie zu.

»Was ist das hier alles?«, fragte ich sie. »Dieser Klebkram, der aus meiner Haut dringt.«

»Das ist Lymphflüssigkeit, weil die Haut so entzündet ist«, erklärte mir Frau Dr. Schneider. Und auch für die Schmerzen in meinen Beinen hatte sie eine Erklärung: »Die kommen vom Cortisonentzug. Und ich will Ihnen nichts vormachen: Das wird noch schlimmer werden. Nur damit Sie das einordnen können: Sie machen hier einen richtigen Drogenentzug. Das ist kein Zuckerschlecken.«

»Die Schmerzen kommen vom Cortisonentzug?« Ich sah sie erstaunt an.

Sie nickte. »Ihr Körper ist inzwischen so sehr an die hohen Cortisongaben gewöhnt, dass er mit aller Macht nach mehr schreit. Viele Leute unterschätzen nach wie vor die Gefahren von Cortison: Es heilt die Neurodermitis nicht, sondern es unterdrückt die Symptome nur. Und es besteht immer das Risiko, dass die Symptome, wenn das Cortison wieder abgesetzt wird, noch heftiger hervortreten als zuvor. Wenn man Cortison so lange eingenommen hat wie Sie, hat man dann dazu auch noch manifeste physische Entzugserscheinungen, ganz ähnlich wie bei einem Alkoholentzug.«

»Und davor hätte mein Arzt mich nicht warnen können?« Bitterkeit stieg in mir auf.

Frau Dr. Schneider hob die Achseln. »Die wenigsten Ärzte machen sich hierüber Gedanken. Ja, ich befürchte sogar, die meisten wissen noch nicht einmal, auf welch gefährliche Reise sie ihre Patienten mit diesen Cortisongaben schicken. Und oft genug geht es ja auch gut.«

Und auf jeden Fall kommen die Ärzte so darum herum, sich länger mit ihren Patienten beschäftigen zu müssen, dachte ich. Hauptsache, sie schaffen einen in Rekordzeit aus ihrem Behandlungszimmer hinaus. Die Zeit, die die Krankenkassen ihnen heute für die Behandlung ihrer Patienten zubilligten, war ja auch knapp genug bemessen.

»Und wie lange halten diese Entzugserscheinungen an?«, fragte ich mit rauer Stimme.

»Da Sie diese hohen Cortisondosen über einen sehr langen Zeitraum eingenommen haben, müssen Sie sicher mit etlichen Wochen, wenn nicht gar Monaten rechnen.«

»Na super. Dann habe ich doch wenigstens etwas, worauf ich mich jetzt freuen kann!«

»Ich sehe schon, Sie halten es auch mit der Devise: Humor ist, wenn man trotzdem lacht!« Sie grinste, strich mir zugleich aber auch mitfühlend über den Arm. »Denken Sie nur daran, dass es vorbeigehen wird! Noch heftigere Entzugserscheinungen haben wir hier übrigens nach dem Einsatz von verschiedenen Salben erlebt. Die Leute gehen wirklich durch die Hölle.«

Mir fiel ein, dass mein Hausarzt mir auch einmal zwei Salben verschrieben hatte: erst Elidel, und als die nicht half, das damit verwandte Protopic. Gehörten sie zu diesen Salben, nach denen man durch die Hölle ging? Und sollte ich jetzt dem Himmel danken, dass ich sie beide nicht vertragen hatte und deswegen jetzt nur durch »die kleine Hölle« gehen musste?

»Und wie geht das jetzt mit meiner Haut weiter?«

Frau Dr. Schneider befühlte mein Gesicht. »Noch stärker überwärmt«, murmelte sie. »Ich habe mit Dr. Kröner gesprochen. Er meint, wir sollten UEA-Creme versuchen oder Tehsit 5%, Lotio album.«

»Aber meist vertrage ich keine Cremes, wenn die Haut so aus dem Gleichgewicht ist.«

»Dann probieren Sie die Creme erst einmal nur an einer kleinen Stelle am Unterarm.« Sie nickte mir aufmunternd zu. »Keine Sorge, wir werden schon etwas für Sie finden!«

»Vertragen alle hier immer zumindest eine Ihrer Cremes?«

»In der Regel schon, obwohl wir vor ein paar Wochen auch einmal eine Frau hier hatten, die in der Tat keine unserer Cremes vertragen hat.«

»Und?«

»Nichts und.« Sie lächelte mich an. »Machen Sie sich keine Sorgen. Wir kriegen das schon hin. Und wir wissen, dass es für Neurodermitis nicht eine einzige Behandlung gibt, sondern jeder Fall für sich betrachtet werden muss. Was beim einen hilft, kann beim anderen das Gegenteil bewirken. Es ist ein Puzzlespiel, aber wir haben hier sehr viel Geduld.«

Ich seufzte. Geduld. Davon hatte ich nicht gerade viel zu bieten.

Sie schrieb mir die beiden Salben auf. Ich bedankte mich, ging aber doch nicht gleich nach unten, sondern blieb unschlüssig auf meinem Stuhl sitzen. Der Salbenraum – jetzt hatte er mich also doch noch in seine Klauen bekommen.

Eine halbe Stunde später machte ich mich seufzend auf den Weg. Auf einen Versuch konnte ich es immerhin ankommen lassen. Im Salbenraum saß eine Frau auf einem Stuhl, ihr Oberkörper war unbekleidet, die lange Männerunterhose hatte sie bis zu den Oberschenkeln hochgeschoben, und sie kratzte sich wie besessen die Beine. An manchen Stellen blutete sie schon. Als sie mich sah, fing sie an zu weinen.

»Ich kann nicht mehr. Dieser Juckreiz treibt mich in den Wahnsinn!« Zugleich schabte und kratzte sie noch heftiger weiter. Eine Krankenschwester kam herein.

»Aber Frau Frey, das sollen Sie doch nicht!«, erklang ihr milder Tadel. »Kommen Sie, ich creme Sie neu ein!«

Die Schwester holte einen Cremetopf. Frau Frey ließ die Prozedur mit düsterem Blick über sich ergehen. Sie war, soweit man das bei den durch die Neurodermitis bedingten Falten, die hier viele im Gesicht hatten, abschätzen konnte, wohl einige Jahre jünger als ich. Ihre Miene war angespannt, verbissen, ihre Tränen gruben Rinnen in die neu aufgetragene Creme.

»Und Sie?«, fragte mich die Schwester. »Womit kann ich Ihnen helfen?«

Ich brauchte einen Moment, bis ich die Sprache wiedergefunden hatte. Die Szene hatte mich befangen gemacht. »Ich, ich soll Tehsit probieren.«

Sie erklärte mir, wo ich die Salbe fand. Ich gab einen Miniklecks auf meinen Unterarm und verließ fluchtartig den Raum.

Bereits auf dem Weg zu meinem Zimmer begann die eingecremte Stelle zu brennen und zu jucken. Frau Dr. Schneider hatte gemeint, ich solle versuchen, es ein paar Minuten lang auszuhalten. Eine gewisse Reizung am Anfang bedeute noch nicht, dass ich die Creme nicht vertrug. In meinem Zimmer schnappte ich mir eine Decke, breitete sie auf dem Boden aus, setzte mich in den Lotussitz und versuchte, mich zu entspannen und »wegzudenken« – weg von meiner Haut, weg von dem Juckreiz, weg von meinen Ängsten. Zwei, drei Minuten hielt ich es aus. Dann kratzte ich die Creme wieder herunter und weinte auch.

Wieder verbrachte ich eine unruhige Nacht mit ziehenden Schmerzen in den Beinen und endlosen Kratzattacken, wieder hatte ich am Morgen Angst davor, was mich im Spiegel erwartete. Tastend fuhr ich über meine Wangen und den Hals. Sie klebten weniger als am Vortag, aber dafür fühlten sie sich seltsam schorfig an. Ich betrachtete meine Armbeugen. Obwohl ich in der Nacht sogar zwei Kühlakkus verwendet hatte, hatte ich sie extrem »bearbeitet«: Bis ins Fleisch war ich mit meinen Stummelnägeln vorgedrungen. Unter meinen Nagelrändern klebten Hautreste und Blut. Der Mut, den ich für die Begegnung mit meinem Spiegelbild gebraucht hätte, sank rapide.

»Ach was, auf und durch!«, sagte ich mir schließlich, sprang mit beiden Beinen gleichzeitig aus dem Bett und stellte mich meinem Konterfei.

»Oh mein Gott!« Mein Anblick brachte mich zum Schlucken. Über Nacht war ich zu einem Fisch mutiert. Über mein ganzes Gesicht und den Hals zog sich ein Schuppenpanzer. Ich rieb über die Schuppen auf meinen Wangen. Sie rieselten auf mein Nachthemd. Unter den Schuppen nässte es. Probehalber bewegte ich den Mund. An den Seiten lösten sich Schuppen und fielen herab, in den Mundwinkeln riss die Haut auf. Auch die Region um meine Augen sah grauenhaft aus: Sie versanken unter einer dicken Schuppenschicht, die

die Ödeme noch mehr aufplusterten. Zudem waren sie vom Weinen geschwollen. Tolle Mischung, fand ich. Bei allem »Humor ist, wenn man trotzdem lacht« – jetzt verging mir das Lachen endgültig. Wieder ließ ich das Frühstück ausfallen. Obwohl ich heute zum ersten Mal wieder Roggenbrot hätte essen dürfen.

Außer Frau Dr. Schneider kam an diesem Morgen auch der Chefarzt zur Visite. Dr. Kröner begutachtete mein Gesicht und meinen Hals und fühlte, wie warm die Haut war.

»Und wie sieht es am übrigen Körper aus?«

»Da geht es einigermaßen.« Ich zog meinen Pulli aus. »Nur an den Armen ist es noch schlimm und auf den Schultern.«

»Am Dekolleté fängt es aber auch an«, meinte er.

»Kann man Ekzeme nicht wie Warzen besprechen und sie damit veranlassen, sich statt von oben nach unten, von unten nach oben auszubreiten? Wenn meine Beine so schlimm aussähen, könnte ich das eher ertragen, aber gerade im Gesicht passen sie mir derzeit nicht so gut«, versuchte ich gegen meine Verzweifelung anzuwitzeln.

Er lachte gutmütig auf. »Tut mir leid, aber nein, das können wir hier nicht. Da müssen Sie leider durch. Ich denke, danach wird Ihnen kein Arzt mehr Cortison aufschwatzen können.«

Damit hatte er recht.

Als er hörte, dass ich die Creme nicht vertragen und generell Probleme mit Cremes hatte, schlug er Umschläge mit schwarzem Tee vor.

»Auf schwarzen Tee reagiere ich allergisch. Gibt es denn gar nichts sonst gegen diesen schrecklichen Juckreiz? Und wie lange werde ich so aussehen? In vier Tagen kommt mein Lebensgefährte mit meinem Sohn her. Die laufen ja gleich wieder weg, wenn sie mich so sehen!« Schon allein beim Gedanken, mit diesem »Gesicht« vor Julien treten zu müssen, erfasste mich die helle Panik.

◆ ◆ ◆

Julien – wo würde ich heute wohl stehen, wenn er vor einem halben Jahr nicht in mein Leben getreten wäre, oder, genauer gesagt: ich in seins? Ich hatte den Nachmittag mit den Kindern am Strand verbracht. Es war Juni, ein Tag wie aus dem Bilderbuch: Die Sonne wanderte über den wolkenlosen Himmel, ein sanfter Wind strich angenehm kühlend über die Haut, das Meer breitete sich spiegelglatt vor meinen Augen aus. Da die Kinder noch ein bisschen mit ihren Freunden im Wasser herumbalgen wollten, ging ich im Strandcafé einen Café solo trinken. Natürlich glitten meine Gedanken dabei zu Arno. Seine Exfreundin wohnte inzwischen schon seit einigen Wochen bei ihrer Jugendliebe und hatte ihr Haus hier im Ort vermietet, aber Arno hielt weiter an seinem sinnlosen Unterfangen fest: »Sie kann trotzdem wieder zurückkommen und sich hier dann ein anderes Haus mieten«, meinte er. »Und du wirst sehen, Anna, sie kommt zurück. Aischa wird sie dazu bringen. So versteh mich doch. Mit uns hat das nichts zu tun. Ich will nur meine Tochter wieder hierhaben. Ich muss um sie kämpfen! Bitte, gib mir noch ein bisschen Zeit.«

Kämpfen? Unter Kämpfen verstand ich etwas anderes. Aber Zeit, ja, die sollte er haben. Um ihn mir zurückzuwünschen, war ich viel zu verletzt. Trotz meiner Wut und Enttäuschung war ich mir aber auch bewusst, dass ich, wenn er wieder vor meiner Tür stehen würde, noch immer nicht wirklich gegen seinen Charme gewappnet wäre und Gefahr laufen könnte, erneut schwach zu werden. Nach einer Weile wurden mir die Gedanken an ihn so schwer, dass ich mich erhob, um meinen Kaffee im Restaurant zu bezahlen und zu gehen. Als ich das Lokal betrat, kam gerade ein Mann heraus, und als wir aneinander vorbeigingen, trat ich ihm versehentlich auf seine Strandschuhe. Verlegen wandte ich mich um, der Mann drehte sich ebenfalls um – und unsere Blicke trafen sich. Seine Augen waren nicht blau und verheißungsvoll wie die des Mannes, der mich Stück für Stück in den Wahnsinn trieb, sondern von tiefem Braun, sehr ernsthaft und warmherzig und mit einem ordentlichen Funken Humor. Wir sahen uns weiter an. Endlich fasste ich mich und brachte meine Entschuldigung hervor. »Perdona.«

Ich fand, dass er verdammt gut aussah. Ein Mann, dem frau einen zweiten Blick gönnen musste. Attraktive Silberfäden belebten seine tiefschwarzen Haare, seine Stirn war hoch und breit und ließ auf einen Dickschädel schließen, seine Augen blitzten vor Intelligenz und wacher Beobachtungsgabe, ein Eindruck, der durch die schmale, schwarz eingefasste Lesebrille, die er auf die Nasenspitze heruntergeschoben trug, noch verstärkt wurde. Er war recht groß, überragte damit selbst mich mit meinen immerhin einen Meter fünfundsiebzig, hatte trotz seiner geschätzten knapp fünfzig Jahre nicht den geringsten Bauchansatz, seine tief gebräunten Unterarme waren auffallend kräftig und muskulös, seine Hände wahre Pranken. Hände, die einen halten können. Die Aufschrift auf seinem weißen T-Shirt fiel mir auf: »Médecins sans frontière« – die französische Variante von »Ärzte ohne Grenzen«.

Mich kannst du auch gern retten, schoss es mir durch den Kopf. Retten vor dieser unglücklichen Liebe, von der ich nicht loskomme, obwohl sie mir nur schadet.

Er lächelte mich an, ein Lächeln, das ein Echo in mir hervorrief. Ich lächelte zurück. Selbstbewusst. Ich konnte es mir erlauben: Dank dieser wunderwirksamen rosaroten Cortisontabletten war mein Gesicht makellos; sie verhinderten zuverlässig, dass die Wunden der letzten Monate wieder aufbrachen. Zumindest das Aufbrechen der äußeren Wunden.

Nach einem neuerlichen Lächeln ging ich weiter ins Lokal, bezahlte am Tresen und beobachtete, wie er sich draußen auf der Terrasse an einem Tisch niederließ. Mein Sohn schoss mir hinterher. Er wollte ein Eis. Ich bemerkte, wie der Mann – Julien – ihm nachsah. Na gut, dachte ich, damit weiß er schon einmal, dass ich nicht kinderlos bin. Mal sehen, ob ihn das abschreckt. Ich kaufte meinem Sohn sein Eis. Beim Rausgehen tauschte ich einen weiteren Blick mit dem Mann. Er lächelte mich wieder an. Also hatte ihn Kind eins schon mal nicht abgeschreckt. Leon war so sehr mit dem Auswickeln seines Eises beschäftigt, dass ihm sein Ball unter dem Arm herausrutschte und wegrollte. Der Mann sprang auf, stoppte den Ball mit dem Fuß und fragte Leon auf Französisch, ob er mit ihm spielen wolle, wobei er auch einen Blick mit mir tauschte. In meinem Bauch schwirrten plötzlich Millionen Schmetterlinge umher.

Am nächsten Tag sah ich ihn wieder. Genau wie am Vortag ließ sich Julien gegen Abend auf der Terrasse des Strandcafés nieder. Leon schoss sofort zu ihm und fragte ihn auf Katalanisch, ob er wieder mit ihm Fußball spielen wolle. Julien nickte und erhob sich. Als sie ihr Spiel beendet hatten, lud mich Julien auf einen Kaffee ein, und wir unterhielten uns. Obwohl ich sehr gut Französisch spreche, hatte ich ziemliche Schwierigkeiten, ihn zu verstehen: An Pariser Argot war ich nicht gewöhnt. Bei ihm waren Kinder, les enfants, »les gosses«, ein Auto, la voiture, eine »bagnole«. Immerhin verstand ich genug, um herauszufinden, dass er das Ärzte-ohne-Grenzen-T-Shirt nicht nur zum Spaß trug. Er kam gerade von einem Einsatz im Tschad zurück.

»Und was machen Sie jetzt?«, fragte ich ihn.

»J'attends la première mouche qui me pique«, erklärte er mir. »Ich warte auf die erste Mücke, die mich sticht.« Dabei zwinkerte er mir zu.

Von da an trafen wir uns täglich. Es hatte gefunkt, und wir gingen aufeinander zu: gerade, ohne Spielchen, ohne Angst. Ich weiß auch nicht, woher ich dieses Vertrauen nahm, nachdem ich gerade eben erst diese mehrfachen Bruchlandungen mit Arno erlitten hatte, aber es war da. Und alles war so einfach, so selbstverständlich, so natürlich, und, was nicht weniger wichtig war: Julien mochte meine Kinder und sie ihn. Vor allem meine Tochter dachte wohl auch: Hauptsache, dieser andere Mann, der meine Mama nur unglücklich macht, kommt nie mehr wieder.

Da Julien kein Deutsch sprach und sein Spanisch damals noch nicht allzu gut war, war die Verständigung zwischen ihm und den Kindern etwas schwierig. Da sie beide außer Spanisch auch Katalanisch sprechen und Katalanisch und Französisch einander sehr ähnlich sind, fiel es ihnen aber nicht allzu schwer, ihn zu verstehen. Es fühlte sich alles sehr gut, sehr richtig und sehr stabil an. Und das war es auch.

Ich atmete auf, und die Kinder sicher auch. Eine frisch verliebte Mutter war besser als eine beständig unglückliche. Ja, ich lachte wieder, spendierte ihnen viele Eiscremes, damit ich Zeit hatte, mich in Ruhe mit Julien zu unterhalten, ermahnte sie nicht weiter zum Aufräumen ihrer Zimmer, sondern räumte sie selbst auf: Hauptsache, alles blitzte und blinkte, wenn Julien zum ersten Mal zum Essen zu uns kam.

Es wurde keine langsame Annäherung, sondern es fühlte sich an, als sei Julien schon immer bei uns gewesen. Es lief alles mühelos, reibungslos, glatt.

Während ich mit Kiara Hausaufgaben machte, kehrte er die Terrasse; während ich kochte, spielte er mit Leon Fußball. Er brachte Ruhe und Beständigkeit in mein Leben, in unser Leben. Er wurde zum ruhenden Pol, zum Ratgeber.

Ich organisierte einen Babysitter, um abends mit ihm ausgehen zu können, aber er lachte darüber nur: »Ich habe eine

Frau mit Kindern und liebe die Frau UND die Kinder. Du musst sie nicht wegorganisieren. Sie stören mich nicht!«

An diesem Abend gingen wir trotzdem allein aus. Erst essen, dann am Strand spazieren. Es war eine milde, mondhelle Nacht, wie gemacht für Verliebte. Der Sand war noch sonnenwarm. Wie lachten und alberten herum, küssten uns. Verwundert dachte ich: So einfach kann das alles sein?

Auf dem Weg zurück zum Wagen kam ein Mann auf uns zu. Er drehte eine Abendrunde mit seinem Hund. Beide erkannte ich sofort. Es war Arno. Ein Zittern durchlief mich, mein Kopf wurde knallheiß, aber ich ließ meine Hand doch, wo sie war: in der von Julien.

Als wir näher kamen, erkannte mich auch Arno. Seine Augen brannten sich in meinen fest. Verzweiflung, Verletzung, Unglaube flammten darin auf und der stumme Schrei: Das kannst du mir nicht antun!

Arno, sag jetzt bloß nichts, hämmerte es in meinem Kopf. Das hast du dir alles selbst zuzuschreiben!

Arno blieb stehen. Er starrte uns an wie Ölgötzen.

»Was ist denn das für einer?«, fragte Julien, dem das seltsame Verhalten des »Fremden« natürlich nicht entging.

»Das … das erzähle ich dir später«, stotterte ich, zog ihn weiter und hoffte, dass er die Szene, bis wir zu Hause waren, wieder vergessen haben würde.

Doch er vergaß sie nicht.

Also erzählte ich Julien die Geschichte von Arno und mir. Nur in Kurzfassung, aber doch so, wie alles gewesen war.

»Und wieso ist deine Haut jetzt so gut?«, fragte Julien.

»Cortison«, brummte ich.

»Und warum lässt du es jetzt nicht weg? Es ist doch aus und vorbei mit ihm, oder nicht?«

»Sicher ist es das.« Aber die Haut hat ein Gedächtnis, hätte ich beinahe gesagt, doch stattdessen fuhr ich fort: »Meine Haut macht eben manchmal, was sie will.«

»Versuch es wenigstens«, ermunterte mich Julien. »Wenn es gar nicht geht, kannst du sie später doch trotzdem wieder nehmen. Aber vielleicht brauchst du sie gar nicht mehr.«

Ich hatte da meine Zweifel, aber ich versuchte es.

In der Tat platzte meine Haut schon innerhalb einer Woche wieder dermaßen auf, dass ich die Dosis eilig wieder hochfuhr. Ich kannte Julien erst so kurz. Er sollte mich so nicht sehen. Er war doch das Beste, was mir je passiert war!

Gegen Ende des Sommers bekam ich jedoch immer mehr die Nebenwirkungen meiner hohen Cortisoneinnahmen zu spüren: Ein Infekt jagte den nächsten, in meinen Beinen lagerte sich immer mehr Wasser ein, und auch sonst bekam ich überall seltsame Ödeme. Dazu hatte ich ständig Magenschmerzen und seit meinem letzten Besuch bei meiner Frauenärztin Angst um meine Knochen. Sie hatte mir deutlich gemacht, dass das Cortison den Knochen Kalzium entzieht. Und da ich Milchprodukte nicht gut vertrug und entsprechend selten aß, war meine Versorgung mit Kalzium ohnehin recht mager. Dann merkte ich, dass mir die Haare ausgingen, ziemlich heftig sogar. Ich habe zwar feine, aber sehr viele und lange Haare, sodass der Haarausfall zunächst keinem außer mir auffiel, aber natürlich war mir klar, dass dies nur eine Frage der Zeit war. Außerdem waren die Haare doppelt wichtig für mich: Wenn mein Gesicht und mein Hals durch einen Neurodermitisschub entstellt waren, trug ich sie offen, sodass die Ekzeme wenigstens an manchen Stellen verdeckt wurden. Aber wenn der Haarausfall so massiv weiterging, würden sie früher oder später noch nicht einmal mehr meine Kopfhaut abdecken. Auch Julien fielen diese Veränderungen an mir natürlich auf. Er bedrängte mich, das Cortison abzusetzen. »So machst du dich kaputt!«

»Und wenn mir die Haut dann wieder aufplatzt?«, jammerte ich.

»Dann tut sie das eben. Irgendwann wird sie schon auch wieder abheilen. Aber so kannst du nicht weitermachen!«

Ich machte einen neuen Versuch, reduzierte die Tabletten – und schon nach wenigen Tagen überzogen mein Gesicht und meinen Hals wieder unansehnliche Ekzeme.

»Trotzdem kannst du dieses Giftzeug nicht weiter wie Bonbons einwerfen«, meinte Julien. »Zur Not musst du eben in ein Krankenhaus gehen. Es muss doch irgendjemand geben, der dir da wieder raushelfen kann.«

Ich stöberte im Internet, fand so die Adresse des Bundesverbandes Neurodermitiskranker in Boppard. Sie waren sehr nett und hilfsbereit und empfahlen mir eine Klinik in Deutschland. »Sie werden sehen, da finden Sie die Hilfe, die Sie brauchen. Und nach ein paar Wochen gehört das Cortison bereits wieder der Vergangenheit an.«

Julien erklärte sich sofort bereit, in der Zwischenzeit die Kinder zu versorgen.

»Aber jetzt ist bald Weihnachten«, wandte ich ein. »In dem Krankenhaus haben sie gemeint, dass die Behandlung mindestens drei Wochen dauern wird. Soll ich nicht wenigstens noch bis nach den Feiertagen warten?«

»Nein«, beschied Julien. »Deine Gesundheit geht vor. Außerdem kannst du Leon sicher mit einweisen lassen. Er hat doch auch Neurodermitis und immer wieder diese eigenartigen, explosionsartigen Durchfälle. Das müsste sowieso einmal untersucht werden. Und wenn Sie eine Begleitperson für ihn brauchen, weißt du, dass du auf mich zählen kannst. Vielleicht könnte Kiara in dieser Zeit bei deiner Mutter bleiben. Sie ist ja schon größer und macht nicht mehr so viel Unfug wie Leon. Kiara allein wird deinem Stiefvater sicher nicht zu viel werden.«

◆ ◆ ◆

Vom ersten Tag in der Klinik an hatte ich Juliens und Leons Ankunft herbeigesehnt. Aber so wie ich jetzt aussah? Nein, mit diesem verunstalteten Gesicht, diesem Monstergesicht, konnte ich Julien unmöglich unter die Augen treten.

Ich sah Dr. Kröner eindringlich an: »Ich … also ich kann meinen Freund nicht mit diesem Gesicht empfangen. In vier Tagen kommt er. Bitte, es muss doch irgendetwas geben, das Sie machen können!«

Dr. Kröner legte mir mitfühlend die Hand auf die Schulter.

»Nein«, meinte er. »Da gibt es leider nichts, was ich machen kann. Und ich will Ihnen nichts vormachen: In vier Tagen werden Sie eher noch schlimmer aussehen. Aber ich denke mal, Ihr Freund wird das wegstecken. Er liebt Sie doch und will, dass Sie vom Cortison wegkommen.«

Mir wurde der Hals eng. Liebe. Sicher liebte mich Julien, und er war der beste Mann, der mir je über den Weg gelaufen ist. Geradezu ein Muster an Zuverlässigkeit und Hilfsbereitschaft. Statt weiter für Ärzte ohne Grenzen zu arbeiten, hatte er entschieden, bei uns zu bleiben. Ständige monatelange Trennungen – seine Einsätze dauerten stets mindestens vier Monate – keine Basis für eine Beziehung, hatte er gemeint. Er wollte für uns da sein – und er war es. Aber das hieß noch lange nicht, dass er blind und bereit war, mit einem Monster zu leben. Er hatte mich noch nie so gesehen. Sobald die Ekzeme zu Hause nach der Reduzierung der Cortisontabletten wieder aufgeflammt waren, hatte ich das Cortison wieder hochgefahren, und so schrecklich wie jetzt hatte ich überhaupt noch nie ausgesehen.

Als die Visite zu Ende war, ging ich zum Spiegel über meinem Waschbecken und strich mir fassungslos über das Gesicht – oder über das, was vor wenigen Tagen noch mein Gesicht war. Ich fuhr mit den Fingerspitzen über meine dick verschorften, unförmigen Lippen, die schuppigen, verschwollenen Augenlider, die riefige, glutrote Haut auf der Stirn, den Wangen, um die Augen und den Mund herum. Abgestorbene Hautstücke rieselten dabei herab. Ich schaute ihnen nach, wobei mein Blick auf meinen aufgekratzten Hals fiel. Mir kamen die Tränen. Sie brannten auf der entzündeten Haut wie Feuer und lösten eine neue Juckattacke aus. Ich bohrte die Fingernägel in die ärgsten Stellen, verspürte durch den Schmerz kurzfristig Erleichterung, aber schließlich musste ich doch kratzen. Und einmal angefangen, konnte ich nicht wieder aufhören. Ich schabte und bohrte meine Fingernägel in die Haut hinein, und mir war egal, wie sehr ich mein Gesicht damit weiter entstellte. Erkennen konnte ich mich ohnehin nicht mehr. Die Frau im Spiegel war uralt, ich aber erst 42. Julien würde mich noch nicht einmal erkennen.

Dr. Kröner sollte recht behalten: Vier Tage später sah ich tatsächlich noch schlimmer aus. Vom Dekolleté hoch über den Hals und das Gesicht bis zum Haaransatz war meine Haut eine einzige große Wunde, übersät von dicken, harten, gelben, bei der geringsten Berührung wie große Schneeflocken niederrieselnden Schorfschichten, durchsetzt von Wundwasser, das unablässig aus dieser immensen Wunde troff. Und die Ödeme, die sich um die Augen und über den Wangen gebildet hatten, waren ebenfalls noch massiver geworden und entstellten mich nicht weniger als alles Übrige. Armbeugen, Dekolleté und Schultern sahen nicht viel besser aus, selbst um meine Brustwarzen herum war die Haut aufgerissen und nässte unablässig. Jeden Morgen klebte mein Nachthemd an den Brustwarzen fest. Behutsam löste ich es mit Wasser von der Haut, konnte aber doch nicht verhindern, dass ich die Wunden damit noch weiter aufriss. Schlafen konnte ich auch nicht mehr: Mein ganzer Körper stach und brannte, nachts war es am schlimmsten. Die Krankenschwester versorgte mich im Anderthalbstundenrhythmus mit tiefgekühlten Kühlakkus, die ich mir auf die juckende, hochentzündete Haut packte. Der Juckreiz ließ darunter zwar etwas nach, aber ich hätte mich komplett in Kühlakkus einwickeln müssen, um wirkliche Erleichterung verspüren zu können. Auch das Antihistamika, das mir die Ärzte jetzt verabreichten, änderte daran nichts. Die Haut meines restlichen Körpers war, abgesehen von den Kniekehlen, übrigens eigenartigerweise weiter makellos. Ein bisschen trocken, aber intakt. Warum hatte es nicht umgekehrt sein können? Warum?

Ich rief Julien an und bat ihn, nicht zu kommen.

»Ich sehe entsetzlich aus. Bitte, warte noch, bis wir uns sehen, wenigstens ein paar Tage!«

»Aber ich habe die Bahntickets schon gekauft, und Leon freut sich so – und ich übrigens auch.«

»Du kannst dir nicht vorstellen, wie schrecklich ich aussehe. Ich will nicht, dass du mich so siehst.«

»Ich liebe dich, egal, wie du aussiehst!«

»Das sagst du nur, weil du mich noch nicht gesehen hast. Julien, wirklich, das überstehe ich nicht!«

Julien jedoch blieb unerbittlich: Er würde kommen. Ich legte den Hörer auf und weinte. Wollte er denn einfach nicht verstehen, dass ich ihm so nicht gegenübertreten konnte?

Auf einmal klopfte es an meiner Tür. Ich trocknete mir die Tränen und rief: »Ja?«

Die Tür ging einen Spalt auf. Linda linste herein. Sie war Anfang zwanzig, saß seit einigen Tagen mit an »unserem« Tisch und war wegen ihrer dauerentzündeten Hände eingewiesen worden. Sie war Köchin, hatte ihren Beruf jedoch wegen dieser Entzündungen aufgeben müssen. Jetzt studierte sie, aber die Entzündungen an den Händen waren teilweise so schlimm und tiefgehend, dass sie noch nicht einmal mehr einen Kugelschreiber halten konnte. Kein Arzt hatte ihr bisher helfen können. So war sie hier gelandet.

»Ich habe mir Sorgen um dich gemacht, weil du vorhin beim Essen so schweigsam gewesen bist, und wollte mal nach dir sehen.«

Als sie mein verweintes Gesicht sah, zögerte sie nicht länger, trat ein und setzte sich zu mir aufs Bett.

»Was ist denn passiert?«

Ich erzählte ihr von Julien und dass er morgen kommen würde.

»Er wird schon nicht gleich weglaufen«, versuchte sie zu witzeln.

»Und wenn doch?«

Sie zog mich an sich, sie mit ihren knapp zwanzig Jahren mich mit meinen über vierzig. Einen Moment rang ich noch um Fassung, dann brach es aus mir heraus. Ich heulte los wie ein Schlosshund, konnte gar nicht mehr aufhören damit.

»Ich hole mal Doktor Schöne«, meinte Linda schließlich. Das war die Oberärztin und wegen ihrer warmherzigen, verständnisvollen Art der Liebling aller Patienten. Stets fand sie für jeden das richtige Wort.

Schon kurz darauf kam Linda mit ihr wieder. Sie setzten sich beide neben mich und versuchten, mich zu trösten.

»Wenn Ihr Freund kommt, obwohl er weiß, wie schlimm Sie aussehen, kann das nur bedeuten, dass er Sie wirklich liebt«, versuchte Frau Dr. Schöne, mich zu beschwichtigen.

»Oder es bedeutet, dass er nicht genug Fantasie hat, sich vorzustellen, wie ein völlig verunstaltetes Gesicht aussieht«, konterte ich.

Sie schlug mir vor, mein Gesicht mit Wasser zu kühlen. »Das würde auch ein bisschen die Schwellung nehmen.«

»Aber manchmal reagiere ich sogar auf Wasser«, entgegnete ich verzweifelt. »Vor allem, wenn die Haut sowieso schon in einem derart desolaten Zustand ist.«

»Dann verwenden wir nur destilliertes Wasser. Darauf kann die Haut nicht reagieren!«

Ich griff nach dem Zipfel Hoffnung wie nach einem Rettungsring. Sie lief nach unten, kam mit Baumwolllappen und einer großen Schüssel destilliertem Wasser wieder und machte mir einen Umschlag.

»Und jetzt versuchen Sie zu schlafen und sich zu beruhigen. Diese Aufregung tut Ihrer Haut auch nicht gut.«

Sie nickte mir aufmunternd zu, Linda setzte sich neben mich und streichelte meinen Arm, bis ich einschlief.

Als ich am nächsten Morgen aufwachte, pochte mein ganzes Gesicht, und ich bekam die Augen kaum noch auf. Bang erhob ich mich und lief direkt zu dem Spiegel in meinem Zimmer. Als ich mich sah, traf mich fast der Schlag: Die Umschläge, die wir vor allem über meine Augen gelegt hatten, hatten das Gegenteil von dem bewirkt, was beabsichtigt gewesen war. Meine Augen waren noch stärker zugeschwollen, waren kaum mehr als Schlitze in einem völlig aufgedunsenen Gesicht. So viel zum Thema, dass niemand auf destilliertes Wasser reagieren kann. Aber ich machte der Ärztin keinen Vorwurf: Selbst ich hatte mit dieser Reaktion nicht gerechnet, und mein Weinen hatte sicher auch seinen Teil dazu beigetragen.

»Und jetzt?«, fragte ich mein Spiegelbild – und konnte schon wieder nur noch weinen.

KAPITEL 4

Eine Mutprobe der besonderen Art

Das eben ist der Liebe Zaubermacht.

Franz Grillparzer, Sappho

Ja, natürlich ging ich runter zum Bahnhof, um Julien und meinen Sohn zu empfangen. Es blieb mir ja gar nichts anderes übrig. Aber ich glaube, noch nie hat mich etwas mehr Überwindung und Rückgrat gekostet.

Ihr Zug hatte Verspätung. Während ich wartete, versuchte ich nicht nachzudenken, am besten an gar nichts zu denken und vor allem nicht daran, wie Julien mich gleich ansehen würde – und mein Sohn. Als Leon kleiner war, hatte ich mir wegen meiner Ekzeme manchmal Packungen mit Heilerde im Gesicht aufgetragen. Ich bildete mir ein, dass dies – etwas – half. Vielleicht war es aber vor allem auch der Effekt, dass die Haut so nur noch einheitlich braun und die entzündete Haut samt sämtlicher Kratzstellen abgedeckt war und ich mir wenigstens zwanzig Minuten lang einbilden konnte, dass ich nach dem Abwaschen der Packung wieder wie ein normaler Mensch aussehen würde. Die Heilerdepackung trocknete natürlich schnell aus. Die getrocknete Erde auf dem Gesicht sah aus wie ein brachliegendes, im Sommerwind ausgedörrtes Feld. Auch diesen Anblick konnte ich gut ertragen: Das war ja nur die Heilerde. Dass meine Haut darunter auch nicht frischer aussah, konnte ich in diesem Moment vergessen. Einmal hat Leon mich so gesehen – und lief zu Tode erschrocken zu seiner Schwester. Sie erklärte ihm wieder und wieder, dass dies doch nur eine Maske auf meinem Gesicht sei und ich unter dieser Maske noch immer dieselbe war. Leon weinte trotzdem weiter, bis ich die Maske abgewaschen hatte. Danach bat er mich, nie wieder die »Wolfsmaske« aufzusetzen, weil sie ihm Angst machte. Ich versprach es ihm. Das Gesicht, das ich jetzt »trug«, sah aber noch weit schrecklicher als die »Wolfsmaske« aus – und ich konnte es nicht abwaschen. Ich fragte mich, ob Leon, der jetzt ja nur ein gutes Jahr älter war, wieder schreiend vor mir weglaufen würde.

Der Zug lief ein. Ich wappnete mich gegen das, gegen das man sich nicht wappnen kann: Ablehnung, Ekel, Abscheu, entsetztes Zurückweichen. Julien und Leon stiegen als Erste aus. Ich sah sie sofort. Suchend blickten sie sich auf dem Bahnsteig um. Dort stand nur ich. Dann merkte Julien, dass die Frau mit dem Monstergesicht dahinten wohl seine Lebensgefährtin war. Er ging auf mich zu. Blickte mich an. Schreck stand in seinen Augen. Ich sah, wie er schluckte. Und auch in meiner Miene zeichneten sich sicher meine Gefühle ab, vor allem meine große Angst vor seiner Zurückweisung. Am liebsten wäre ich im Erdboden versunken, aber er öffnete sich nicht. Und dann tat Julien etwas, was ich ihm nie vergessen werde: Er nahm mein zerstörtes Gesicht zwischen seine großen Hände, küsste mich mitten auf meinen aufgeplatzten Mund, zog mich mit Tränen in den Augen an sich und brummte: »Ich liebe, was in dir drinsteckt, du Schussel, und nicht die Verpackung!«

Eigentlich müsste ich nach diesem Satz von Julien viele, viele Leerzeilen lassen. All meine Ängste und Sorgen, all meine Qualen und Schreckensvisionen der letzten Tage wischte er mit dieser einen Geste und diesem einen Satz weg. Er legte seine Arme um die Frau mit dem kaputten Gesicht, er, der so verteufelt gut aussah – zog mich fest an sich heran und brachte damit auch nach außen ganz deutlich zum Ausdruck:

Diese Frau gehört zu mir, und ich liebe sie. Und für mich zählt nicht, wie sie aussieht.

Inzwischen klebte längst auch mein Sohn an mir. Unendlich erleichtert, dass auch er nicht die Flucht vor mir ergriffen hatte, küsste ich ihn, hob ihn hoch und fragte ihn trotzdem, wie er mich fände.

»Na ja«, meinte er nur und dass Julien ihn ja schon vorgewarnt hätte, dass ich sicher nicht so schön aussähe. Dann fing er übergangslos an, von der Anreise zu erzählen. Es war die erste Bahnfahrt seines Lebens gewesen, und entsprechend viel gab es zu berichten. Ich war froh, dass ihm seine Reiseerlebnisse wichtiger als mein verunstaltetes Gesicht waren.

Später, als Leon schon schlief, fragte ich Julien, ob es ihm wirklich nichts ausmachte, mich so zu sehen.

»Nein«, erwiderte er gleichmütig, und dass er gemeint habe, was er gesagt hatte. Er tippte mir auf das Herz. »Nur darauf kommt es an«; und nach einer Kopfnuss: »Und hierauf!«

»Aber ich sehe doch so schlimm aus, dass ich mich auf einer Monsterparty zu Halloween ohne Maske zeigen könnte!«

»Na und?« Er rieb sich das Kinn. »Nach einer Prügelei sieht man auch nicht viel besser aus.«

»Aber das hat doch nichts mit Krankheit zu tun, und außerdem weiß man dann wenigstens, dass es bald wieder abheilt.«

»Das wird es bei dir auch. Und jetzt hör auf zu grübeln, und komm her!« Er zog mich an sich, küsste mich und streichelte mir übers Haar, bis ich einschlief.

KAPITEL 5

Krankheitsgewinn

Das Leiden ist so lange nötig, bis du erkennst,
dass es unnötig ist.

Eckhart Tölle, *»Stille spricht«*

So groß meine Verunsicherung vor Juliens und Leons Ankunft war, so sehr hob ihre Anwesenheit jetzt mein Selbstbewusstsein und förderte meine Hoffnung, bald wirklich wieder wie ein Mensch auszusehen. Neben zwei so gesund, heil und gut aussehenden Menschen wie den beiden, die mich berührten, küssten und liebten, fühlte auch ich mich wertiger, heiler, beschützt.

Am nächsten Morgen war die zweite Gruppensitzung mit dem Psychologen. Zuerst wartete er, welche Fragen und Probleme die Patienten aufbrachten. Verlegenes Schweigen machte sich breit. Er lachte: »Na, wenn es Ihnen allen so gut geht, dann kann ich ja wieder nach Hause fahren!«

»Es ist ja auch nicht so einfach, hier vor allen anderen zu reden anzufangen«, erwiderte ich schüchtern.

Er nickte und wartete. Als von uns noch immer nichts kam, fing er an, vom Krankheitsgewinn zu reden. Sofort machte sich von allen Seiten Protest breit. Auch mir ging nicht sofort auf, welchen Nutzen ich von der Entstellung meines Gesichts haben sollte.

»Nun, dann will ich Ihnen ein paar Beispiele geben: Wenn wir krank sind, müssen wir nicht arbeiten gehen. Jeder Arzt schreibt einen bei einem desolaten Hautbild sofort krank. Auch Auseinandersetzungen mit dem Partner können wir bis zu einem gewissen Grad entfliehen: So schlecht, wie es uns geht, können wir Rücksicht von ihm verlangen. Das gilt auch für alle anderen Menschen in unserer Umgebung: Sie dürfen uns nicht so hart anpacken; es geht uns doch ohnehin schon so miserabel, und jeder Konflikt, in den sie uns verwickeln, könnte unser Hautbild noch weiter verschlechtern. Also müssen sie uns mit Samthandschuhen anfassen.« Die Proteste verstummten unter seinen Beispielen. Er grinste provokativ.

Ich musste an meine erste (und einzige) feste Anstellung in meinen ersten Semesterferien denken. Zwanzig muss ich da gewesen sein. Es war ein Halbtagsjob als Sekretärin in einer kleinen amerikanischen Immobilienagentur, mit dem ich mein Studium zu finanzieren gedachte. Da ich es durch das Studium gewohnt war, Dinge gut zu strukturieren, erledigte ich die Büroarbeit, für die meine Vorgängerin einen Vormittag gebraucht hatte, in der Hälfte der Zeit. Nach drei Wochen ging meine Chefin in Urlaub. Nur eine andere Maklerin und ich hielten den Betrieb aufrecht. Da sie mit Häuserbesichtigen und -vorführen beschäftigt war, verbrachte ich die meiste Zeit allein im Büro. Wenn ich morgens kam, erledigte ich schnell meine Aufgaben, nahm Anrufe entgegen, und wenn das Telefon schwieg, vertiefte ich mich in meine Studienbücher. Bezahltes Lernen. Idealer ging es nicht. Und die Arbeit, für die ich bezahlt wurde, war trotzdem zuverlässig und korrekt erledigt. Drei Wochen ging das so; für mich war es eine wunderbare Zeit. Je näher das Ende meiner »aufsichtsfreien« Arbeitstage rückte, desto mehr machte sich Unmut in mir breit. Schon allein beim Gedanken daran, dass ich ab nächstem Montag wieder »unter Kontrolle« stehen würde, stellten sich mir die Nackenhaare auf. Mich ärgerte die Zeit, für die ich zwar bezahlt wurde, die mich aber nicht weiterbrachte und meiner Chefin, nebenbei bemerkt, auch nicht nutzte: Die anfallende Arbeit war ja effektiv in der Hälfte der Zeit zu erledigen. Aber natürlich konnte ich ihr das nicht sagen, denn ich brauchte das Geld für die volle Arbeitszeit, da ich davon leben musste. Ich hasste es, in dieser Zwangslage zu sein. Ich fühlte mich an die Leine gelegt, in die Ecke getrieben, und reagierte zunehmend entnervt. Ich wollte mit dem Studium weiterkommen, nicht meine Zeit mit anderer Leute Häuser vertun und nur vorgeben, ich sei vollkommen ausgelastet. Das ganze Wochenende verbrachte ich in stummer Wut über die Ungerechtigkeit und Sinnlosigkeit des Lebens. Als ich am Montagmorgen aufwachte, hatte ich Bauchschmerzen, fühlte mich matt und gerädert, und mir war so hundeelend, dass ich am liebsten gar nicht aufgestanden wäre. Trotzdem schleppte ich mich ins Büro. Anscheinend sah ich auch ziemlich krank aus. Auf jeden Fall meinte meine Chefin, dass ich besser zum Arzt gehen sollte. »Vielleicht bahnt sich bei Ihnen eine Grippe an, und ich würde mich nur ungern anstecken!«

Mein Hausarzt nahm mir Blut ab und schrieb mich krank. Das Ergebnis erstaunte ihn: Ich hatte eine Leberentzündung, die Ursache dafür war ihm jedoch schleierhaft. Es war definitiv keine Hepatitis; da ich keinen Alkohol trank, konnte auch dies nicht der Grund sein; andere Auslöser fand er aber auch nicht.

»Irgendwie mysteriös«, murmelte er und verordnete mir Bettruhe. In der Woche darauf waren meine Leberwerte unverändert schlecht. Die Leberentzündung nervte mich. Ich fühlte mich so matt, dass ich eigentlich nur noch schlafen oder vor mich hin dösen konnte, ans Lernen war nicht zu denken, aber zumindest kam ich zum Nachdenken und dabei zu dem Schluss, dass die Arbeit in dem Büro nichts für mich war. Sie langweilte mich. Und es nervte mich, dass ein anderer über meine Zeit verfügen konnte. So leben Millionen von Menschen, ich weiß, aber ich ertrug es trotzdem nicht und hatte auch nicht vor, nach dem Probevierteljahr weiter dort zu arbeiten, aber vor dem Ende dieses Vierteljahres kam ich nicht aus dem Vertrag heraus. Und das Geld? Selbst das Geld war mir egal. Dann würde ich mich eben noch weiter einschränken, aber diese Arbeit wollte ich auf keinen Fall weitermachen müssen.

Bis zur darauffolgenden Woche hatten sich meine Leberwerte noch weiter verschlechtert. Ich versicherte meinem Hausarzt noch einmal, dass ich keinen Alkohol trank. Der vertrug sich ohnehin nicht mit meiner Haut, die damals übrigens ziemlich gut war. Er meinte, er müsse am nächsten Tag eine Leberpunktion machen, und erzählte mir etwas von einem möglichen Morbus sonst was. Eine Leberpunktion ist ja nun nicht ganz ohne Risiken. Außerdem ahnte ich – warum, weiß der Himmel –, dass auch diese Untersuchung kein Licht in die Sache bringen würde. Eine Stunde später rief ich meinen Hausarzt wieder an.

»Wahrscheinlich halten Sie mich für verrückt, wenn Sie hören, was ich Ihnen vorschlagen will, aber hören Sie mir bitte trotzdem zu. Ich schlage Ihnen einen Deal vor: Sie warten mit der Leberpunktion noch drei Tage und versichern mir, dass Sie mich bis zum Ende meiner Vertragsdauer, also noch rund vier Wochen, weiter krankschreiben. Und dann überprüfen Sie in drei Tagen noch einmal meine Leberwerte. Wenn sie dann immer noch so schlecht sind, bin ich bereit, die Leberpunktion machen zu lassen.«

Er lachte, willigte aber ein.

Drei Tage später waren meine Leberwerte wieder im Normalbereich.

War dies nur ein Zufall? Oder das, was der Psychologe in der Klinik als Krankheitsgewinn bezeichnet hatte? Die Krankheit hatte mir einen offensichtlichen Vorteil gebracht: Ich brauchte nicht mehr ins Büro zu gehen. Als ich dies auch auf andere Art und Weise erreichen konnte – der Arzt schrieb mich auch so krank –, verflog die Krankheit ebenso schnell wie sie gekommen war.

Mir fielen noch andere Beispiele ein: Schon als Kind wurde mir bei (fast) jeder Autofahrt schrecklich übel. In besonders unliebsamer Erinnerung blieb mir eine Urlaubsreise nach Amsterdam. Meine Eltern erinnerten mich immer wieder einmal daran. Auf der Heimfahrt soll ich mich an jedem Kilometerstein übergeben haben. Damals war ich drei. Auch später übergab ich mich noch sehr häufig bei Autofahrten. Mit Vorliebe auf den Sonntagsfahrten, die mein Vater so gern hatte: mit Volksmusik durch die Landschaft fahren, zu Kaffee und Kuchen einkehren, ein paar Meter laufen, wieder nach Hause gondeln. Ich hasste diese Fahrten und überstand auch nicht eine von ihnen, ohne mich übergeben zu müssen. Ich mochte keine Naturbeschauungen aus dem Autofenster heraus, und ich mochte keinen Kuchen. Ich wollte lieber zu Hause bleiben, spielen, lesen, mit den Nachbarskindern durch die Wälder tollen und Baumhäuser bauen. musste ich dann nicht mehr mitfahren. Meine ständige Übelkeit auf den Sonntagsausfahrten war meinem Vater dann einfach doch zu viel. Auch so ein »Krankheitsgewinn«. Fuhren wir hingegen da hin, wo ich gern hinwollte, wurde mir – seltsamerweise – nie schlecht. Und ich versichere, dass ich nichts tat, um die Übelkeit hervorzurufen. Im Gegenteil. Ich hasste es, mich ständig übergeben zu müssen. Und egal, ob ich vorn oder hinten im Auto saß, Reisetabletten genommen hatte oder nicht – die Sonntagsfahrten endeten alle mit demselben »unschönen« Ergebnis. Aber die Ekzeme? Welchen Gewinn hatte ich davon?

»Vielleicht hat sich dieser Gewinn bei Ihnen als Kind eingestellt«, meinte der Psychologe bei der Einzelsitzung, um die ich ihn gebeten hatte, da ich dieses Thema gern weiter mit ihm diskutieren wollte, »und sich dann verselbstständigt.«

Gewisse »Gewinne« aus früheren Zeiten erkannte ich jetzt klar: Dank meiner Ekzeme kam ich zum Beispiel vor allem ab meinem vierzehnten Lebensjahr um den Sportunterricht herum. Aber: Habe ich den Sportunterricht gehasst, weil meine Haut so schlimm aussah? Oder sah meine Haut

so schlimm aus, weil ich den Sportunterricht – oder genauer gesagt: den Lehrer – nicht ausstehen konnte? So kam ich
nicht weiter. Und was war noch früher, in meiner Kindheit?
Hatte ich durch die Ekzeme mehr Aufmerksamkeit oder
Zuwendung bekommen? Aber vor allem meine Mutter war
sowieso immer für mich da gewesen. Auch dies ergab also
offensichlich keinen Sinn. Was hingegen sicher stimmte, war,
dass meine Mutter darauf achtete, dass zu Hause wirklich jeder »behutsam« mit mir umging. Ich hatte ja so eine dünne,
empfindliche Haut. Alle Familienmitglieder gewöhnten sich
schnell ab, mich zu Dingen zwingen zu wollen, die ich nicht
haben, nicht essen, nicht machen wollte, denn wenn meine
Haut hinterher rot wurde und juckte und spannte, dann war
das für alle eine weit größere nervliche Belastung. Trotzdem
bin ich auch nie »in Watte« gepackt worden. Ich hatte nicht
weniger Pflichten, nur größere Freiheiten, mehr Spielraum,
mehr Entscheidungsfreiraum.

Ich dachte an Arno: Welchen Gewinn hatte es mir gebracht, dass meine Haut zu diesem Zeitpunkt so entgleiste?
Mitleid hatte ich sicher nicht erwecken wollen. Nichts lehne
ich so sehr ab wie Mitleid. Außerdem konnte ich die Ekzeme
nicht bewusst »steuern«, weder ins Positive noch ins Negative. War es vielleicht wirklich das alte Schema, das sich verselbstständigt hatte? Wenn meine Haut rot wird und juckt,
nehmen die anderen mehr Rücksicht auf mich und lassen
mich »in Ruhe«?

Für den Moment fand ich keine Antwort, aber es eröffne-
ten sich mir viele neue Fragen, über die ich noch lange nachdenken würde. Was gewann man durch die Erkrankung?
Welche Vorteile brachte die entstellte Haut? Was wollte mir
meine Haut sagen?

KAPITEL 6

Weihnachten

Weihnachtszeit, o schöne, herrliche Weihnachtszeit!
Was bringst du Lust und Fröhlichkeit!
Wenn der heilige Christ in jedem Haus
teilt seine lieben Gaben aus.
Und ist das Häuschen noch so klein,
so kommt der heilige Christ hinein,
und alle sind ihm lieb wie die Seinen,
die Armen und Reichen, die Großen und Kleinen.

Heinrich Hoffmann von Fallersleben, 1798–1874

Weihnachten. Schon am frühen Morgen war mein Sohn außer Rand und Band.

»Wann kommt denn der Weihnachtsmann? Und wird er mich hier überhaupt finden? Und bist du auch ganz sicher, dass du ihm meinen Wunschzettel geschickt hast?« Wie ein Maschingewehr knatterte er ständig neue Fragen heraus, und ich nickte wieder und wieder. »Ja, ja, ja! Mensch, Leon, jetzt beruhig dich, und lass uns erst einmal frühstücken gehen!«

Sofort sprang er in seine Kleider und schimpfte, weil ich noch im Nachthemd war – geradeso, als würde ich damit die Ankunft des Weihnachtsmannes verzögern. Also ging ich zurück in mein Zimmer, zog mich ebenfalls an und hielt mich auch nicht mehr am Spiegel auf, zumal ich auch vorher schon festgestellt hatte, dass es da nichts Erfreuliches zu entdecken gab. Der Weihnachtsmann brachte eben keine neuen Gesichter. Vielleicht war ich auch nur nicht brav genug gewesen.

Auch den ganzen weiteren Tag ging Leon nichts schnell genug, und alle paar Minuten fragte er, wie lange es denn noch dauerte, bis der Weihnachtsmann endlich käme. »Und wo legt er die Geschenke überhaupt hin? Hier auf dem Zimmer haben wir doch gar keinen Weihnachtsbaum! Vielleicht legt er sie ja auch unter den Baum im Speisesaal, aber woher weiß ich dann, welche für mich sind?«

»Aber nein, er bringt sie bestimmt in unser Zimmer.«

»Und in welches? In deines oder in das von Julien und mir?«

»In deins, nehme ich an!« Ich wuschelte ihm durch seine Locken und kämpfte gegen mein schlechtes Gewissen an. Für mich war Weihnachten schon seit ewigen Zeiten einfach nur eine lästige Vorgabe. Vom Kalender verordnete Festlichkeit und Fröhlichkeit. Das »Fest der Liebe«. Wieso eigentlich der Liebe? Konnte man andere nicht jeden Tag lieben? Ja, ich bin alles andere als ein »Weihnachtsmensch«, Julien sogar noch weniger als ich. Und bisher hatte sich immer meine Mutter um die rechte Weihnachtsstimmung für die Kinder verdient gemacht: Sie dekorierte das Haus, sie stellte den Baum auf und schmückte ihn, sie backte Weihnachtsplätzchen, sie kochte das traditionelle Weihnachtsessen – und ich hatte immer nur mit-gespielt, weil ich trotz allem einsah, dass Weihnachten für die Kinder etwas anderes war, etwas ganz Besonderes. Und auch ich kann mich zugegebenermaßen noch dunkel daran erinnern, dass auch ich als Kind mit strahlenden Augen ins Wohnzimmer geschlichen bin, wenn meine Eltern gerufen hatten: »Das Christkind war da!«

In diesem Jahr würde nicht nur ich, sondern notgedrungen auch Leon um alle weihnachtliche Festlichkeit herum-kommen. Erstens konnte man in einem Krankenhauszimmer keinen Christbaum aufstellen, und zweitens hätte mir auch gar nicht der Sinn danach gestanden – nicht mit dieser Haut.

Leider war unser Weihnachtsfest bereits im letzten Jahr – »dank« Arno – alles andere als feierlich oder besinnlich ge-wesen: Auf der einen Seite hatte uns Arno um die Fahrt zu meiner Mutter gebracht, auf der anderen hatte seine nieder-gedrückte Stimmung auch die unsere gedrückt, und zwar so sehr, dass ich mich schließlich geweigert hatte, einen Weih-nachtsbaum zu kaufen (die auch in Spanien immer häufiger aufgestellt werden), sondern einfach nur im Wohnzimmer ein paar Weihnachtskugeln an den großen Ficus benjamini gehängt und den Kindern eingeredet hatte, dass der Weihnachtsmann das sicher viel witziger finden würde. Immerhin hatte ich ihnen noch dabei geholfen, die Krippe aufzubauen. Das war eher eine künstlerische Aufgabe und lag mir mehr. Sogar einen Bachlauf mit Alupapier und einen gigantischen Sternenhimmel mit blauem Karton und Goldpapier hatten wir geschaffen.

In diesem Jahr aber würde ich Leon eine absolute Weihnachtsminiaturausgabe zumuten. Und ich musste zugeben: Weit mehr als an dem Krankenhaus lag es an mir. Ja, das tat mir leid, wegen Leon. Und nein, ich konnte es trotzdem nicht ändern. Es war wie eine Sperre in mir. Immerhin hatten wir reichlich Geschenke gekauft. Ich hoffte, die würden ihm über die fehlende Festlichkeit hinweghelfen. Und mir über mein schlechtes Gewissen.

Im Verlauf des Tages wuchs mein schlechtes Gewissen Leon gegenüber trotzdem, vor allem, als wir am Nachmittag meine Mutter anriefen und mir Kiara – ausnahmsweise einmal redselig – erzählte, was sie heute schon alles mit ihrer Oma gemacht hatte: »Heute früh haben wir Sterne gebastelt und sie eben an den Weihnachtsbaum gehängt. Mama, er ist jetzt so wunderschön. Ich wünschte, du könntest ihn sehen. Und fürs Essen haben wir auch schon alles vorbereitet. Ich habe Oma ganz viel geholfen. Und ein neues Kleid hat Oma mir gestern auch noch gekauft, damit ich heute Abend auch richtig schön angezogen bin.«

Ihre Worte versetzten mir einen Stich. Warum hatte ich für Leon nicht wenigstens im Ansatz das Gleiche tun können? Nach dem Mittagessen hatten wir einen ausgedehnten Waldspaziergang samt Rodeltour mit ihm gemacht. Warum hatte ich da nicht zumindest ein paar Tannenzweige abgeschnitten und sie aufs Zimmer geschmuggelt? Und Sterne hätte ich auch mit ihm basteln und aufhängen können. Aber selbst wenn ich jetzt noch die Möglichkeit gehabt hätte, hätte ich es nicht getan. Ich wollte nur, dass dieses unsägliche Weihnachten endlich vorüberging und hoffte, dass auch das Abendessen im Speisesaal möglichst nüchtern und alltäglich ablaufen würde. Ich fragte mich, was mir dieses Weihnachten eigentlich getan hatte, dass ich eine derart tiefe Abneigung dagegen empfand? In mir kam die Erinnerung an ein paar ziemlich zerstrittene Weihnachtsfeste in meiner Jugend hoch – eine Zeit, in der meine Eltern immer mehr oder minder mit einem Bein beim Scheidungsanwalt standen – und wie diese Streitigkeiten beim Eintreffen der Verwandten stets sofort unter Verschluss gebracht wurden. Auf den weihnachtlichen Gongschlag hin herrschte Friede, Freude, Eierkuchen im Haus – bis die Verwandten wieder zur Tür hinaus waren. Stammte mein Horror vor Weihnachten aus dieser Zeit?

»Aber du fehlst mir«, holte mich Kiaras Stimme in die Gegenwart zurück. »Wenn du hier wärst, wäre alles noch viel schöner!«

»Du fehlst mir auch!« Ich musste mich räuspern. Trotzdem klang meine Stimme weiter verräterisch nach Tränen. »Und wie! Aber morgen kommt ihr ja und besucht uns. Und den ganzen zweiten Weihnachtsfeiertag verbringen wir auch noch zusammen!« Und nach einem weiteren Räuspern fügte ich noch hinzu: »Weißt du, es tut mir sehr, sehr leid, dass alles so ist, wie es ist, aber ich …«

»Ich weiß, Mama, ich weiß.«

Wusste sie es wirklich? Gewundert hätte es mich nicht. Kiara war ein sehr schweigsames Kind. Aber sie sah und spürte alles. Es war schwer, etwas vor ihr zu verbergen.

»Ich wünsche euch auf jeden Fall viel Spaß und rufe euch später noch einmal an, um zu hören, was du alles geschenkt bekommen hast und wie es dir gefallen hat!«

»Euch wünsche ich auch viel Spaß! Gibst du mir jetzt noch Leon?«

Ich rief ihn. Die beiden sprachen lange miteinander. Kiara hatte heute in der Tat einen redseligen Tag. Sie schien richtig glücklich zu sein. Ich zog mich aufs Bett zurück, hörte den beiden zu und fühlte mich in Hinblick auf Leon als Versager auf der ganzen Linie. Hätte ich nicht doch den Versuch machen können, ihm wenigstens ein einigermaßen festliches Weihnachten zu präsentieren?

Das Abendessen nahte. Heiliger Abend hin, Heiliger Abend her – ich weigerte mich strikt, mich in andere Kleidung zu hüllen als die, die ich hier immer trug: Jogginghose und Sweatshirt. Bei meinem schauderhaften Gesicht wäre mir jeder Putz und Tand an mir nur albern vorgekommen. Auch Julien blieb bei seinem Jeans-Pulli-Outfit. Immerhin zog ich Leon einen sauberen Pulli an. Dann gingen wir nach unten. Mit jedem Schritt, den wir uns dem Speisesaal näherten, stieg meine Angst, dass uns dort Festlichkeit und Weihnachtsmusik empfangen könnten, doch als wir dort ankamen, sah ich auf einen Blick, dass alles wie immer war: Die wenigen, die sich über Weihnachten nicht hatten beurlauben lassen, saßen in ihren gewohnten Salbenanzügen und Bademänteln an den Tischen. Noch nicht einmal ein »Frohe Weihnachten« fiel. Ich atmete auf und holte mir am Küchentresen mein Essen: Heute standen Reis und Kaninchen auf meinem Plan. Ich hoffte, dass ich das Kaninchen vertragen würde. Ich aß es hier zum ersten Mal. Wenn es mich darauf nicht noch mehr juckte, als es ohnehin schon tat, wäre das für mich mehr wert gewesen als alle Weihnachtsgeschenke der Welt.

Wir setzten uns etwas abseits an einen der kleineren Tische und blieben unter uns. Nach dem Essen ging ich hoch ins Schwesternzimmer, um meine Medikamente zu holen. Cortison bekam ich jetzt nicht mehr, aber verschiedene Mineralstofftabletten, B-Vitamine und reichlich Antihistamin, in der Hoffnung, dass dies den Juckreiz minderte.

Anschließend eilte ich nach oben zu unseren Zimmern, um Leons Weihnachtsgeschenke aus meinem Schrank zu holen und auf seinem Bett zu drapieren. Als ich mir den riesigen Geschenketurm ansah, kam ich mir richtig schäbig vor. Irgendwie hatte das mehr von einem Happening als von Weihnachten. Es fehlte nur noch die Rockmusik. Ich knurrte vor mich hin, rückte noch ein wenig an den Geschenken herum, was natürlich auch nichts daran änderte, dass das alles weiter sehr unweihnachtlich aussah. Doch dann eilte ich zurück in den Speisesaal, ehe sich Leon fragen konnte, wo ich so lange blieb.

Leon platzte fast vor Spannung auf dem Weg zum Zimmer.

»Und du bist dir sicher, dass jetzt Geschenke da sind?«

»Na ja, immer nur brav warst du ja eigentlich nicht«, neckte ich ihn, wie auch meine Eltern mich immer geneckt hatten, und merkte, dass dies ein anderer Punkt war, warum ich Weihnachten so ablehnte: dieses fadenscheinige Belohnungssystem für »brave« Kinder. Im Endeffekt bekamen doch alle etwas, egal, wie viele Dummheiten sie im Lauf des Jahres angestellt hatten.

»Während wir bei Oma waren, war ich aber sogar sehr brav«, entgegnete mir Leon ernsthaft und drängte uns dann: »Jetzt geht doch mal schneller!«

An der Tür überließ ich ihm den Zimmerschlüssel. Seine Augen strahlten und funkelten, als er ihn ins Schloss steckte und umdrehte.

»Oh, Mama, ich bin so aufgeregt!«, rief er.

Ich nickte ihm aufmunternd zu. »Dann geh mal rein.«

Er riss die Tür auf, stürzte zu seinen Geschenken, machte einen Sprung in die Luft und fing dann an, das Papier aufzureißen. Binnen Sekunden war das Zimmer in ein Schlachtfeld verwandelt, aber dafür hatte Leon all seine Gaben vor sich liegen. Am meisten begeisterte ihn die Rennbahn, die er auch sogleich aufbauen wollte.

»Na, ich weiß ja nicht, was die Putzfrau morgen dazu sagen wird«, meinte Julien mit kritischem Blick.

»Ach, komm«, wiegelte ich seine Bedenken ab. »Die Freude müssen wir ihm schon gönnen!«

Wir setzten uns auf den Boden, bauten die Bahn auf und fuhren Rennen. Und ich stellte voller Erleichterung fest, dass ich Weihnachten überlebt hatte.

KAPITEL 7

Ein Leben auf der Zuschauerbank

Stärke beweist derjenige, der seine Schwächen unterdrücken und bekämpfen kann; Weisheit zeigt derjenige, der seine Schwächen zu seinen Stärken macht.

Amandra Kamandara

Der Tag nach Weihnachten begann mit zwei Tiefschlägen binnen weniger Minuten: War es nun das Kaninchen gewesen oder mein hausgemachter Weihnachtsstress? Als ich mich beim Waschen im Spiegel sah, musste ich feststellen, dass meine Haut in der letzten Nacht noch mehr als sonst gelitten hatte. Vor allem die Stirn und das Kinn hatte ich massiv bearbeitet und mir tiefe Wunden zugefügt, die jetzt heftig nässten. Ich sah so schlimm aus, dass ich mich gleich wieder abwandte.

Noch ehe ich dazu kam, Julien und Leon in ihrem Zimmer zu wecken, klingelte mein Telefon. Es war meine Mutter.

»Na, du bist aber früh dran«, wunderte ich mich.

»Ja, ich weiß, aber ich habe letzte Nacht kaum ein Auge zugetan. Meine Hüfte tut mir wieder so weh; ich finde keine Position, in welcher der Schmerz auch nur einigermaßen erträglich ist. Es tut mir leid, Kind, aber wir können heute doch nicht kommen. Ich bin zu gerädert.«

»Ach, Mama, ich habe mich doch schon so auf euch gefreut!«

»Ich weiß, ich mich doch auch und Kiara erst recht, aber diese Schmerzen bringen mich um den Verstand. Ich kann so nicht Auto fahren, jedenfalls nicht diese lange Strecke. In zwei, drei Tagen wird es mir sicher wieder besser gehen. Diese Schmerzen sind bisher immer nach ein paar Tagen wieder verflogen.«

Ich wusste: Wenn meine Mutter sagte, sie könne nicht fahren, dann konnte sie es in der Tat nicht. Trotzdem war ich enttäuscht. Und ich machte mir Sorgen um sie. »Bist du jetzt eigentlich endlich einmal zum Arzt gegangen?«

»Ja. Er meint, die Schmerzen würden wahrscheinlich vom Rücken ausstrahlen. Verspannung oder so. Er will mir Massagen verschreiben, aber erst im neuen Jahr.«

»Immerhin. Und dass ihr unter diesen Umständen nicht fahren könnt, verstehe ich schon. Ich rufe nachher in eurem Hotel an und sage, dass ihr erst in ein paar Tagen kommt. Mach dir keine Gedanken. Aufgeschoben ist ja nicht aufgehoben. Ich hoffe nur, es geht dir bald besser!«

Auch Leon war sehr enttäuscht, dass seine Oma, Karl und Kiara heute nicht kamen. Er hatte ihnen alles hier zeigen wollen. Er ging schon völlig in der Rolle des Burgherrn auf und hatte nun seinen Gästen »seinen« Besitz vorführen wollen.

»Das läuft dir doch nicht weg«, tröstete ich ihn. »Und so hast du Zeit, noch mehr zu entdecken, was du ihnen zeigen kannst!«

Auch zwei Tage später konnte meine Mutter nicht fahren: Die Hüftschmerzen waren noch schlimmer geworden. Ich beschwor sie, noch einmal zum Arzt zu gehen. »Der soll dich mal richtig untersuchen. Nicht, dass nachher doch mehr als nur Verspannungen dahinterstecken.«

Nach den Feiertagen wurde auch Leon untersucht. Sein Hauptproblem waren immer wieder auftretende und teilweise sehr heftige Durchfälle, denen hier endlich einmal auf den Grund gegangen werden sollte. Frau Dr. Schneider fand außerdem, dass Leons Haut bedenklich trocken war, sodass er von nun an täglich eine Kapsel Borretschöl nehmen sollte und überdies die Ehre hatte, sich zweimal am Tag in den Salbenraum zu begeben, um die Haut auch von außen zu pflegen. Auch seine »offenen« Stellen hinter den Ohren sollten behandelt werden, mit APP-Kindersalbe, und ebenso die entzündeten Stellen, die er in den Armbeugen und Kniekehlen hatte. Zudem hatte Leon seit ein paar Wochen ein milchschorfähnliches Kopfekzem. Frau Dr. Schneider sah es sich genau an.

»Wenn Sie die Kopfhaut an den betroffenen Stellen zweimal täglich mit Olivenöl einmassieren, verschwindet das im Nu«, meinte sie.

Sie drückte uns einen Salbenplan in die Hand und schickte uns nach unten. Im Salbenraum wandte ich mich an eine Schwester. Sie suchte mir die Salben zusammen und holte für Leon einen der lindgrünen Salbenanzüge für Kinder. Leon machte ein langes Gesicht und brummte missfällig: »Der gefällt mir nicht. Den ziehe ich nicht an!«

»Erstens kannst du deine normale Kleidung darüberziehen, wenn dir das nicht zu warm ist, womit ihn dann eh niemand sieht«, erklärte ich ihm, »und zweitens geht es hier nicht darum, schön auszusehen, sondern seine Haut wieder in den Griff zu bekommen. Oder willst du eines Tages auch so horrormäßig herumlaufen wie ich?«

»Aber das kommt doch nur vom Cortison, hast du gesagt.«

»Das Cortison habe ich ja nicht ohne Grund genommen. Und damals wusste ich noch nicht, dass es so ein tolles Krankenhaus gibt, sonst wäre ich gleich hierher gegangen. Aber selbst so, wie ich vor dem Cortison ausgesehen habe, willst du nie aussehen. Und um eben das zu verhindern, sind wir hier: damit wir lernen, wie man Schüben vorbeugen und solch kleinere Stellen in den Griff bekommen kann, ehe sie immer größer und größer werden.«

Sehr begeistert über den Salbenanzug war Leon zwar noch immer nicht, aber zumindest sträubte er sich nicht länger. Die Schwester gab mir Handschuhe, damit ich ihn von Kopf bis Fuß eincremen konnte, ohne selbst mit der Creme in

Kontakt zu kommen. Anschließend träufelte ich ihm noch das Olivenöl auf den Kopf.

»Mann!«, protestierte Leon lautstark und zuckte zurück. »Das ist ja kalt. Und wie das pappt!«

»Dafür kann man lustige Sachen damit machen.« Ich schob ihn vor den großen Wandspiegel und formte ihm mit seinen ölgetränkten Haaren eine Moritzfrisur.

»Nein, wenn schon, dann so!«, rief Leon, kippte sich noch mehr Olivenöl ins Haar und machte sich auf dem ganzen Kopf kleine Stacheln. Er lachte sich fast zu Tode dabei. Ich war froh, dass er das Ganze nun mit Humor nahm. Humor ist doch letztlich das Einzige, was einem bleibt, wenn man mit dieser Veranlagung »gesegnet« ist. Umso besser, wenn er es jetzt schon lernte.

Ursprünglich hatte auch bei mir alles so »harmlos« wie bei Leon angefangen. Und wenn es in meiner Kindheit schon ein solches Krankenhaus gegeben hätte, wäre mir in meinem Leben vieles erspart geblieben, und ich säße nicht mit diesem entstellten Gesicht da, von dem mir niemand sagen konnte, wie lange es mir noch in dieser Form im Spiegel entgegenblicken würde – und ob ich überhaupt jemals wieder »mein« Gesicht zurückbekommen würde.

Das »Gemeine« an Neurodermitis ist, dass man nie weiß, was als Nächstes kommt. Der Milchschorf, den ich als Baby hatte, entlockte unserem Kinderarzt sicher nur ein müdes Lächeln und die Bemerkung, dass dieser mit ein bisschen Olivenöl schnell wieder verschwinden würde. Mit einem halben Jahr fing ich jedoch an, mir die Hände bis ins Fleisch aufzukratzen – woraufhin ich zum ersten Mal mit Cortison behandelt wurde. Dass ich wenig später, mit acht Monaten, die erste von etlichen Lungenentzündungen bekam, wundert mich heute nicht: Schließlich ist jede Cortisoneinnahme ein Keulenschlag für das Immunsystem. Und ab da jagte ein

Neurodermitisschub den nächsten, um dann während der Pubertät endgültig zu einer ersten Hochform aufzulaufen. Vor allem im Winter war die Haut um meine Augen herum ständig rot und entzündet, der Hals war bis zum Kinn hinauf eine einzige wüst zerkratzte »Landschaft«. Diese versteckte ich stets unter hohen Rollkragenpullis und Schals, welche die Haut jedoch zugleich neu reizten. Und die Armbeugen und die Kniekehlen hatte ich sowieso ständig aufgekratzt. Noch heute kann ich mich gut an einen schwarzen Pulli mit einem dieser gigantischen, damals hochmodischen Rollkragen erinnern, der weich nach vorn runterfiel. Den zog ich am liebsten an, zumal ich ihn, wenn die aufgekratzten Stellen anfingen, zum Gesicht hochzuwandern, sogar bis übers Kinn hochziehen konnte. Dass mein Riesenrolli auch nicht die perfekte Tarnung war, machte mir eines Tages der angewiderte Aufschrei einer Klassenkameradin klar.

»Igitt!«, rief sie. »Was rieselt denn bei dir da auf den Kragen? Das sieht ja eklig aus!«

Sofort sprang ich auf und rannte auf die Toilette. Da sah ich es selbst: Mein ganzer schwarzer Rollkragen war voller weißer Hautschuppen. Die Haut hatte mal wieder angefangen abzuheilen, die toten Hautschuppen lösten sich und rieselten munter herab. In meinem Kragen sah es aus, als hätte ich darin einen toten Fisch abgeschuppt. Ich weiß noch, wie ich damals weinte und am liebsten gar nicht mehr in die Klasse zurückgegangen wäre. Warum konnte ich bloß nicht so aussehen wie alle anderen? Warum, warum?

Mein einziger Trost in dieser Zeit war unser guter alter Hausarzt. Er machte mir beständig Hoffnung, dass die Neurodermitis nach der Pubertät verschwinden könne, und versuchte, meinen Ekzemen nicht nur mit Cortison Herr zu werden. Er gab mir nach eigenen Rezepten hergestellte cortisonfreie Cremes, behandelte mich mit Eigenblut und vielen guten

Worten. Eine Weile half das alles auch, aber letztlich wurde es doch wieder so schlimm, dass auch er keinen anderen Weg mehr sah, als mir erneut Cortison zu geben. Aber er warnte auch: »Das Cortison macht das Ganze auf Dauer nur schlimmer. Cortison heilt nicht, sondern unterdrückt den Schub nur, und wenn der Körper nicht über die Haut reagieren kann, wird er sich irgendwann neue Wege suchen!«

Und so entwickelte es sich in der Tat: Mit 14 bekam ich Heuschnupfen, mit 16 Asthma. Mit 18 lebte ich vor allem von Medikamenten: eine bunte Mischung aus Antihistaminika, Berodual- und Cortisonspray, Theophillintabletten, Medikamente zum Lösen des Schleims in der Lunge, Cortisontabletten, Cortisoncremes und Tonnen von Antibiotika, weil eine Bronchitis die nächste jagte und sich bei meinem schlechten Immunsystem schnell weitere Komplikationen einstellten.

Die damals verwendeten Antihistaminika gehörten noch zur Generation der müde machenden Medikamente. Mein Hausarzt wunderte sich, dass ich bei der Unmenge von Antihistaminika, die ich einnahm, nicht in Dauerschlaf verfiel. Sehr fit fühlte ich mich in der Tat nicht. Mein Abitur bewältigte ich trotzdem, und das nicht einmal schlecht. Mancher Lehrer wunderte sich vor allem, weil ich in der Schule so häufig durch Abwesenheit geglänzt hatte: mal wegen der Haut, mal wegen Heuschnupfen, mal wegen Asthma – und wegen der mehr oder minder direkten Folgeerkrankungen durch die Neurodermitis und durch die Berge von Medikamenten, die ich jeden Tag einwarf: Magengeschwüre, Zwölffingerdarmgeschwüre, Stirnhöhlenentzündung, Bronchitis, Lungenentzündung, Rippenfellentzündung, massive Durchfälle, kolikartige Bauchschmerzen …

Die Neurodermitis hinterließ ihre Spuren natürlich auch in meiner Psyche, was sich vor allem ab der Pubertät zeigte. Nicht nur meine Haut reagierte spätestens ab diesem Zeitpunkt anders als die anderer Leute, sondern auch ich reagierte jetzt immer öfter anders als sie.

Nie werde ich den Tag vergessen, als unsere Chemielehrerin uns ankündigte, dass wir am nächsten Tag eine Arbeit schreiben würden. Wir waren wohl in der neunten oder zehnten Klasse. Alle protestierten, weil Arbeiten mindestens drei Tage vorher angekündigt werden mussten und wir am nächsten Tag auch schon eine Mathearbeit hatten. Aber die Lehrerin ließ sich nicht erweichen.

In der Pause beratschlagten wir.

»Wenn wir uns alle weigern, die Arbeit mitzuschreiben, kann sie uns gar nichts«, erklärte ich. Die einen stimmten mir zu, die anderen hatten Angst.

»Du bist doch Klassensprecher«, meinten diese. »Kannst du nicht versuchen, noch einmal mit Frau Dr. Lehmann zu reden?«

»Aber das habe ich eben doch schon im Unterricht versucht«, erklärte ich ihnen. »Sie will ein Exempel statuieren und uns beweisen, dass sie am längeren Hebel sitzt. Und das sollten wir uns nicht gefallen lassen: Wenn wir zusammenhalten, kann uns gar nichts passieren!«

Die Diskussion zog sich hin. Als der Gong zum Ende der Pause erklang, schlug ich vor abzustimmen. Schließlich mussten wir wissen, woran wir waren. Alle stimmten für meinen Vorschlag, die einen entschlossener, die anderen zögerlicher, aber letztlich war klar: Niemand von uns würde die Arbeit mitschreiben.

Am nächsten Tag wollte die Lehrerin die Arbeiten austeilen. Ich erklärte ihr, dass sie sich die Mühe sparen könne, weil wir beschlossen hätten, die Arbeit aus den bekannten Gründen nicht mitzuschreiben. Die Lehrerin grinste mich breit an: »Ach, das habt ihr beschlossen? Nun, dann gebe ich euch eben allen eine Sechs. Das habe ich eben beschlossen!« Ihr Grinsen wurde noch fieser, und zugleich teilte sie die Arbeiten stoisch weiter aus.

Ich sah, wie die Erste nach ihrem Stift griff, und rief: »Jetzt lasst euch doch nicht einschüchtern! Es ist wichtig, dass wir zusammenhalten!«

Als diese Erste zu schreiben begann, fielen immer mehr Mitschüler um. Schließlich hockten alle eifrig über ihren Aufgaben – alle außer Alexander und mir. Alexander war ein Junge mit einem hellen, querdenkerischen Kopf und starken physischen Behinderungen. Nur dank seiner lupenähnlichen Brille konnte er überhaupt etwas sehen, sein linker Arm und sein linkes Bein waren spindeldürr, die linke Hand konnte er fast gar nicht gebrauchen, das linke Bein trug ihn nur schlecht, weswegen er hinkte.

Ja, nur wir beide schrieben die Arbeit nicht mit. Und wir waren die Einzigen, welche die angedrohte Sechs kassierten. Verschiedene andere, die zwar nichts gewusst hatten, aber zumindest »irgendetwas« hingeschrieben hatten, bekamen dagegen zumindest eine Fünf, quasi als »Belohnung« dafür, dass sie sich nicht weiter geweigert hatten, die Arbeit mitzuschreiben.

Aus heutiger Sicht ist mir klar, warum gerade wir beide uns so »stur« stellen mussten: Alexander und ich waren schon genug von der Willkür unserer Körper geplagt. Da wollten wir uns nicht auch noch von anderen zum Spielball machen lassen. Gott sei Dank hatte ich eine sehr verständnisvolle Mutter: Sie hörte sich meine Geschichte an, unterschrieb mir die Sechs und zwinkerte mir hernach sogar noch zu.

»Das hast du gut gemacht«, sollte das heißen. »Man darf sich nicht alles gefallen lassen.«

Bleibt noch zu ergänzen, dass ich auch das restliche Schuljahr nichts, aber auch wirklich gar nichts mehr für Chemie lernte. Diese Lehrerin war für mich gestorben. Zu meinem Glück waren meine anderen Noten so gut, dass ich auch mit der Sechs in Chemie noch versetzt wurde.

Dieses Erlebnis hinterließ tiefe Spuren in mir: Ich hatte zum ersten Mal im großen Stil erlebt, dass ich mich nicht nur auf meine Haut nicht verlassen konnte, sondern auch nicht auf andere. Diese Erfahrung macht sicher jeder irgendwann in seinem Leben, aber da ich diese Erfahrung auch schon in Bezug auf meine Haut gemacht hatte, löste dies nun eine wahre Lawine in mir aus. Außer meiner Haut begann ich nun auch meine Altersgenossen zu »beobachten« – und was ich sah, brachte mich zunehmend auf Distanz zu ihnen.

Bisher hatte ich, wie wohl alle Teenies, gemeint, dazuzugehören sei alles, und versucht, bloß nicht anders als die anderen zu sein. Meine Neurodermitis war mir schon Stigma genug. Da musste ich nicht auch sonst noch aus dem Rahmen fallen. Aber als ich mir meine Klassenkameraden aufgrund dieser Enttäuschung jetzt richtig ansah, fand ich, dass ich eigentlich doch gar nicht so wie sie sein wollte: Vor allem die Mädchen meines Alters fand ich bei näherem Hinsehen »ziemlich doof«. Bisher hatte ich mich geärgert, dass ich, wenn sie mit ihren Lidschatten, Kajals, Make-ups und Lippenstiften herumhantierten, nur zusehen konnte, weil meine hochallergische Haut keine Kriegsbemalung vertrug, und wer, wie ich, Ekzeme hat, sowieso primär nicht schöner, sondern einfach erst einmal nur heil aussehen will. Aber jetzt ärgerte es mich nicht mehr. Ich wollte nämlich gar nicht so sein wie sie, die andere im Stich ließen und denen ein perfekter Lidstrich wichtiger als das Wort war, das sie gegeben hatten. Und auch ihr Gerede über ihre Pop-Idole, Nulldiäten, Mode etcetera pp. Endlich wagte ich, mir einzugestehen, dass dies noch nie meine Welt gewesen war: Ich brauchte keine Idole, las lieber »Die Buddenbrooks« als die »Bravo« und hatte von daher ohnehin noch nie richtig mitreden können. Ich brauchte keine Nulldiät, weil ich mich wegen meiner Haut ohnehin nie wie sie mit »Flammenden Herzen« und Nussstückchen vollstopfen konnte (zumindest, dass ich Nüsse und Schokolade nicht vertrug, war mir auch damals schon klar), und Mode interessierte mich auch nicht – wie auch, mit der kaputten Haut? Ich zog mich immer so dezent und unauffällig wie nur möglich an. Mit meiner Haut fiel ich ohnehin schon genug auf.

Ich seilte mich ab von ihnen, ihren Ideen, Zielen und Idolen, und da ich dies aus freiem Entschluss tat, fühlte ich mich nicht einmal einsam dabei. Außerdem war ich das Alleinsein gewohnt: Schon zu viel Zeit meines Lebens hatte ich auf der Zuschauerbank verbracht, um mir daraus noch etwas zu machen. Wie oft hatte ich ihnen beim Sport zusehen müssen, weil mich meine Haut oder eine hartnäckige Bronchitis an der Teilnahme am Sportunterricht gehindert hatte? Während sie im Frühjahr durchs Dorf radelten, saß ich oft genug mit einem akuten Asthmaanfall beim Notarzt fest, weil gerade der Roggen oder sonst ein Kraut blühte, auf das ich allergisch reagierte, und konnte ihnen dann später nur von meinem Fenster von zu Hause aus zusehen. Und all die Wochen, die ich wegen meiner Haut, hartnäckigen Durchfällen oder Infekten schon allein zu Hause verbracht hatte. Nein, das Alleinsein machte mir nichts. Zumindest: nichts mehr. Weil ich jetzt auch gar nicht mehr dazugehören wollte.

In diesem Alter fing die Neurodermitis also an, einen Sinn für mich zu machen. Ich war nicht nur anders, ich wollte jetzt auch anders sein – und konnte damit aufhören, mit meinem Schicksal, Neurodermitiker zu sein, zu hadern. Ich suchte mir eigene Wege: las, träumte, dachte nach, versank in meine eigene Welt, begann zu schreiben (einen fürchterlichen Jugendroman über ein Mädchen, das unverhofft ein Gestüt erbte), beobachtete und analysierte meine Umgebung und die Kapriolen meiner Haut. Dann lernte ich ein paar der älteren Schüler kennen und freundete mich mit ihnen an. Sie verschafften mir Zugang zu einer Welt, die einem mit vierzehn, fünfzehn Jahren eigentlich noch verschlossen ist. Sie waren anders, dachten kritischer, interessierten sich für Politik und Kunst, alternative Lebensformen und Fotografie. Im Umgang mit ihnen erwarb ich andere Kompetenzen als meine Altersgenossen, die von diesen aber anerkannt wurden – zumindest wählten sie mich weiter zur Klassensprecherin. Ich denke, ihr Vertrauen in mich kam auch daher, dass sie sahen, dass Lehrer mich weniger einschüchtern konnten als sie. Ich hatte keine Angst zu sagen, was ich dachte, sondern nur Angst, mich vor anderen mit meinen Wunden zu zeigen. Zugleich gab mir mein Einsatz für ihre Belange das Gefühl, doch zu etwas »zu taugen«. Es war wohl wie bei den meisten »Behinderungen«: Ich versuchte, die Schwächen, die ich in einem Bereich hatte, in einem anderen zu kompensieren. Und in der Tat finde ich, dass ich das, was ich auf der einen Seite durch die Krankheit verloren, sehr wohl auf anderen Seiten gewonnen habe. Es hat mich unabhängiger, selbstständiger und ein Stück weit freier gemacht. Alles im Leben hat eben seinen Preis.

Auch während meiner Studienzeit blieb es bei meiner Außenseiterrolle: Während sich meine Klassenkameraden in »normale« Unis einschrieben, entschied ich mich für das Studium der Wirtschaftswissenschaften an der Fernuniversität Hagen und bezahlte mir parallel dazu eine private Ausbildung zum französischen Wirtschaftsdolmetscher bei einem Simultandolmetscher, weil ich eigentlich sowieso viel lieber Sprachen studiert hätte, dies aber nur an einer »normalen« Uni möglich gewesen wäre. Die Fernuni und der Privatlehrer ersparten mir den Umgang mit Menschenmassen, die ich noch nie er- und vertragen habe. Und zwar nicht nur wegen der vielen Parfüm- und Rasierwasserdüfte, die dies mit sich bringt und die mir im wahrsten Sinne der Worte »den Atem raubten«, sondern auch wegen der zwischenmenschlichen »Reibungen«, im positiven wie im negativen Sinne. Schon in der Schule hatte ich erfahren, dass Gruppenarbeit bedeutete, dass höchstens einer oder zwei arbeiteten, weil sie weiterkommen wollten, während die anderen ihre Energie darauf verwendeten, ihre Faulheit in hübsche Ausreden zu verpacken oder sich über Stunden hinweg über Belanglosigkeiten den Kopf zu zerbrechen, statt auch nur eine Silbe zu Papier zu bringen. Diese Art von Gruppendynamik brauchte ich nicht auch noch während des Studiums. Ich konzentrierte mich lieber auf ein Thema, machte meine Arbeit allein, dann wusste ich wenigstens, dass und wie sie gemacht war. Und auch sonst hatte ich so meine Schwierigkeiten mit großen Menschenmengen: Sie erdrückten mich, machten mir Angst, verunsicherten mich. Allein zu Hause oder mit wenigen, mir vertrauten Personen fühlte ich mich wohler – und brauchte meine Haut nicht zu verstecken. Mit Ekzemen im Gesicht hätte ich an vielen Vorlesungen oder Seminaren an der Uni ohnehin nicht teilgenommen; beim Lernen zu Hause spielte es keine Rolle, wie ich aussah. Wichtig war nur, dass mein Kopf funktionierte. Und der funktionierte – egal, wie sehr die Haut mal wieder rebellierte.

Anscheinend war dies der richtige Weg für mich gewesen: Meine Haut war in dieser Zeit so ruhig und gut wie selten zuvor, nur das Asthma hielt sich hartnäckig. Ich genoss es, Herr meiner Tage zu sein, lebte ziemlich verschont von Konflikten jeder Art – und war bald darauf über beide Ohren verliebt, was meiner Haut zusätzlich guttat.

Mein Studium an der Fernuni hatte noch einen anderen Vorteil: Ich hatte es leichter, nebenher Geld zu verdienen. Nach meiner Bauchlandung als Sekretärin in dem Immobilienbüro beschloss ich, auch hierbei meinen eigenen Weg zu suchen, und eröffnete meine eigene kleine Privatschule. Ich gab Sprachunterricht für Erwachsene und Nachhilfe für Schüler. Dass ich mit dem Fernstudium und dem Unterrichten der Schüler erfolgreich war, verdanke ich letztlich auch meiner Neurodermitis: Da ich so viel in der Schule gefehlt und mir den Lernstoff oft genug allein hatte erarbeiten müssen, war ich zum Autodidakten geworden. Ich wusste, wie man sich selbst etwas beibrachte, und konnte deswegen auch anderen gut helfen. Auch hier hatte ich indirekt wieder einen Vorteil aus der Krankheit ziehen können.

Nachdem ich die beiden Ausbildungen abgeschlossen hatte, fing ich noch ein Psychologiestudium an. Überwiegend stabil, wie meine Haut in den letzten Jahren gewesen war, schrieb ich mich nun doch in eine »normale« Universität ein. Die menschliche Psyche – wie sollte sie mich nicht interessieren? Angeblich war die Haut doch der Spiegel der Seele. Und in den vergangenen Jahren hatte ich schon Berge von psychologischer Fachliteratur verschlungen: Freud, Adler, Jung etc.

Ich liebte dieses neue Studium, war nun zum ersten Mal seit der Schulzeit wieder mit vielen anderen Menschen zusammen und konnte es sogar genießen. Ich pickte mir die Menschen heraus, die mich interessierten – und hielt mich von den anderen fern. Meine Haut blieb weiter stabil, aber leider reagierte ich von Woche zu Woche mehr auf die Klimaanlage in den Gebäuden. Zuerst hatte ich »nur« eine heftige Stirn- und Nebenhöhlenvereiterung, dann kam eine Bronchitis dazu. Ich schluckte Antibiotika, aber auch das brachte die Stirnhöhlenvereiterung und die Bronchitis nicht weg. Als ich meinen Kopf vor Schmerzen kaum noch bewegen konnte und vor lauter Luftnotanfällen allmählich mit meinen Nerven am Ende war, brach ich mein Zweitstudium ab und erklärte meinem Freund, dass ich ans Mittelmeer ziehen wollte. Schon mit zwölf, als ich mit meinen Eltern zum ersten Mal an der Costa Brava gewesen war, hatte ich »beschlossen«, dass ich später einmal dort leben wollte. Ich liebte das Meer, diese Weite, diese Unmenge von Blau um einen herum, die Sonne – und das Laissez-faire-Prinzip, das dort in jeder kleinen Geste, jedem Lächeln zu spüren war. »Mañana« war auch noch Zeit. Kein Stress. Keine Hektik. Nur sitzen und leben und leben lassen. Außerdem hoffte ich natürlich auch, dass sich das Mittelmeerklima positiv auf meine Haut- und Luftprobleme auswirken würde. Angesichts meines desolaten Gesundheitszustands fand ich, dass ich nicht mehr länger warten sollte. Denn wenn ich weiter dauernd so krank war, würde es sonst irgendwann vielleicht kein Später mehr für mich geben. Das Gefühl, Zeit zu haben, kann man nur entwickeln, wenn man gesund ist, aber das war ich nie. Meine Gesundheit hatte mir schon allzu oft vor Augen geführt, wie endlich das Leben war. Und gerade zu dieser Zeit hing ich nachts oft genug mit quietschender Lunge am Fenster und fragte mich bang, ob dieser Asthmaanfall womöglich mein letzter sein würde. Leben kann man nur im Jetzt und Heute. Was morgen kommen, in welchem Zustand sich meine Haut, meine Lunge morgen befinden würde, konnte mir niemand voraussagen, und deswegen wollte ich nicht länger warten. Zuerst war mein Freund entsetzt.

»Nach Spanien? Und was soll ich da machen?«

»Genau das Gleiche wie hier«, gab ich unbekümmert zurück. »Malen!«

Kai sah mich skeptisch an. In der Tat vergingen etliche Monate, bis ich ihn davon überzeugt hatte, dass es egal war, wo er seinen Ölpinsel schwang, aber für mich vielleicht mein Leben davon abhing, dass ich endlich in ein anderes Klima kam.

Dass ich nach Spanien gezogen bin, war kein Fehler. Nur dass ich diesen Weg mit Kai zusammen eingeschlagen hatte, war einer. Es gibt Wege, die muss man allein gehen. Kai fühlte sich nicht wohl in Spanien. Er fand keinen Zugang zu der Sprache und noch weniger zu den Menschen; er sehnte sich nach den Bergen, Schnee und deutschem Brot, während ich in dem neuen Umfeld auflebte: Ich fand schnell neue Freunde, Freunde, die ich auch heute, mehr als zwanzig Jahre später, noch habe. Ich schrieb einen dicken, fetten Roman (der allerdings nie veröffentlicht wurde, dafür jedoch der nächste, den ich danach schrieb), gab Deutsch- und Englischunterricht und hatte dank endloser Sonnen- und Meerbäder endlich eine richtig gute Haut und kein Asthma mehr. Einzig Kais stete Unzufriedenheit und seine ewige Nörgelei trübten mein Glück. Schon morgens erging er sich in Schimpfsalven über das Geknatter der Vespas in den engen Gassen, mittags störte ihn der »Gestank« von »sofrito« (der Grundlage für Paella), abends der »Lärm« von den Terrassen der Bars, und zu heiß war es ihm sowieso, selbst im Winter. Und dann erst sein ständiges Lamento über den feinen Sand, der in jede noch so kleine Ritze gelangte. Aber Sandstrände ohne Sand gibt es nun einmal nicht.

»Du versuchst noch nicht einmal, dich hier einzuleben«, hielt ich ihm vor.

»Vielleicht, weil ich mich hier auch gar nicht einleben will«, konterte er. »Schließlich war das alles doch allein deine ›glorreiche‹ Idee!«

»Und das nicht ohne Grund, oder siehst du wirklich nicht, wie viel besser es mir geht? Ich brauche hier kein einziges Medikament mehr einzunehmen und bin trotzdem erscheinungsfrei!«

Unsere Beziehung wurde immer schwieriger. Streit folgte auf Streit, und bald konnte auch das heilsame Klima nicht mehr verhindern, dass meine Haut erneut aufplatzte. Die Haut hat ein Gedächtnis. Das Immunsystem hat ein Gedächtnis. Sie merken sich alles. Auch als Kai schon längst wieder zurück in Deutschland war, zeigte mir meine Haut noch, wie verletzt ich war.

Neurodermitis ist für mich eine Krankheit, die einen immer wieder aus dem Leben mit den anderen reißt, einen ins Haus verbannt, wo man sich mit seinen Wunden verstecken kann, eine Krankheit, die einsam macht – und einen zwingt, mit der Ablehnung anderer, ob nun ausgesprochen oder nur in den Augen abzulesen, leben zu lernen. Und es ist eine Krankheit, die einen schon früh lehrt, dass das Leben voller Unwägbarkeiten ist, und dadurch große Ängste in einem hervorruft.

»Was uns nicht umbringt, macht uns stark«, versuchte meine Mutter mich manchmal zu trösten. Und heute, rückschauend, muss ich sagen: Ja, an diesem Satz ist viel Wahres dran. Die Krankheit hat mich nicht zerbrochen, egal, wie verzweifelt ich so manches Mal schon gewesen bin. Sie hat mich stark gemacht, innerlich stark, und mir gezeigt, wie wichtig es ist, dass man sich zumindest auf sich selbst verlassen kann – wenn man es schon nicht auf seine Haut kann. Trotzdem wollte und will ich meinem Sohn einen ähnlichen Weg ersparen. Denn er war hart und dornenreich. Deswegen war es mir wichtig, dass er auch dank der Hilfe, die er hier in diesem Krankenhaus finden konnte, die Möglichkeit hatte, seinen Weg zu wählen.

KAPITEL 8

Paula

Man darf nie vergessen, dass man bei der Jugend nur das in die Seele legen darf, von dem man wünscht, dass es immer darin bleibe.

François de Salignac de La Mothe-Fénelon

Leon zuliebe wechselte ich von meinem »Frauentisch« zu einem im vorderen Speisesaal, an dem auch andere Kinder und deren Mütter oder Väter saßen. Eine der Frauen an diesem Tisch hatte einen Jungen im Alter meines Sohnes, mit dem sich Leon sofort kurzschloss, während ich mich mit Judith anfreundete, die hier gleich zwei Kinder in Behandlung hatte: eine dreizehnjährige Tochter, die von Kopf bis Fuß in einer dicken weißen Cremepackung steckte, und einen sechs Monate alten Sohn, der ebenfalls großflächig eingecremt war und von den Füßen bis zum Scheitel in Wickeln und Anzug steckte.

»Paula hat schon als Baby Neurodermitis gehabt«, erzählte mir Judith, »aber noch nie so schlimm wie in den letzten Monaten. Die Ärzte hier meinen, ich müsste einen Teil unserer Tiere abschaffen, weil Paula in den Allergietests stark auf Milben und Tierhaare reagiert hat.«

»Und ich sage dir, die Tiere kommen nicht weg!«, fiel ihre Tochter ihr erbost ins Wort. »Das kannst du mir nicht antun! Außerdem sind es meine Tiere!«

Ich entnahm dem weiteren Wortgefecht zwischen Tochter und Mutter, dass es um drei Katzen und zwei Hunde ging, die im Haus lebten, und darum, dass Paula überdies das Reiten aufgeben und ihr Pferd verkaufen sollte.

»Jetzt bin ich seit drei Wochen hier und sehe genauso schlimm wie vorher aus, und hier gibt es gar keine Tiere!«, begehrte Paula weiter auf.

Ich sah, wie sie mit den Tränen kämpfte, und konnte sie verstehen: Auch ich würde unseren Hund und unsere Katze nicht hergeben. Einschränkungen, Einschränkungen, Einschränkungen ... die brachte die Neurodermitis ohnehin schon mit sich, aber das Leben musste auch noch lebenswert bleiben – man konnte sich doch nicht alles verbieten (lassen)! Mir fiel ein, wie lange ich als Teenager darum hatte kämpfen müssen, bis ich meinen ersten eigenen Hund bekam. Auch meine Mutter hatte mir lange vorgehalten, dass Tiere und Neurodermitis nicht zusammenpassten. Und ich weiß noch gut, wie traurig ich darüber war und wie neidisch ich wurde, wenn meine Klassenkameraden einen Hund bekamen und über Monate kein anderes Thema mehr hatten, als was der kleine Kerl jetzt wieder alles angestellt hatte. Eines Tages redete ich auch mit unserem guten alten Hausarzt darüber, woraufhin dieser meiner Mutter rklärte, dass man auf Dinge, die man liebt, seiner Meinung nach nicht allergisch reagieren könne – und meine Mutter endlich nachgab. Seither hatte ich immer Tiere gehalten und festgestellt, dass ich zwar des Öfteren auf die Tiere von anderen Leuten mit Heuschnupfen, Ekzemen oder Asthma reagierte, diese Reaktion bei meinen eigenen Tieren aber immer ausblieb.

»Wenn du dich endlich mal dazu entschließen könntest, regelmäßig in den Salbenraum zu gehen und dich einzucremen, wäre deine Haut sicher schon besser«, schimpfte Judith mit ihrer Tochter weiter. »Und an den Entspannungsübungen, die sie hier anbieten, nimmst du auch nicht teil!« Sie warf mir einen entnervten Blick zu. »Ich weiß echt nicht mehr, was ich noch mit ihr machen soll. Sie verweigert alles, was man ihr hier anbietet. Pubertät eben!«

Ihre Tochter rollte die Augen. »Der Salbenraum ist der Horror, und trotzdem habe ich mich heute früh eingecremt!«

»Heute, ja, zum ersten Mal in dieser Woche, aber auch nur, weil die Ärztin dir angedroht hat, dass sie dich nach Hause schickt, wenn du dich weiter so gegen die Behandlung sträubst!«

Ich blickte zwischen Mutter und Tochter hin und her. Die Spannung zwischen ihnen war so stark, dass ich das Gefühl hatte, sie mit dem Messer durchschneiden zu können. Ich konnte sie beide gut verstehen. Judith wollte ihrer Tochter nur helfen, aber wie sehr das Elend im Salbenraum einen niederriss, war wohl nur für jemanden nachvollziehbar, der selbst davon betroffen war. Ich zumindest teilte Paulas panische Angst vor dem Salbenraum: Wenn man den anderen dabei zusah, wie sie ihre zerschundene, oft bis ins Fleisch aufgekratzte Haut eincremten, war die Neurodermitis für einen noch spürbarer und furchteinflößender. Und zudem gab es im Salbenraum dieses grelle Neonlicht von der Decke und diesen riesengroßen Spiegel. Nirgends sonst war man der eigenen Entstellung und der der anderen so direkt und schutzlos ausgeliefert wie dort. Auch ich ging immer in die Knie, wenn ich mich dort so voll von oben angestrahlt im Spiegel sah. Das alles musste man doch auch aushalten können.

»Und warum willst du die Entspannungsübungen nicht mitmachen?«, fragte ich Paula. »Die sind doch eigentlich angenehm.«

»Aber da kenne ich keinen«, murrte sie und sackte in sich zusammen.

Ich unterdrückte ein Grinsen. Diese Reaktion hätte auch von meiner Tochter sein können – und auch ich hätte in ihrem Alter nicht anders reagiert. Es war keine gute Zeit, um »anders« zu sein oder sich allein auf neue Wege zu begeben. Zuerst musste man sich finden.

»Es ist zu dumm, dass es hier kein anderes Mädchen in ihrem Alter gibt, das sie mal ein bisschen animiert«, brummte Judith.

»Dann komm doch mit mir mit«, schlug ich Paula vor. »Nach dem Mittagessen ist Imaginationstraining. Das gefällt dir bestimmt. Da musst du dich nur bequem hinlegen und zuhören.« Sie wiegte den Kopf, nickte dann aber doch.

Pünktlich um zwei Uhr holte ich sie ab.

Die Übungen fanden im gegenüberliegenden Hausteil in einem großen, wohnzimmerähnlichen Raum statt. Wir nahmen uns Matten und legten uns auf den Fußboden, andere zogen die bequemen Sofas oder die Sessel vor. Kurz darauf kam der Oberarzt, Dr. Leikert, und erklärte für alle, die zum ersten Mal teilnahmen, was Ziel dieses Trainings war.

»Das Imaginationstraining ist von dem amerikanischen Radiologen und Krebsforscher O. Carl Simonton und seiner Frau Stefanie, einer Psychologin, entwickelt worden. Sie haben herausgefunden, dass mithilfe der eigenen Vorstellungskraft körperliche Genesungsprozesse und Behandlungsmethoden in ihrer Wirkungsweise unterstützt werden können. Wir haben ihr Verfahren an Ihre Bedürfnisse angepasst. Am besten legen Sie sich jetzt einfach einmal bequem hin und lassen alles Weitere auf sich wirken.«

Ich schloss die Augen und ließ mich von der sanft vor sich hin plätschernden Stimme des Arztes und der leisen Musik in eine tiefe Entspannung führen. Als dieser Zustand erreicht war, sollten wir uns einen Wasserfall vorstellen, auf den wir zugingen. Der, den ich mir vorstellte, befand sich auf einer Waldlichtung und fiel aus wenigen Metern Höhe von felsigem Gestein herab.

»Jetzt sind Sie dem Wasserfall schon so nah, dass Sie die kühle Gischt auf Ihrer Haut spüren können. Ihre Haut wird angenehm erfrischt. Sie lassen das Wasser über Ihre Hände laufen. Ihnen wird bewusst, dass dieser Wasserfall, diese Quelle, zugleich auch die Quelle Ihrer Gesundheit ist«, redete er mit angenehm monotoner Stimme weiter.

Im Weiteren sollten wir uns vorstellen, wie dieses frische Quellwasser uns durchströmte und uns neue Kraft und Vitalität verlieh. Schließlich traten wir ganz unter den Wasserfall und spürten, wie das herrlich kalte Wasser unsere Haut kühlte. Da ich dieses Training nun schon einige Male mitgemacht hatte und ähnliche Imaginationsreisen von meiner Yogalehrerin her kannte, fiel es mir sehr leicht, mich auf diese Bilder einzulassen. Die Kühlung durch den Wasserfall empfand ich so intensiv, dass mir sogar richtige Kälteschauer über den Rücken rieselten.

Anschließend sollten wir uns unsere Haut vorstellen, die gesunden, sowie die kranken Partien, mit unserem Abwehrsystem Kontakt aufnehmen und uns – jeder nach seiner Façon – vorstellen, wie es daran arbeitet, dass unsere Haut wieder heilt.

Nur sehr allmählich kehrten wir von unserer Fantasiereise zurück, setzten uns auf und diskutierten unsere Erfahrungen. Ich fand es interessant, wie verschieden sich jeder von uns sein Abwehrsystem vorstellte. Eine ältere Dame hatte es in Form einer Garnison winziger Polizisten vor sich gesehen, ich hatte knallrote gefräßige Zellen in Umlauf gebracht, ein junger Mann hatte sich Müllmänner vorgestellt, die in seinem Körper herumliefen und für Ordnung sorgten.

»Und in welcher Art soll dieser Wasserfall auf die Neurodermitis wirken?«, fragte er. »Das ist doch nur Wasser.«

»Aber es ist kühl, und es fließt über Ihren Körper«, erwiderte Dr. Leikert. »Durch regelmäßiges Training können Sie dahin kommen, Ihre Haut mit der Wasserfall-Imagination um bis zu zwei Grad herunterzukühlen, wodurch der Juckreiz deutlich nachlässt. Allerdings ist die Voraussetzung dafür, dass Sie regelmäßig üben.«

Paula war ganz begeistert von den Übungen und sagte mir später, als wir zurück zu unseren Zimmern gingen, dass sie jetzt immer kommen und fleißig üben wolle.

»Eigentlich ist es hier gar nicht so schlecht«, meinte sie noch, bevor sie in ihrem Zimmer verschwand. »Die anderen müssen den ganzen Tag in der Schule hocken, und ich kann hier auf Fantasiereise gehen!« Sie grinste mich breit an.

Ich zwinkerte ihr zu und hoffte, dass sie bald ihren Weg finden würde und sich mit ihrer Neurodermitis nicht nur abfinden und ihr Leben daran würde anpassen können, sondern es ihr auch gelang, sich mit ihr auszusöhnen. Das machte es einfacher, mit ihr zu leben.

KAPITEL 9

ESSEN

Man isst, um zu leben, und lebt nicht, um zu essen.

Molière, Der Geizhals

Die letzten Tage hatte es an einem Stück geregnet. Als nach dem Mittagessen endlich einmal ein Stück blauer Himmel sichtbar wurde, schlug ich Julien vor, mit Leon hinunter in den Ort zu gehen. Der arme Kerl, der in Spanien so viele Stunden beim Spielen im Freien verbrachte, wusste schon lange nicht mehr, wohin mit seiner Energie. Also zogen wir uns an und stapften den Berg hinab.

Das Dorf war eigentlich nur ein Dörfchen, und gerade weil hier kaum zehn Leute auf den Straßen anzutreffen waren, fielen die Patienten vom Krankenhaus mit ihren marsmäßig gelb oder weiß eingecremten Gesichtern besonders auf. Genau wie wir nutzten auch sie die nachmittägliche Freizeit für Einkäufe und Spaziergänge. Keiner der Dorfbewohner sah ihnen jedoch ob ihrer Aufmachung irritiert oder verwundert nach; selbst mein entstelltes Gesicht beunruhigte hier niemanden. Die Leute hier waren an derartige Anblicke schon seit Jahren gewöhnt – und es tat eigenartig gut, einmal nicht wegen seiner Ekzeme angestarrt zu werden.

Als es später doch wieder zu regnen anfing, flüchteten wir in ein kleines Café. Julien bestellte sich eine Tasse Kaffee (den es im Krankenhaus auch für Begleitpersonen nicht gab) und ein riesiges Stück Schokoladentorte (die für uns Neurodermitispatienten ebenso verboten war); für Leon bat ich um eine Tasse Stiefmütterchentee und ein unbelegtes Brötchen, für mich konnte ich nur Wasser bestellen, aber das immerhin heiß. Alles andere hätte ich nicht vertragen.

Als die Bedienung den leckeren Kuchen vor Julien und das trockene Brötchen und den ungesüßten Tee vor Leon stellte, schielte mein Sohn zu Juliens Teller und machte ein langes Gesicht. »Ich will aber auch lieber Kuchen haben!«

Julien sah uns schuldbewusst an. »Tut mir leid. Ich wollte euch nicht die Nase lang machen, aber die Torte sah so lecker aus.«

Ich war schon so lange daran gewöhnt, dass ich nicht essen konnte, was ich wollte, dass ich nur gleichmütig mit den Schultern zuckte, aber Leon gingen beim Anblick der Torte fast die Augen über. Für ihn gab es nur eines, was noch besser war als Schokolade: Schokoladentorte! Er flehte mich an, dass ich ihn wenigstens ein kleines Stück probieren lassen sollte. Ich schüttelte den Kopf. »Du hast gehört, was Dr. Kröner gesagt hat: keine Schokolade, kein Zucker, keine Eier, vor allem jetzt nicht, wo noch immer nicht klar ist, woher dein Durchfall kommt!«

»Aber was kann so ein winzig kleines Stück schon machen, Mama? Bitte! Wir müssen es dem Dr. Kröner doch nicht sagen!«

Ich musste lachen. »Ob Dr. Kröner es weiß oder nicht, ist nicht das Problem, sondern dass du so den Durchfall nicht loswirst. Komm, iss das Brötchen, und tröste dich damit, dass ich selbst das nicht essen darf.«

Mürrisch knabberte Leon sein Brötchen an.

»Und, wie schmeckt es?«, fragte ich ihn grinsend und wuschelte ihm durch seine rotblonden Locken.

»Nicht nach Torte«, knurrte er, mampfte aber tapfer weiter und musste selbst lachen.

Es tat mir leid, ihn einschränken zu müssen. Aber es gab keinen anderen Weg. Und eigentlich war es für ihn nichts Neues: Auch zu Hause bekam er nur bei ganz, ganz seltenen

Gelegenheiten einmal ein Stück Schokolade, sonst wäre seine Haut sicher schon des Öfteren mehr entgleist. Allerdings gab es in Spanien auch nicht so superleckere Schokoladentorte wie hier.

Am nächsten Tag fing die Schwester damit an, mit Leon verschiedene Allergietests durchzuführen. Und auch ich sollte nun, da ich jetzt seit einigen Tagen kein Cortison mehr nahm, durchgetestet werden – nicht zuletzt auch, weil die Ärzte hofften, so schneller Lebensmittel zu finden, die ich essen konnte. Leider reagierte ich schon auf die Nadel, mit der die Substanzen in die Haut geritzt wurden, sodass die Tests abgebrochen werden mussten. Immerhin war ich aber mit der Such- und Aufbaudiät wenigstens ein bisschen weitergekommen. Im Zweitagerhythmus waren nach dem anfänglichen Reis neue neurodermitisverträgliche Lebensmittel hinzugefügt worden; zunächst jene, von denen ich annahm, dass ich sie wohl vertragen würde, wie Kartoffeln, hefefreies Roggenbrot, Kürbiskerne, Salat und Kalbfleisch. Rindfleisch hatte ich zu meinem Erstaunen nicht vertragen, Hirschfleisch ebenso nicht, obwohl ich das noch nie zuvor gegessen hatte, dafür aber bereitete mir Kaninchen keine Probleme. Wir hatten noch einen zweiten Versuch damit durchgeführt, und danach war klar gewesen, dass wohl doch eher der »Weihnachtsstress« denn das Kaninchen meinen Juckreiz so verstärkt hatte. Auch Elstaräpfel waren mir bekommen, weiteres Obst hatten wir noch nicht ausprobiert. Olivenöl, Butter und Salz konnte ich ebenso zu mir nehmen. Damit war ich bei acht Lebensmitteln angelangt, Fette und Salz nicht mitgerechnet.

Als Nächstes versuchten wir es mit Buchweizen. Hatte ich bisher gedacht, zu meinen trotz Kühlakkus durchkratzten Nächten mitsamt den Schmerzen aufgrund des Cortisonentzugs gäbe es keine große Steigerung mehr, so wurde ich nun eines Besseren belehrt: Die folgende Nacht war der wahre Horror. Bis vier Uhr früh pilgerte ich stündlich hinunter ins Schwesternzimmer, um mir einen neuen tiefgefrorenen Kühlakku geben zu lassen, damit ich wenigstens noch einen Rest Haut über die Nacht brachte. Mein ganzer Körper stach und brannte. Überdies brachten meine Kratzattacken seit dem völligen Absetzen des Cortisons nicht einmal mehr kurzfristig Erleichterung. Das Kratzen tat einfach nur noch weh: Wahre Schmerzblitze zuckten durch meinen Körper, die mich sehr an die Schmerzen erinnerten, die manchmal nach dem Setzen von Akkupunkturnadeln durch meinen Körper jagten, nur hielten sie diesmal deutlich länger an. Vor allem von verschiedenen Stellen am Hals schoss mir der Schmerz bis in die kleinen Zehen hinunter. Es war zum Verrücktwerden. Nach dieser Nacht war klar, dass Buchweizen zumindest derzeit kein Nahrungsmittel war, das ich zu mir nehmen sollte. Wenigstens eine neue Erkenntnis …

Zwei Tage später probierte ich Quinoa, das ich vertrug. Damit war ich jetzt bei neun Lebensmitteln – nur dass ich Quinoa nicht besonders mochte, aber wer keine Wahl hat … Danach wagten wir uns an Zucchini, die ich ähnlich schlecht wie den Buchweizen vertrug. Nach drei weiteren Fehlschlägen war ich mit meinen Nerven so am Ende, dass ich für den Moment nichts Neues mehr ausprobieren wollte.

»Ich habe allmählich schon Angst, ins Bett zu gehen«, sagte ich zu Frau Dr. Schneider, »da ich, sobald ich zur Ruhe komme und einschlafen will, nur noch kratzen muss.«

Kritisch betrachtete sie mein Gesicht. »Ja, auch letzte Nacht haben Sie mit ihren Restfingernägeln wieder ganze Arbeit geleistet.« Sie seufzte. »Ich kann Sie verstehen: Das Ganze ist ebenso frustrierend wie quälend für Sie. Aber vielleicht sollten wir, ehe wir aufgeben, trotzdem eventuell noch eine andere Sache versuchen, damit Sie wenigstens noch ein paar weitere Lebensmittel zur Auswahl haben. Haben Sie schon einmal davon gehört, dass es zum Beispiel Weizenpollenallergiker gibt, die selbst schon auf Fotos von Weizenfeldern mit einem Asthmaanfall reagieren?«

Ich nickte.

»Sehen Sie. Vielleicht sind Sie auf den Buchweizen oder die Zucchini gar nicht allergisch, sondern dachten beim Essen nur, dass Sie es nicht vertragen, und haben deswegen reagiert.«

»Und wie soll ich das umgehen?«, fragte ich. »Soll ich mir jetzt beim Essen die Augen verbinden und alles mit Wasser runterspülen, ehe ich den Geschmack wahrzunehmen vermag?«

Sie lachte auf. »Das wäre auch eine Möglichkeit, aber eigentlich haben wir hier eine simplere und sicher auch magenfreundlichere Methode: Wir nennen sie »Blindtests«. Der Koch versteckt Ihnen dabei an manchen Tagen ein neues Lebensmittel in Ihrem normalen Essen, aber Sie wissen nie, wann er etwas untermischt.«

»Hört sich nach Eiersuchen an«, witzelte ich weiter.

»Das Ei würden Sie nicht finden: Es wird mit einem Teil Ihres anderen Essens zusammen püriert oder in eine mit Reis eingedickte Fleischsoße gemischt.«

»Ach so.« Nun verstand ich das System und fand die Idee gut. »Ja, versuchen wir das. Schlimmstenfalls bringt es etwas.«

Ich sollte meine Zustimmung noch bereuen: Von da an verbrachte ich nur noch schlaflose Kratznächte – sei es, weil ich auf jede versteckte Beimischung reagierte, sei es, weil ich auf die Vorstellung, was da wohl drin sein mochte, reagierte. Und leider durfte Frau Dr. Schneider mir nicht sagen, wann was im Essen versteckt gewesen war.

»Die Auflösung des Rätsels bekommen Sie erst am Ende Ihres Klinikaufenthalts – falls Sie doch noch einmal auf dieses Mittel zurückgreifen möchten.«

»Aber jetzt hören wir erst einmal damit auf, ja?«

»Wie Sie wollen. Allerdings bleiben Ihnen so derzeit nur neun Lebensmittel«, gab mir Frau Dr. Schneider zu bedenken.

»Um eine ausgewogene Ernährung kümmere ich mich in meinen nächsten Leben«, versuchte ich es mit einem Rest Galgenhumor. »Jetzt muss ich erst einmal wenigstens wieder ein bisschen schlafen.«

»Na ja«, meinte Frau Dr. Schneider mit Blick auf meine Lebensmittelliste. »Ein paar Vitamin- und Mineralstofflieferanten sind immerhin dabei, Proteine ebenso. Und den Rest müssen Sie eben über Nahrungsergänzungsmittel zu sich nehmen.«

»Wie sieht das eigentlich mit der Übersäuerung aus? Brot mit Brot und Fleisch und ab und an Gemüse: Je höher der pH-Wert ist, desto schlechter ist es doch für die Haut, habe ich einmal irgendwo gelesen.«

»Richtig.« Sie nickte und schrieb mir ein Basenpulver auf. »Und Kalziumtabletten, Magnesium und Eisen nehmen Sie ab jetzt auch, zumal diese Werte bei der letzten Blutabnahme ohnehin schon an der unteren Grenze lagen.«

»Und wie soll das auf Dauer weitergehen?« Ich hob die Augenbrauen und musste an Lukas, den Chemiker, denken, mit dem ich mich jetzt schon ein paarmal unten im Speisesaal unterhalten hatte. Er litt seit fünf Jahren schwer an Neurodermitis; bei ihm war weniger das Gesicht, aber dafür der ganze Körper betroffen, und das so stark, dass er seither nicht mehr arbeiten konnte. Statt von der hoch dotierten Chemikerstelle lebte er nun von Hartz IV. Auch er vertrug nur noch ganz bestimmte Lebensmittel und nahm sie im Rahmen einer Rotationsdiät nur im Abstand von drei Tagen wieder zu sich.

»Damit wollen sie vermeiden, dass ich irgendwann auch noch auf diese Lebensmittel allergisch reagiere«, hatte er mir erklärt.

Aber bei ohnehin nur neun Lebensmitteln gab es bei mir nicht eben viel zum »Rotieren«.

»Und was wird, wenn ich auf diese wenigen Lebensmittel auch noch allergisch werde? Lebe ich dann nur noch von Tabletten und Infusionen?«, fragte ich Frau Dr. Schneider.

»Dann würde es allerdings schwierig werden«, musste sie zugeben. »Sehr schwierig sogar, aber vielleicht können Sie in ein paar Wochen oder Monaten doch wieder ein paar Lebensmittel mehr essen. Sie haben ja selbst schon gesagt, dass sich die Allergien bei Ihnen öfter verschieben, womit man genau genommen von Lebensmittelunverträglichkeiten und nicht von Allergien sprechen muss.«

Ich nickte und beschloss, nicht an Kommendes zu denken. Hoffen wir. Ja, hoffen war besser als verzweifeln. Aber wie sagte das Sprichwort noch? Hoffen und harren hält manchen zum Narren.

KAPITEL 10

Ein neues Jahr beginnt

*Was wäre das Leben ohne Hoffnung? Ein Funke, der aus
der Kohle springt und verlischt.*

Friedrich Hölderlin, Hyperion

Silvester nahte – ein Fest, vor dem ich nicht weniger Angst hatte als vor Weihnachten, vor allem, wenn ich es in einem anderen Kreis als unter engsten Freunden verbringen musste. Allein schon, wie die Leute spätestens ab dreiundzwanzig Uhr ständig auf ihre Uhren schielten. Sie machten mich ganz nervös damit und riefen mit diesem ständigen Blick auf die Zeiger eine ebenso eigenartige wie unangenehme Anspannung in mir hervor, Furcht fast, ohne dass ich sagen konnte, wovor. Und dann erst diese mitternächtliche Abküsserei samt euphorischen Freudenumarmungen, denen man noch nicht einmal dann entkam, wenn man mit den Leuten noch nie zuvor auch nur ein Wort gewechselt hatte. Ja, das Ganze war mir allerdings ein Gräuel.

Wäre ich allein im Krankenhaus gewesen, hätte ich mich um elf mit einem Buch ins Bett verzogen und wäre darüber eingeschlafen. Julien sah das nicht anders, da aber war auch noch Leon. Der wollte Feuerwerkskörper knallen lassen, Leute und Spaß um sich haben. Am liebsten ein Fest feiern.

»Ach, bitte, Mama!«

»Oh weia«, brummte ich.

»Aber Mama, hier sind so viele Leute! Die haben sicher Lust, etwas Besonderes zu machen!«

»Aber ich, ich …« Ich verstummte. Immerhin hatte ich dem armen Kerl schon Weihnachten nur verstümmelt präsentiert. Sollte ich mich da nicht wenigstens an Silvester zusammenreißen?

»Also gut, ich höre mich um«, versprach ich ihm.

Beim Mittagessen sprach ich Lukas, den »Hartz-IV-Chemiker«, auf Silvester an. Wegen Julien hatten wir uns ihm mehr und mehr angeschlossen. Lukas war der einzige Patient im Krankenhaus, der einigermaßen gut Französisch sprach, und so hatte Julien außer Leon und mir wenigstens noch einen anderen Menschen, mit dem er in seiner Muttersprache kommunizieren konnte.

»Ich habe gehört, die Küche macht uns heute Nacht ein Buffet«, meinte er, »und dass ein paar der Leute oben im Kaminzimmer feiern wollen. Kommt doch auch, das wird bestimmt nett!«

»Oh ja!«, jubelte Leon und sprang an mir hoch. »Das machen wir, ja, Mama?«

Ich lächelte ihn an und hoffte, dass es nicht zu gequält ausfiel. Julien nickte Lukas zu, also nickte auch ich. Bekanntermaßen ist geteiltes Leid halbes Leid.

Nach dem Mittagessen marschierten wir durch dickes Schneetreiben ins Dorf. Leon wollte Feuerwerkskörper. »Und ganz, ganz viele, Mama!«

Schon im letzten Jahr musste er aufgrund des »Arno-Debakels« auf seine Silvesterknaller verzichten. In Spanien werden an Silvester keine Raketen abgeschossen. Stattdessen isst man bei jedem Glockenschlag eine Traube. Wenn man alle zwölf Trauben bis zum letzten Glockenschlag heruntergeschluckt hat (und nicht dabei erstickt ist), soll das ein gutes Omen für das kommende Jahr sein. Umso versessener war Leon darauf, hier nun endlich einmal so richtig nach Herzenslust knallen zu dürfen.

Wir kauften so viele Feuerwerkskörper, dass wir zwei Tüten brauchten, um sie alle unterzubringen. Eigentlich war

145

ich gegen diese Knallerei, sah sie als Geldverbrennung an, aber mein schlechtes (Weihnachts-)Gewissen öffnete mir das Portemonnaie.

Gegen neun Uhr gingen wir zu den anderen ins Kaminzimmer. Julien verzog sich gleich zu Lukas, ich gesellte mich mit Leon zu den anderen Müttern mit Kindern und muss zugeben, dass es ein sehr angenehmer Abend wurde. Zwischendurch bedienten wir uns unten am kalten Büfett, sogar Kaninchenwurst gab es, die ich immerhin auch essen durfte und die wirklich so lecker war, wie Alexandra mir einst angekündigt hatte. Und ein paar Patienten hatten in der Patientenkochschule neurodermitisverträgliche Salzstangen aus Dinkelmehl und Plätzchen mit Ahornsirup gebacken, an denen sich Leon schadlos hielt.

»Endlich mal was Süßes!«, freute er sich und stopfte sich gleich die nächste Ladung Plätzchen in den Mund.

Als die Kirchturmuhr elf Uhr schlug, wurde ich nervös. Ich fürchtete schon jetzt die mitternächtlichen Umarmungen, wegen meines unverändert hochentzündeten Gesichts sogar noch weit mehr als in anderen Jahren. Eine Viertelstunde vor Mitternacht schlug jemand vor, dass wir doch schon jetzt vor die Burg gehen könnten, um dort gleich beim ersten Glockenschlag mit dem Knallen zu beginnen – und so stiefelten wir alle hinunter.

Beim ersten Glockenschlag um Mitternacht umarmte und küsste ich Leon, dann Julien – und ließ ihn lange nicht wieder los. Auch wenn ich eigentlich der Ansicht bin, dass ein neues Jahr auch nicht groß etwas anderes als ein neuer Tag ist und es derer immerhin wenigstens dreihundertfünfundsechzig im Jahr gibt, ohne dass deshalb irgendjemand in großen Jubel ausbrechen würde, so war der Schritt ins neue Jahr diesmal dann doch auch für mich ein ganz bedeutender, wie ich mir jetzt eingestand. Ich fuhr mir mit der Hand in die Haare, die nach wie vor reichlich ausfielen, fühlte die Schuppen und Verschorfungen, die sich auf meiner Kopfhaut immer weiter und immer dicker ausbreiteten, genau wie in meinem Gesicht, das auch noch immer keine Anstalten machte, abheilen zu wollen. Beklommen fragte ich mich, wie lange ich noch so aussehen würde. Wie würde ich beim nächsten Jahreswechsel aussehen? Würde meine Haut bis dahin endlich abgeheilt sein? Und welche dauerhaften Spuren würden diese Dauerentzündung und mein ewiges Herumgekratze auf meiner Haut hinterlassen? Eine veränderte Hautstruktur? Falten? Narben? Ich drückte meine Stirn gegen Juliens Schulter.

»Eh, ma petite, tu penses trop!«, raunte mir Julien ins Ohr. »Du denkst zu viel.« Er küsste mich aufs Haar und hob mein Kinn an. »Kopf hoch. Alles wird gut. Beim nächsten Silvester ist alles vergessen, crois moi!«

Wie gern hätte ich ihm geglaubt. Aber ich schaffte es nicht. Ehe ich gänzlich in Ängsten und Trübsinn versinken konnte, zerrte Leon an meiner Jacke.

»Mama, die anderen knallen schon! Julien, komm, wir müssen auch anfangen!«

Ich gab Julien frei, damit er mit ihm Raketen ins All schicken konnte.

»Euch allen ein gutes neues Jahr!«, brüllte auf einmal jemand von hoch oben von einem Turmfenster herunter. Es war eine neue Mitpatientin, die ich bisher noch kaum wahrgenommen hatte, weil sie immer gleich nach dem Essen wieder auf ihr Zimmer verschwand. Viel war an ihr auch nicht wahrzunehmen: Sie steckte in einem Salbenanzug, und auch ihr Kopf und ihr Gesicht waren eingewickelt. Man hätte sie für eine Mumie halten können. Nur für die Augen und den Mund gab es Schlitze. Ihr Schrei griff mir ans Herz. Es hatte keine Freude darin mitgeklungen. Nur tiefe Verzweiflung.

Wir alle antworteten ihr, wünschten auch ihr ein gutes neues Jahr und riefen es jetzt auch einander zu. Die von mir befürchteten Umarmungen und Abküssereien blieben aus. Ich atmete auf und fragte mich mit innerem Grinsen, ob es hier etwa noch mehr Leuten so wie mir mit Silvester ging. Aber wie hätte dies auch nicht so sein sollen? Gerade hier.

Ich ging zu Leon und Julien und sah ihnen beim Abschießen ihrer Feuerwerkskörper zu. Leons Wangen glühten vor Aufregung. Und als Julien ihn diesmal selbst die Lunte anzünden ließ, platzte mein Sohn fast vor Stolz. Als seine Rakete in den Himmel schoss, johlte er.

»Hast du gesehen, Mama? Die ist sogar noch viel höher geflogen als alle anderen! Wow, wenn Kiara das gesehen hätte! Das glaubt sie mir nie, dass Julien mich die Rakete selbst hat anzünden lassen und sie so hoch geflogen ist!«

Ich konnte ihm als Antwort nur einen lieb gemeinten Nasenstüber geben, weil mir beim Gedanken an Kiara das Herz so schwer wurde, dass ich befürchtete, mit dem ersten Wort, das über meine Lippen kam, in Tränen auszubrechen. Wie sehr sie mir fehlte. Vor allem heute. Und würde ich sie überhaupt noch sehen, bevor Julien mit den Kindern zurück nach Spanien flog? Die Hoffnung, mit ihnen zusammen nach Hause zurückkehren zu können, hatte ich allmählich aufgegeben und fragte mich stattdessen, ob – und wie – ich hier überhaupt jemals wieder herauskam. Und dass diese Hüftschmerzen meiner Mutter auch nicht besser wurden. Ab dem 2. Januar würde sie endlich Massagen bekommen. Was aber, wenn die Ursache ihrer Schmerzen doch keine simple Verspannung war? Was, wenn mehr dahintersteckte? Auf einmal befiel mich eine wahnsinnige Furcht, dass meine Mutter ernsthaft krank sein könnte. Nein, es war sogar mehr als nur Furcht: Es war eine Ahnung, die tief in mir drin wohl schon länger schlummerte, aber sich eben diesen Moment ausgesucht hatte, um sich wieder in mein Bewusstsein zu drängen.

Als Julien und Leon auch noch die letzte Rakete abgeschossen hatten, ging ich zu Julien und nahm seine Hand. Er sah mich an und küsste mich.

»Tu penses à Kiara et à ta mère, n'est-ce pas?«, meinte er. »Du denkst an Kiara und deine Mutter, nicht wahr?«

Ich nickte. »Ich habe auf einmal solche Angst um meine Mutter!«

Er zog mich an sich und küsste mich noch einmal. Ich sah zu ihm auf.

»Kann ich, kann ich heute nacht bei euch schlafen?«, fragte ich ihn leise. Ich ahnte: Wenn ich diese Nacht allein in meinem Bett lag, würde ich durchdrehen vor Sorge um meine Mutter.

Julien tippte mir auf die Nase. »Aber doudou, das brauchst du doch nicht zu fragen!«

Auch auf dem Weg zum Zimmer ließ Julien mich nicht los, und ich war froh darüber. Es gab mir das Gefühl, den Unwägbarkeiten des Lebens zumindest nicht länger allein gegenüberstehen zu müssen. Ach, Julien, seufzte ich in mich hinein, wie wird das alles bloß enden?

Am übernächsten Morgen kam der Chefarzt selbst zur Visite aufs Zimmer. Dr. Kröner war mit Leons Hautzustand mehr als zufrieden.

»Na, deine Ohren sitzen jetzt ja wieder richtig fest am Kopf«, freute er sich, doch dann trat auch – gespielte – Besorgnis in seinen Blick. Er stieß Leon an. »Mensch, hoffentlich nutzt deine Mutter deine heilen Ohren nicht, um dich öfter mal daran zu ziehen! Wo jetzt doch nicht mehr die Gefahr besteht, dass sie dabei abreißen.«

Dr. Kröner zwinkerte mir zu, was Leon aber schon nicht mehr sah, weil er sich kurz zu mir umgewandt und unsicher zu mir aufgesehen hatte. Es war ihm anzusehen, dass er über die Worte des Arztes ernsthaft nachdachte. Dann schüttelte er den Kopf. »Nein, das würde meine Mama trotzdem nicht machen. Meine Schwester zieht sie nämlich auch nicht an den Ohren, und die sitzen immer fest am Kopf!«

Wir mussten lachen. Erst jetzt merkte Leon, dass Dr. Kröner ihn nur hatte necken wollen. Er errötete bis zum Haaransatz und versteckte sein Gesicht an meinem Bauch, musste dann aber auch selbst lachen.

»Und was macht Leons Durchfall?«, fragte mich Dr. Kröner. »Es war bei ihm ja eine Laktoseintoleranz festgestellt und in seine Diät einbezogen worden. Ist es jetzt besser geworden?«

Ich nickte. »Ja. Die letzten Tage war seine Verdauung normal.«

»Also machen wir noch die restlichen Allergietests, und dann kann der Bursche eigentlich wieder nach Hause.«

»Meine Mutter hat eben angerufen und gemeint, dass sie am 5. Januar herkommen kann«, erwiderte ich und hoffte inständig, dass es diesmal bei dem Datum blieb und die Massagen meine Mutter wirklich von ihren Schmerzen befreien würden. »Sie könnte die beiden mit zurücknehmen. Dann bräuchten sie nicht wieder mit der Bahn zu fahren.«

Dr. Kröner nickte. »Ja, das passt perfekt. Bis dahin sollte alles abgeschlossen sein.«

»Prima«, sagte ich. Obwohl ich es so prima nun auch wieder nicht fand: Die Vorstellung, hier ohne die beiden zurückzubleiben, ließ mir den Hals eng werden.

Die nächsten Tage verflogen sehr schnell, und am 5. Januar kamen meine Mutter, mein Stiefvater und Kiara tatsächlich endlich zu Besuch. Anders als Leon damals auf dem Bahnsteig, umarmte meine Tochter mich nur sehr zögerlich und schielte immer wieder mit sichtlichem Unbehagen zu meinem nach wie vor entstellten Gesicht.

»Ich dachte, es wäre schon viel besser und du könntest mit nach Hause kommen«, presste sie schließlich hervor und brach in Tränen aus. Da endlich ließ sie sich richtig umarmen – und wollte mich hernach auch nicht wieder loslassen. Mir wurde klar, dass sie nicht vor meiner schauderlichen »Haut« zurückgewichen war, sondern nur vor der Vorstellung, auch jetzt wieder ohne ihre Mutter abfahren zu müssen, und drückte sie noch fester an mich. »Ach, Spätzchen.«

»Jetzt steht nicht so rum«, maulte Leon. »Ich will euch die Burg zeigen!«

Als die Erwachsenen noch immer nicht reagierten, wandte er sich an seine Schwester.

»Es gibt hier ein tolles Spielzimmer«, schwärmte er Kiara vor. »Und einen supergroßen Garten, in dem man Schach spielen kann«, versuchte er sein Glück dann auch noch einmal bei seiner Oma und Karl.

»Geht ihr nur mal allein«, meinte meine Mutter. »Nach der langen Fahrt ist mir eher nach Sitzen und ein wenig Ausruhen.«

Kiara und Leon schossen los, Karl und Julien folgten ihnen gemächlicher. Ich ging mit meiner Mutter in den Speisesaal. Es war halb drei, um diese Uhrzeit gab es immer einen kleinen Imbiss. Meine Mutter wollte nur eine Tasse Tee.

»Stiefmütterchen, Brennnessel oder Pfefferminz?«, fragte ich sie. »Mehr gibt es hier nicht.«

»Pfefferminz bitte.« Sie setzte sich an einen der Tische und wartete auf mich.

Als ich mit ihrer Teetasse und meinem Becher mit heißem Wasser zum Tisch kam, warf ich ihr einen besorgten Blick zu. »Du siehst ziemlich abgespannt aus. Ist es dir mit Kiara doch zu anstrengend?«

»Ach woher!« Meine Mutter winkte ab. »Sie ist ein Engel und hilft, wo sie nur kann. Es sind nur diese ständigen Schmerzen. Na ja, sie werden schon wieder weggehen.«

Die dunklen Ahnungen aus der Silvesternacht stiegen wieder in mir auf. »Warst du noch einmal beim Arzt?«

»Wozu? Die Massagen der letzten Tage haben mir gutgetan. Vier habe ich noch vor mir. Das warte ich jetzt erst einmal ab. Und du?«, wechselte sie geschickt das Thema.

Resigniert hob ich die Hand zum Gesicht und ließ sie wieder sinken. »Es tut sich nichts. Gar nichts. Zumindest ist es auch nicht mehr viel schlimmer geworden. Wie es aussieht, bleibt zumindest mein übriger Körper von der Explosion verschont. Das braucht eben noch seine Zeit, meinen die Ärzte hier. Erst muss die Wirkung des Cortisons aufhören und der Entzug endgültig abgeschlossen sein.«

»Und wann sollst du entlassen werden?«

Ich bekam einen Kloß im Hals. »Solange ich so aussehe …«

Sie tätschelte mir die Hand und drückte sie nachdrücklich.

Auch mir war nun nach einem Themenwechsel. »Und Kiara ist wirklich so pflegeleicht?«, fragte ich sie.

»Ja, ganz sicher. Allerdings …« Sie verstummte.

»Was ist?«

»Na ja. Sie schläft so unruhig. Als Julien und Leon weg sind, wollte sie nicht allein in dem Dachstudio bleiben, sodass wir ihr eine Matratze in unser Zimmer gelegt haben. Fast jede Nacht schreckt sie aus Albträumen hoch. Hatte sie das früher auch schon?«

Ich schüttelte den Kopf. »Hat sie dir mal erzählt, was sie träumt?«

»Nein, leider nicht. Du kennst ja deine Tochter. Sie redet nie viel darüber, wie sie sich fühlt und was sie bewegt.«

»Sicher hängen diese Albträume mit mir und meinem doch recht unvermittelten Verschwinden aus ihrem Leben zusammen«, erwiderte ich und musste mich räuspern, weil mir die Stimme wegbrach. Den Rest dachte ich dann nur noch: Und wenn sie die Albträume wegen mir hat, dann werden sie nach dem Anblick, den ich ihr hier und heute biete, sicher auch nicht besser werden.

Die Kinder. Kiara, vor allem Kiara. Mir wurde der Hals noch enger. Hätte ich mich doch nur nie mit Arno eingelassen. Hätte ich mir nur nie diese unsägliche Cortisonspritze geben lassen. Hätte, hätte, hätte … aber das half jetzt nicht weiter. Ich würde Kiara so gern helfen, sie schützen und beschützen, aber ich hatte keinen Einfluss auf meine Haut. Und die Vergangenheit ändern konnte ich noch weniger. Ich fragte mich, was werden würde, wenn ich mit diesem Gesicht nach Hause fahren musste. Wie würde Kiara das verkraften? Wie würde ihr und unser aller Leben dann weitergehen? Aber wieder Cortison – das ging doch auf keinen Fall. Aber was sollte ich nur tun? Ich hielt den Film in meinem Kopfkino an, ehe mir noch ganz elend wurde.

»Vielleicht beruhigt es Kiara trotzdem, dass sie jetzt wenigstens mal wieder einen Tag mit mir zusammen ist«, meinte ich wider meine innere Überzeugung.

»Ja, vielleicht«, erwiderte meine Mutter und rieb sich ihre schmerzende Seite.

Gegen Abend begleiteten wir meine Mutter und meinen Stiefvater zu dem Hotel unten im Ort, in dem sie übernachten würden, und aßen dort mit ihnen. Heute hatten wir ausnahmsweise einmal bis zweiundzwanzig Uhr Ausgang von der Klinik. Julien stürzte sich wie ein ausgehungerter Löwe auf das kräftig gewürzte Essen.

»Ich hatte schon fast vergessen, wie gut deftiges Essen schmeckt«, seufzte er.

Leon wollte unbedingt Spaghetti Bolognese bestellen. Obwohl dies nicht wirklich (um nicht zu sagen, überhaupt nicht) zum Krankenhausspeiseplan passte, ließ ich ihm seinen Willen. Es ging ihm schon wieder sehr gut, sodass nicht zu befürchten war, dass sich diese kleine Sünde sofort rächen würde. Zwar waren sowohl die Tomaten als auch das Schweinefleisch in der Hackfleischsoße und der Parmesankäse sehr histaminreich, wie ich inzwischen gelernt hatte, aber in dem Fall dachte auch ich: Einmal ist keinmal. Bei mir war ich strenger. Ich begnügte mich mit Pellkartoffeln und Butter. Alles andere auf der Karte hätte ich mit Sicherheit mit einer Verschlimmerung meiner ohnehin schon schrecklichen Nächte bezahlt.

Solange wir aßen, wich Kiara kaum von meiner Seite, aber als ich meinte, dass wir zur Klinik aufbrechen müssten, fragte sie auf einmal, ob sie nicht doch lieber bei der Oma schlafen »solle«.

»Aber nein. Und warum auch?« Ich sah sie erstaunt an. »Die Krankenschwestern haben ein Bett für dich in mein Zimmer gestellt. Und so hatten wir es doch auch ausgemacht. Ich dachte, du freust dich darauf.«

Kiara senkte den Kopf, zog nun aber ebenfalls ihre Jacke über.

Was hat sie denn?, fragte ich mich. Ich hoffte, beim Einschlafen aus ihr herauszubekommen, was es war. Wenn überhaupt, verriet sie einem nur nachts im Dunkeln, wenn man allein mit ihr war, was in ihr vorging.

»So, das hier ist also mein Reich!« Ich machte eine spaßhafte Verbeugung. »Darf ich das Burgfräulein in meine Gemächer geleiten?«

Zögernd machte Kiara einen Schritt ins Zimmer und blieb, die Hände tief in den Taschen ihrer dicken Jacke vergraben, direkt neben der Tür stehen.

»Was hat denn Euer Hochwohlgeboren?«, fragte ich. »Gefällt Euch mein Gemach nicht?«

»Doch, doch. Ist schön.« Kiara blieb weiter steif am Türrahmen stehen und verzog trotz meiner Späße keine Miene.

Ich seufzte. »Welches Bett willst du haben? Meins oder das neue, das sie für dich reingestellt haben?«

Kiara sah unglücklich zu mir auf: »Am liebsten würde ich auf dem Stuhl schlafen.«

»Auf dem …« Ich stieß einen Schwall Luft aus. »Kiara, was soll denn das jetzt?«

Sie wich meinem Blick aus.

»So, jetzt kommst du erst mal zu mir!« Ich nahm ihre Hand, zog sie an mich und setzte mich mit ihr auf mein Bett. »Und nun sag schon: Was ist los? Dich bedrückt doch etwas! Nun aber raus damit!«

»Nein, ich habe gar nichts!« Ihre großen braunen Augen begannen zu glitzern.

»Kiara, bitte. Wie soll ich dir helfen, wenn du mir nicht sagst, was du hast?«

Sie hob die Achseln.

»Hast du Angst, dich bei mir anzustecken?«

Sie schüttelte den Kopf.

»Neurodermitis ist auch nicht ansteckend!«

»Aber, aber die anderen Leute hier …«

»Welche anderen Leute?«

»Na die, heute Mittag, als wir Oma und dich im Speisesaal abgeholt haben.«

Ich versuchte, mich an das Bild zu erinnern, das Kiara aufgenommen haben musste, als sie von ihrer Burgführung mit Leon zurückgekommen war. Zwei oder drei Mütter mit ihren bis zum Scheitel eingewickelten Kleinkindern waren im Speisesaal gewesen, zwei Schuppenflechtepatienten, von denen eine recht heftige Flecke im Gesicht hatte, zwei neu angekommene Frauen, bei denen aber »nur« der Körper betroffen war. Außer dass sie Salbenanzüge und Bademäntel trugen, war ihnen nichts anzusehen gewesen.

»Niemand hier hat eine ansteckende Krankheit«, versicherte ich ihr. »Du brauchst keine Angst zu haben. Und das Bett haben sie heute früh in mein Zimmer reingeschoben und vor meinen Augen frisch bezogen!«

»Ich glaub dir das ja, aber trotzdem.« Ihre Stimme klang gequält. »Ich würde lieber auf dem Stuhl schlafen.«

Wenn ich geahnt hätte, wie sehr Kiara der Anblick von mir und den anderen Patienten zusetzte, hätte ich sie doch lieber mit meiner Mutter im Hotel untergebracht – oder ganz auf ihren Besuch verzichtet. Aber ich hatte es leider nicht geahnt. Nachdem Leon mit allem hier so selbstverständlich umgegangen war und keinerlei Berührungsängste gezeigt hatte, wäre ich nie auf die Idee gekommen, dass Kiara das alles ganz anders empfinden könnte. Aber Leon war eben Leon und Kiara Kiara. Und wenn ich mir das Ganze jetzt genauer betrachtete, musste ich mir eingestehen, dass Kiara generell viel empfindsamer und empfindlicher war als Leon. Sie würde zum Beispiel niemals aus einem Glas trinken, aus dem schon ein anderer getrunken hat, egal, wie durstig sie war.

»Mensch, Micky Maus!« Ich stöhnte auf und drückte sie an mich. Kiara umarmte mich und klammerte sich regelrecht an mich. Ich wog sie in den Armen.

»Und was machen wir jetzt? Auf dem Stuhl kannst du auf jeden Fall nicht schlafen. Da fällst du runter, und spätestens wenn du zum dritten Mal mit lautem Gepolter auf den Boden gekracht bist, werden wir zwei wegen nächtlicher Ruhestörung aus dem Krankenhaus geworfen und müssen dann im Wald übernachten!«

Jetzt musste Kiara doch lachen. »Nein, bestimmt nicht!«

»Na ja, vielleicht auch nicht, aber wir sollten es trotzdem nicht darauf anlegen!«

Sie blickte sich im Zimmer um. »Und wenn du mir deine Jacke gibst und ich sie über das Bett lege und darauf schlafe?«

»Das kannst du gern machen. Und womit decken wir dich zu? Mit ein paar Tempotaschentüchern?«

Ich breitete unsichtbare Taschentücher über ihr aus. Sie lachte noch mehr, und diesmal lachten auch ihre Augen mit.

»Wenn du ab sofort nur noch fröhlich bist und nur noch daran denkst, dass alles wieder gut wird, könnte ich mich allerdings auch dazu überreden lassen, noch einmal rüber zu Julien zu gehen und seinen Mantel zu holen. Der ist herrlich kuschelig und ganz warm! Also, wie stehen die Aktien: versprochen?«

Kiara nickte und gab mir einen Kuss. Ich lief rasch nach nebenan. Als ich zurückkam, hatte Kiara schon meinen Mantel auf dem Beistellbett ausgebreitet. Ich legte Juliens Mantel dazu. »Wird es so gehen?«

Kiara nickte. »Und können wir das Bett ganz nah an deins ranschieben?«

Ich tat ihr den Gefallen, obwohl das für mich bedeutete, dass ich jedes Mal über ihr Bett klettern musste, wenn ich zu oder aus meinem wollte – was in der Nacht, wenn ich mir einen neuen Kühlakku holen musste, nicht gerade praktisch wäre. Wir putzten uns noch die Zähne, dann legten wir uns hin, und ich machte das Licht aus. Kiara griff nach meiner Hand und drückte sie so fest, dass es fast wehtat.

»Kannst du morgen nicht doch mit nach Hause kommen?«, flüsterte sie nach einer Weile in die Dunkelheit unseres Zimmers hinein.

Mir wurde das Herz schwer. Erst als ich sicher war, dass meiner Stimme kein Zittern mehr anzuhören war, wagte ich zu antworten.

»Du willst doch auch, dass ich wieder schön aussehe, oder? Und dafür muss ich noch ein bisschen im Krankenhaus bleiben. Wenn überhaupt, dann habe ich nur hier eine Chance, mein Gesicht wiederzubekommen.«

»Aber du fehlst mir so sehr!«

»Du mir doch auch!«

Sie schob meine Hand unter ihr Gesicht und hielt sie dort ganz fest. Nach einer Weile tropften ein paar Tränen darauf. Ich wollte sie trösten, doch ich wusste nicht, wie und womit, weil es mir nicht anders ging als ihr, und weinte schließlich selbst, ebenso lautlos und um Tapferkeit bemüht wie meine

Tochter. Schon morgen würden sie wieder wegfahren. Schon morgen ...

Der Abschied von ihnen allen fiel mir sehr schwer. Meine Mutter, mein Stiefvater, Leon, Kiara, Julien – immer wieder küsste und umarmte ich sie. Und obwohl ich mir wegen der Kinder fest vorgenommen hatte, nicht zu weinen, liefen mir doch dicke Tränen über die Wangen.

»Eh, ma petite, ça va aller«, brummte Julien mir zu, obwohl auch seine Augen verräterisch glitzerten. In drei Tagen wollte er mit den Kindern nach Spanien fliegen, damit sie pünktlich zum Schulanfang zu Hause waren. Und ich war mir anfangs so sicher gewesen, mit ihnen zusammen nach Hause fliegen zu können ...

Ein letztes »Je t'aime!«, dann stieg auch Julien in den Wagen. Ich sah ihnen nach, bis die Rücklichter des Wagens hinter der ersten Kurve verschwanden. Dann ging ich nach oben in mein Zimmer – und heulte mein Kissen nass.

Am nächsten Morgen hatte ich die Ohren bis in den Gehörgang hinein aufgekratzt. Frau Dr. Schneider betrachtete mein »Nachtwerk« mit hochgezogenen Augenbrauen und seufzte. »Der Gehörgang ist auch total entzündet.«

Sie schickte mich ins Schwesternzimmer, wo ich mir Borwassertamponaden machen lassen sollte. Auch die jetzt nässende Schuppenschicht auf dem Kopf könne man nicht weiter anstehen lassen, hatte sie gemeint. Die Krankenschwester tupfte mir Salbe auf die Kopfhaut: Acid. Salicylic 1,0% Onguent Roche Posay. Als ich mich hernach im Spiegel sah, fand ich, dass ich einem gerupften Huhn nicht unähnlich sah. Auf einmal war ich irgendwie erleichtert, dass Julien nicht mehr da war. Sämtliche Varianten meiner Entstellungen musste er dann doch nicht wirklich miterleben.

Am späten Nachmittag wusch ich mir die Haare, um die Creme wieder loszuwerden. Wie immer ließ ich meine Haare an der Luft trocknen. Die heiße Luft eines Föns hat meine Haut noch nie vertragen. Anschließend ging ich zum Abendessen. Da Julien und mein Sohn jetzt nicht mehr da waren und Judith für zwei Tage nach Hause gefahren war, weil sie in ihrem Büro endlich wieder einmal nach dem Rechten sehen musste, kehrte ich an den Frauentisch zurück. Linda war auch noch immer hier. Die Haut auf ihren Händen war zwar weniger entzündet als vor zwei Wochen, aber doch noch immer nicht abgeheilt.

»Jetzt bist du wieder allein«, meinte sie mitfühlend.

Ich nickte und schluckte. »Und du? Wie lange bleibst du noch?«

»Bis übermorgen.«

»Aber deine Hände sind doch noch gar nicht abgeheilt. Wieso musst du dann schon gehen?«

»Weil die Krankenkasse sich querstellt. Sie wollen nicht länger zahlen. In ihren Augen bin ich austherapiert.«

»Und was sagen die Ärzte dazu?«

Linda hob die Achseln. »Sie könnten schon noch mehr probieren, aber was sollen sie denn machen, wenn die Krankenkasse nicht mehr mitspielt?« Sie hob vielsagend die Augenbrauen und seufzte.

Ich schüttelte den Kopf über die seltsame Politik der Krankenkasse und machte mich nachdenklich über meinen gut gefüllten Teller Bratkartoffeln her. Während ich kaute, hob ich die Hand, um mich am Kopf zu kratzen. Das war bei mir nichts Besonderes. Irgendwo juckte es mich ständig. Aber als ich meine Hand wieder runternahm, hing ein Büschel Haare zwischen meinen Fingern. Ungläubig starrte ich darauf.

»Was ist?«, fragte Linda.

»Ich ... ich weiß nicht ...« Irritiert griff ich mir noch einmal mit der Hand an den Kopf, machte die gleiche Kratzbewegung – und hielt hernach noch ein Büschel Haare in der Hand.

»Nein, das, das schaffe ich nicht«, presste ich hervor, ließ die Haare auf den Boden fallen, erhob mich und wankte nach oben in mein Zimmer. Vor dem Spiegel bewahrheitete sich, was ich ohnehin schon befürchtet hatte: Überall, wo ich die mit der Salbe behandelte verschuppte Kopfhaut berührte, gingen mir die Haare aus. Nicht einzelne, nicht ein Dutzend Haare. Richtige Büschel!

Ich sank auf den Stuhl, griff mir mechanisch wieder und wieder an meinen Kopf und ließ die Haare neben mir auf den Boden fallen.

Was hatte das zu bedeuten? War das die Reaktion auf die neue Salbe?

Meine Zimmertür ging auf. Linda schob sich schüchtern herein.

»Du bist so plötzlich weggegangen – da habe ich mir Sorgen gemacht.«

»Das darf alles nicht wahr sein!« Ich zeigte auf den Boden, auf dem mittlerweile etliche Haarbüschel lagen, und fing zu weinen an. »Das darf doch alles nicht wahr sein!«

Linda ging zu mir, strich mir über den Kopf und hatte hernach selbst ein Büschel Haare an den Fingern.

»Oh Gott«, entwich es ihr, und sie sah mich ebenso erschrocken wie verlegen an. »Ich, also, du meine Güte, ich gehe schnell Frau Dr. Schöne holen. Ich glaube, sie hat heute Nachtdienst.«

Ich nickte und wischte mir über das Gesicht. An meinem Handrücken blieb eine zähe Masse aus abgeschuppten Hautpartikeln und Tränen haften. Angewidert wischte ich sie an meiner Hose ab und empfand auf einmal nur noch Ekel vor mir. Ich war ein Wrack, ein abstoßend aussehendes Monster. Ich war am Ende. Einfach nur am Ende. Ich konnte nicht mehr. Das mit den Haaren war einfach ein Schlag zu viel!

Schon wenige Minuten später kam Linda mit Frau Dr. Schöne zurück. Besorgt kniete sich die Oberärztin vor mich und nahm meine Hand. »Jetzt beruhigen Sie sich erst einmal. Ruhig, ganz ruhig!«

»Aber was ist das denn?«, weinte ich. »Warum verliere ich jetzt alle Haare? Kommt das von der Creme?«

Sie erhob sich und begutachtete meine Kopfhaut und die ausgegangenen Haare. »Nein, mit der Creme hat das nichts zu tun. Die Haare gehen wegen der Schuppen aus.« Sie hielt mir ein paar der Haare hin. »Hier, sehen Sie selbst: Die Schuppen haben die Haare regelrecht abrasiert, nur haben sie bislang mit den Schuppen zusammen an der Kopfhaut geklebt. Jetzt hat die Creme die Schuppen gelöst – und damit zugleich auch die abgebrochenen Haare.«

Ich sah zu ihr auf. »Das überstehe ich jetzt nicht auch noch, wirklich nicht. Erst kein Gesicht mehr und jetzt auch keine Haare mehr, unter denen ich mich verstecken kann!«

»Keine Sorge, sie werden nicht alle ausgehen. Nur da, wo die Schuppen gesessen haben.«

»Aber das ist doch der ganze vordere und obere Bereich! Mit so einer Halbglatze kann ich doch nicht rumlaufen!«

Frau Dr. Schöne sah noch einmal auf meinen Kopf und nickte. »Sie haben recht. Es ist ausgerechnet auch noch vorn. Aber die Haare werden trotzdem nicht alle ausgehen, und sie werden wieder wachsen!«

»Und wann? Mir sind doch auch ohne die Schuppen schon die Haare ausgegangen! Vor einem Jahr hatte ich noch mehr als doppelt so viele Haare!«

»Das wird sich alles wieder geben. Bestimmt!«

Ich sah sie an. Wenn mir jemand anderes gesagt hätte, es würde sich alles wieder geben, hätte ich gedacht, er wolle mich nur trösten. Ihr aber glaubte ich. Trotzdem war dieses »wieder wachsen« noch in weiter Ferne. Ich winkte ab. Es war eine Geste der Ergebenheit. Meine Tränen liefen weiter über meine Wangen. Ich verkroch mich in mein Bett, vergrub mich unter der Decke und fragte mich, wie mein Kopfkissen morgen früh aussehen würde. Wo würde es mehr Haare geben: auf meinem Kopf oder auf dem Kissen? Ich musste an Krebspatienten denken, die ihre Haare bei der Chemotherapie ja auch büschelweise verloren. Trösten konnte mich das nicht. Ich zog mir die Decke über den Kopf und weinte mich in den Schlaf.

KAPITEL 11

Die drohende Entlassung

*Strenge Moralisten sagen: Um glücklich zu sein, muss man
alle Leidenschaften aus sich verdammen. Dieser Rat ist
ungefähr so gut, als wie wenn man einem, der über enge
Stiefel klagt, sagt, er soll sich beide Füß' amputieren lassen,
damit er kein Verdruss mehr mit dem Schuster hat.*

Johann Nepomuk Nestroy

Der massive Haarausfall war genau der Albtraum, der mir in meiner Sammlung noch gefehlt hatte – und er setzte sich unvermindert heftig fort: Da ich noch immer dicke Verschuppungen auf dem Kopf hatte, musste ich die Creme weiter benutzen. Und nach jeder Haarwäsche konnte ich neuen Haarbüscheln nachweinen. Vor allem über den Ohren bis zum Mittelscheitel hin zeigten sich reichlich ausgedünnte Stellen, die von meinen übrigen Haaren nur dann noch einigermaßen »verdeckt« wurden, wenn ich die Haare hinten hochsteckte, womit man, wenn man mich ansah, natürlich den freien, ungebremsten Blick auf mein zerschundenes Gesicht und meinen nicht weniger ramponierten Hals hatte. Aber mit meinen offenen »Resthaaren« sah ich so zerfleddert aus, dass mir gar nichts anderes übrig blieb, als sie zusammenzubinden. Hundert Mal am Tag schwor ich mir, nicht mehr in den Spiegel zu schauen, um dann doch wieder davorzustehen, um mit stets aufs Neue fassungslosem Blick die immer größer und kahler werdenden Stellen am Kopf und die noch immer nässende Schuppenhaut im Gesicht und am Hals zu betrachten und mit den Fingern darüberzustreichen. Gelblich weiß rieselte der tote Hautschnee herab und staubte meine Kleider ein. Ich fand es unglaublich, wie viele Schuppen so ein Körper – meiner! – täglich zu produzieren in der Lage war. Aber wenn dieser – mein – Körper so unglaublich leistungsfähig war, warum, um Himmels willen, richtete er sein Tun nicht endlich einmal auf etwas Sinnvolles, zum Beispiel darauf, mir endlich wieder neue Haut zu schenken?

Ich war in diesen Tagen so niedergeschlagen, dass ich mich fast nur noch in meinem Zimmer verkroch, bekam aber doch am Rande mit, dass etliche der Patienten, die nach mir gekommen waren, schon wieder nach Hause fuhren – und das mit gutem bis sehr gutem Hautbild und entsprechend strahlend. Auch Lukas wurde entlassen; seine Haut hatte sich stabilisiert. Um vierzehn Uhr würde sein Bruder ihn abholen, hatte er mir beim Mittagessen gesagt. Ich erwischte ihn gerade noch, bevor er das Krankenhaus verließ.

»Mal schauen, wie lange ich diesen Zustand diesmal erhalten kann«, meinte er zu mir und richtete mir noch Grüße für Julien aus. »Immerhin war ich in den letzten fünf Jahren sieben Mal hier. Wenn ich wenigstens ein halbes Jahr lang einigermaßen Ruhe hätte, wäre ich schon glücklich!«

»Ich drücke dir auf jeden Fall die Daumen«, versprach ich ihm und wünschte ihm alles Gute.

Er hob seinen Koffer hoch, ging zum Ausgang und winkte mir, ehe die Tür hinter ihm zufiel, noch einmal zu. Ich gönnte ihm und allen anderen ihren Erfolg – nur hätte ich außer ständig neuen Rück- und Tiefschlägen langsam auch gern einmal einen Fortschritt bei mir gesehen.

Ich ging in den Funktionsraum, um die Sauerstofftherapie zu machen, die heute auf meinem Plan stand, und kehrte zurück in mein Zimmer, ohne dort etwas mit mir anzufangen zu wissen. Ich hatte keine Lust zu lesen, nach Fernsehen war mir auch nicht. Unschlüssig ging ich zu meinem kleinen Fenster und blickte hinunter in den Burghof. Das trübe, nasskalte Wetter war auch nicht gerade dazu angetan, meine Stimmung zu heben. Und im gleichen Moment fing es dann auch schon wieder zu regnen an. Ich strich mir über das Gesicht und den Hals, um mich von dem ständigen Kribbeln und Ziehen in der Haut abzulenken, das wieder einmal kaum auszuhalten war, und blies in regelmäßigen Abständen Schuppen und Hautfetzen von meinen Kleidern und dem Fensterbrett, bis ich mich, wieder einmal, im Spiegel ansehen ging, einfach aus der wirren Hoffnung heraus, dass doch endlich, endlich einmal eine kleine Besserung eingetreten sein könnte – um dort aber doch nur das immer gleiche Bild meines nicht enden wollenden Elends vorzufinden. Als ich daran denken musste, dass Julien und die Kinder jetzt wieder zu Hause und damit noch weiter von mir weg waren, war mir endgültig nur noch nach Heulen zumute.

»Nein, Anna, so geht's auf keinen Fall! Ganz und gar nicht! Trübsal blasen und sich selbst leidtun bringt dich auch nicht weiter«, raunzte ich mich an. »Du musst dringend irgendetwas tun, um dich abzulenken und dich auf andere Gedanken zu bringen!«

Kurz entschlossen schaltete ich meinen Laptop an. Nach dem ersten dicken, fetten Roman, den ich bei meiner Ankunft in Spanien verfasst hatte und den niemand hatte verlegen wollen, hatte ich noch vier weitere geschrieben, die sehr wohl veröffentlicht worden sind, und daneben viele Kurzgeschichten und die verschiedensten Berichte für Zeitschriften verfasst. Bisher hatte ich immer und unter allen Umständen schreiben können. »Schreibblockaden« kannte ich nur von Kollegen. Ich öffnete ein neues Dokument. Eine Kurzgeschichte, dachte ich, wenigstens eine Kurzgeschichte müsste ich auch hier zustande bringen können. Die Minuten vergingen, doch die neue Seite blieb leer, während sich auf meinem Schoß eine immer beachtlichere Menge an Hautschuppen ansammelte. Irgendwann konnte ich den Anblick des leeren Dokuments nicht mehr ertragen und schaltete den Laptop kurzerhand wieder aus. Wütend auf mich selbst holte ich mir ein Blatt weißes Papier, wollte wenigstens einen Brief schreiben – aber stattdessen fing ich an zu zeichnen. Ich skizzierte meine linke Hand. Zehn, fünfzehn Minuten brauchte ich dafür. Das Ergebnis konnte sich sehen lassen, obwohl ich schon seit Jahren nicht mehr gezeichnet hatte, da ich dafür zwischen den Kindern und dem Schreiben keine Zeit mehr gefunden hatte. Noch besser aber fand ich, dass ich in diesen zehn, fünfzehn Minuten nicht mit den Händen an meiner Haut herumgestreift und die ganze Zeit über auch nicht an meine Haut gedacht hatte. Nur leer und ruhig war ich gewesen, einfach nur herrlich leer und ruhig.

Ich schnappte mir gleich das nächste Blatt Papier und zeichnete meine Schuhe, ein zerknülltes Papier, die Aussicht aus dem Fenster, meine Tasche – und brachte auf diese Art den ersten halbwegs innerlich ruhigen Nachmittag seit der Abreise von Julien und den Kindern hinter mich. Und ich schöpfte Hoffnung, Mut und Zuversicht. Endlich wieder.

Als Frau Dr. Schneider am nächsten Morgen zur Visite kam, merkte ich ihr gleich an, dass sie etwas auf der Seele hatte.

»Was ist denn?«, fragte ich sie und versuchte es einmal mehr mit Galgenhumor: »Viel weiter bergab kann es mit mir doch nun ohnehin nicht mehr gehen.«

Frau Dr. Schneider lächelte schief. »Bergab nicht, aber, nun, ich weiß gar nicht, wie ich Ihnen das beibringen soll. Es ist nämlich so, dass ich keine guten Nachrichten für Sie habe: Die Krankenkasse hat unseren Antrag auf Verlängerung für Sie abgelehnt.«

»Wenn das ein Witz sein soll, dann ist es kein guter«, gab ich mit schlagartig trockener Kehle zurück.

»Nein, das ist leider kein Witz. Die Krankenkasse steht auf dem Standpunkt, dass Sie austherapiert sind.«

»Austherapiert? Mit der Visage?« Hitze schoss mir ins Gesicht. Ich kratzte mich am Ohr. Hautschuppen rieselten auf meinen Pulli und in meinen Schoß.

»Nun ja, de facto können wir hier in der Tat nicht mehr viel für Sie tun: Das Cortison ist abgesetzt, und es braucht einfach Zeit, bis sich Ihre Haut beruhigen wird. Sie wissen, wie Sie mit den Kratzattacken umgehen müssen, haben verschiedene Entspannungstechniken gelernt, kennen die Lebensmittel, die Sie vertragen.«

»Neun«, warf ich heiser dazwischen.

»Und Salben vertragen Sie derzeit keine, womit wir also auch kein Argument haben, dass Sie noch hierbleiben müssten«, fuhr sie fort. »Den Rest wird die Zeit bringen. Und die psychologische Betreuung können Sie zu Hause ambulant fortführen.«

»Wenn ich mich so auf die Straße traue und auf dem Weg zum Psychologen nicht als vermeintlicher Außerirdischer oder wegen Erregung öffentlichen Ärgernisses festgenommen werde.« Ich stand auf, ging zum Fenster und biss mir auf die Lippen, um vor Wut und Verzweiflung nicht loszuschreien.

»Ich kann mir gut vorstellen, was jetzt in Ihnen vorgeht«, sagte Frau Dr. Schneider leise. »Aber was sollen wir denn machen? Uns sind die Hände gebunden!«

»Geben Sie mir wenigstens noch ein paar Wochen, bis die Haut sich endlich wirklich beruhigt. Ich bin mit dem Zug hergekommen – und muss auch mit dem Zug zurückfahren. Würden Sie sich mit dem Gesicht in einen Zug setzen wollen?« Ich drehte mich wieder zu ihr um und sah sie fragend an.

Frau Dr. Schneider zuckte hilflos mit den Schultern.

»Und zu Hause ist das auch nicht wie in einer Kurklinik: die Kinder. Sie wollen versorgt werden, haben Hausaufgaben, Prüfungen in der Schule, sie wollen Freunde mit nach Hause bringen.« Mir brach die Stimme weg. Natürlich sehnte ich mich nach meinen Kindern und Julien, aber die Angst, so unter Menschen zu müssen, war noch größer. Und auch vor den Kindern fühlte ich mich wie ein Versager auf

168

der ganzen Linie: Jetzt hatte ich sie so lange allein gelassen und ihnen bei meiner Rückkehr nichts Besseres zu bieten als dieses »Gesicht« …

»Wir könnten noch einmal Blindtests durchführen«, meinte Frau Dr. Schneider zögernd. »Wenn ich die als Argument anführe, könnte ich vielleicht noch ein oder zwei Wochen rausholen. Die Tests kann man nicht allein zu Hause durchführen, und Ihre Ernährungssituation ist in der Tat dramatisch.« Sie sah mich abwartend an.

»Wenn das der einzige Weg ist«, seufzte ich und dachte schon jetzt mit Schrecken an die Nächte, die mir das wieder bescheren würde. Aber vielleicht würde ich so ja doch auch noch ein paar Lebensmittel finden, die ich vertrug. Ich nickte also zustimmend.

»Und ich mache ein neues Foto von Ihnen und maile es gleich an die Krankenkasse. Vielleicht haben sie dann ein Einsehen.«

Ich nickte erneut. Mir war alles recht, solange ich nur nicht mit meiner offenen, ungeschützten Haut aus den schützenden Mauern dieses Hauses herausmusste.

Zehn zusätzliche Tage konnte Frau Dr. Schneider herausschinden. Als sie mir sagte, dass es auch keinesfalls mehr werden würden, verschlimmerte sich meine Haut prompt noch ein bisschen mehr. Ich sah Frau Dr. Schneider an, wie leid es ihr tat, und glaubte ihr, dass sie nicht mehr für mich hatte herausholen können. Die neue Hautverschlimmerung wunderte sie nicht. Angst sendet nun einmal keine Impulse für Heilung aus.

Ich nutzte in der wenigen mir noch verbleibenden Zeit weiter die Entspannungsmöglichkeiten und nahm an allen angebotenen Schulungsmaßnahmen teil. Besonders wertvoll empfand ich einen Vortrag von Frau Dr. Schöne über Neurodermitis. Für mich war vor allem hilfreich, was sie zum Thema Stress zu sagen hatte. Mir war natürlich klar, dass Stress das Hautbild verschlechterte. Doch wie konnte man Stress vermeiden? Oder, wenn man ihn schon nicht vermeiden konnte: Wie konnte man lernen, anders mit ihm umzugehen? Frau Dr. Schöne gab uns ein sehr schönes Beispiel:

»Wenn Sie mit Ihrem Partner über die Planung des kommenden Wochenendes reden möchten, Ihr Partner jedoch lieber ein Fußballspiel oder ein Autorennen sehen möchte – was machen Sie da?«

»Mich ärgern«, erscholl es von einer Mitpatientin hinter mir.

»Mit ihm zu diskutieren anfangen«, meinte eine weitere Stimme.

Frau Dr. Schöne lachte. »So habe ich es früher auch gemacht, aber wahrscheinlich, genau wie Sie, doch nichts damit geändert.«

Mit dieser Bemerkung erntete sie eine Reihe herzhafter Lacher.

»Heute lasse ich meinem Mann sein Fußballspiel oder sein Autorennen und kündige lediglich an, dass ich nach dem Spiel oder dem Rennen mit ihm reden möchte – und setze mich derweil ganz entspannt in eine Ecke und lese ein Buch.«

Wieder lachten viele; auch ich. Denn ich erkannte mich in diesem Rollenspiel wieder. Auch wenn sich Julien weder für Fußball noch für Autorennen interessierte, gab es doch auch in meinem und unserem Leben zuhauf Situationen, in denen ich immer alles sofort und jetzt gleich erzwingen wollte, und damit mich (und natürlich auch die anderen) mächtig unter Druck setzte. Warum nicht einfach warten und sich bewusst entspannen, bis die Zeit für ein Vorhaben reif ist? Ich musste an ein beschriftetes Holzbrettchen denken, dass bei meiner Großmutter im Hausflur hängt:

»Gott, gib mir die Gelassenheit, Dinge hinzunehmen, die ich nicht ändern kann; den Mut, Dinge zu ändern, die ich ändern kann, und die Weisheit, das eine vom anderen zu unterscheiden.«

Dies war ein Thema, das mich noch lange verfolgen sollte – und noch immer verfolgt.

Außerdem sprach Frau Dr. Schöne auch über histaminarme Ernährung. Obwohl ich hier im Krankenhaus inzwischen schon einiges über Histamin gelernt hatte, verstand ich erst nach ihrer Erklärung wirklich, welch großen Einfluss die Ernährung in der Regel auf den Verlauf der Neurodermitis hat und wie wichtig es für Neurodermitiker ist, auf eine möglichst histaminarme Ernährung zu achten, da die meisten von ihnen zugleich unter Histaminintoleranz leiden und auf histaminreiche Ernährung mit einer Verschlechterung ihres Hautbildes reagieren. Ich nahm mir ihre Worte zu Herzen und achte seither peinlichst genau darauf, beim Essen und Trinken so wenig Histamin wie möglich zu mir zu nehmen. Und schon jetzt sei dem Leser verraten: Meiner Haut hilft das sehr!

◆ ◆ ◆

Unter Histaminintoleranz versteht man eine Unverträglichkeit gegenüber dem mit der Nahrung aufgenommenen Histamin, deren Ursache wahrscheinlich ein Mangel des Histamin abbauenden Enzyms Diaminoxidase (DAO) oder ein Missverhältnis zwischen Histamin und DAO ist. Frauen scheinen öfter unter Histamintoleranz zu leiden als Männer.

Histamin gehört zu den biogenen Aminen und entsteht in verschiedenen Lebensmitteln durch den bakteriellen Abbau der Aminosäure Histidin. Dieses biogene Amin findet sich vor allem in leicht verderblichen, eiweißreichen tierischen Lebensmitteln (z. B. Fisch und Fischprodukte, vor allem Fischkonserven. Der Histaminanteil ist umso höher, je weniger frisch der Fisch ist). Es wird aber auch in solchen Lebensmitteln gebildet, die im Verlauf der Verarbeitung, Reifung und Lagerung biochemischen und mikrobiellen Veränderungen unterliegen. So finden sich z. B. auch in Sauerkraut, Wurst, Essig, Bier oder Käse hohe Histaminwerte. In langsam reifenden Käse- und Wurstsorten (wie Roquefort, Parmesankäse, Salami, Schinken) bilden sich höhere Histaminkonzentrationen als in weniger lange gereiften Produkten (z. B. jungem Gouda). Manche Lebensmittel haben auch von Natur aus einen hohen Histaminwert, wie zum Beispiel Tomaten (oder Ketchup). Zudem ist Histamin kälte- und hitzeresistent, kann also weder durch Einfrieren noch durch Kochen zerstört werden.

Die meisten Menschen vertragen selbst große Mengen Histamin problemlos und profitieren überdies von den wichtigen positiven Eigenschaften, die Histamin ebenfalls vorweist: Es hilft z. B. bei der Wundheilung und als Signalüberträger (Neurotransmitter) für Nervenzellen. Bei Menschen, die unter Histaminintoleranz leiden, ist der Histaminabbau gestört. Dadurch gelangt das Histamin durch die Darmbarriere in den menschlichen Kreislauf und wird über die Blutbahn in die Leber geleitet, und damit fangen die Probleme an. Eine Diät mit histaminarmen Lebensmitteln wirkt sich daher oft günstig auf das Hautbild eines Neurodermitikers aus.

Bei Personen mit erhöhter Histaminsensibilität können bereits 8 bis 40 Milligramm Histamin erste Krankheitssymptome hervorrufen. Je nachdem, was man isst, überschreitet man diese Grenze sehr schnell: Roquefort z. B. enthält 2000 Milligramm Histamin pro Kilo, ein Liter Rotwein bis zu 4000 Milligramm. Um das Ganze noch zu komplizieren, gibt es auch noch Histaminliberatoren, Substanzen also, die den Körper dazu bringen, Histamin freizusetzen. Außer verschiedenen Medikamenten gehören hierzu Alkohol, Nikotin, Kaffee und verschiedene Obstsorten. Auch Stress ist ein Histaminliberator.

Zum Abschluss möchte ich noch erwähnen, dass nicht nur sehr viele Neurodermitiker unter einer Histaminintoleranz leiden, sondern auch viele Menschen, die mit Asthma, Heuschnupfen, Migräne oder Hypotonie zu kämpfen haben, und die deswegen, ebenso wie Neurodermitiker, durch eine »simple« Diät eine erhebliche Besserung ihrer Symptomatik erreichen können.

Weitere Informationen zur Histaminintoleranz finden Sie im Anhang.

KAPITEL 12

Abschied

Alle Menschen lassen ein wenig von sich selbst zurück,
wenn sie weggehen.

David Rocheford

Es regnete wieder einmal. Ich beschloss, den Nachmittag mit meinem am Vortag neu gekauften Buch im Bett zu verbringen, wollte aber vorher noch duschen und mir die Haare waschen. Inzwischen hatte der durch die Schuppen bedingte Haarausfall ziemlich nachgelassen, da die grobe Schuppenschicht dank der Salbe allmählich abgetragen war; nur der »normale«, durch die lange Cortisoneinnahme bedingte Haarausfall hielt weiter an. Wenn die Haare frisch gewaschen waren, konnte ich den Anblick meiner »Restfransen« leichter ertragen. Nach dem Duschen machte ich es mir im Bett bequem und begann zu schmökern. Nach einer Stunde merkte ich, wie ich mich immer weniger auf mein Buch konzentrieren konnte, weil meine Haut »zu arbeiten« begann. Entnervt erhob ich mich und sah mich im Spiegel an. Von einem normalen Zustand war meine Haut immer noch weit entfernt, aber als ich mich jetzt ansah, schien es mir, dass meine Haut unter ihrem Schuppenpanzer noch röter und gereizter als die letzten Tage war. Und auch meine Armbeugen und Schultern juckten höllisch, was sich im Lauf des Abends noch weiter verschlimmerte. Ich fragte mich, ob ich jetzt vielleicht auf das Duschgel reagierte, maß dem Ganzen aber noch keine weitere Bedeutung bei. Zwei Tage später duschte ich mich wieder – diesmal bewusst ohne Duschgel und ohne Haarwaschmittel. Trotzdem fing meine Haut nach einer Stunde wieder »zu arbeiten« an. Am nächsten Morgen erzählte ich der Oberärztin bei der Visite davon.

»Kann es sein, dass meine Haut schon auf den bloßen Kontakt mit Wasser reagiert?«

Frau Dr. Schöne hob die Augenbrauen. »Lassen Sie es mich so formulieren: Prinzipiell halte ich nichts für unmöglich, aber eigentlich kann ich mir das nicht vorstellen. Haben Sie vielleicht besonders heiß geduscht? Oder sehr kalt?«

Ich schüttelte den Kopf. »Das Wasser war lauwarm. Ich hatte früher schon öfter mal den Verdacht, dass ich Wasser im Gesicht nicht gut vertrage, wenn die Haut entzündet ist, und habe deswegen gestern ganz bewusst nur meinen Körper geduscht. So heftig, wie sich mein Gesicht derzeit abschuppt, gibt es da ohnehin nicht viel, was man waschen müsste. Die ›Haut‹ ist ja praktisch jeden Tag neu.«

»Für den Moment würde ich dem Ganzen nicht weiter Beachtung schenken. Aber beobachten sollten Sie es trotzdem weiter.«

»Aber wenn ich jetzt wirklich kein Wasser mehr vertrage – was mache ich denn dann? Ich meine, wie soll ich mich denn ohne Wasser duschen und die Haare waschen?«

Frau Dr. Schöne strich mir über den Arm. »Jetzt warten Sie doch erst einmal ab. Vielleicht hängen die neuen Hautrötungen und -reizungen ja auch mit etwas anderem zusammen!«

Ich beschloss, ihrem Rat zu folgen und mir erst einmal keine Sorgen zu machen. Wenn ich mich jetzt verrückt machte, würde das den Heilungsprozess meiner Haut kaum fördern, und schon in drei Tagen sollte ich entlassen werden. Ich entschied, dass es das Beste war, bis dahin gar nicht mehr zu duschen.

Je näher meine Heimreise rückte, desto nervöser und verunsicherter wurde ich. Fast sechs Wochen war ich nun im

Krankenhaus, Zeit genug, um sich an diesen Zustand zu ge-
wöhnen, an das Umsorgtwerden, das Beschützt sein und daran, dass immer jemand für einen da ist, wenn man jemanden
braucht. Ruhige Freundlichkeit, endlose Geduld, viel Trost
und Zusprache und jede Menge Hilfe hatte ich hier gefunden und auf einer Wolke des Laisser-faire schweben können.
Wenn es Probleme gab, waren die Ärzte und die Schwestern
zuständig. Sie alle waren so nett gewesen, dass ich meine
ursprüngliche Angst, auch hier vielleicht auf eine »Dragonerin« zu treffen, schnell hatte vergessen können. Ich hatte
Vertrauen zu den Ärzten und den Schwestern entwickelt,
sehr großes Vertrauen sogar, und es fiel mir schwer, diesen
wohlbehüteten Schutzraum zu verlassen.

In diesen letzten Tagen ging mir oft das Wort Hospitalis-
mus durch den Kopf – das eigentlich das gerade Gegenteil
von dem bezeichnet, was ich hier vorgefunden hatte, und alle
negativen körperlichen und seelischen Begleitfolgen eines
längeren Krankenhaus- oder Heimaufenthalts oder einer In-
haftierung umfasst, die durch mangelnde Umsorgung und
lieblose Behandlung hervorgerufen werden können. Bei mir
war es gerade umgekehrt. Ich hatte Angst vor der Rückkehr
in den Alltag. Sosehr ich Julien und meine Kinder vermisste,
so sehr fürchtete ich mich auch vor den Anforderungen, die
mich zu Hause erwarteten: Der Kraftakt, bis ich die Kinder
morgens in Richtung Schule in Bewegung gesetzt hatte, dann
aufräumen, putzen, kochen, waschen, bügeln, Leon beim
Lesenlernen, Kiara bei den Hausaufgaben helfen und sie für
Arbeiten vorbereiten, geschwisterliche Rangeleien schlich-
ten, Konflikte austragen. Hier im Krankenhaus gab es nur
mich und mein kleines Zimmer, das mir in diesen Wochen zu
meiner zweiten Haut geworden war. Hier sah mich niemand,
der mich nicht sehen sollte. Hier forderte niemand etwas von
mir. Es ging alles nur nach meinem Rhythmus. Die höchste
Anforderung, die an mich gestellt wurde, war die, nicht die

Essenszeiten zu verpassen – und dass dies nicht geschah, dafür sorgte schon mein knurrender Magen.

In den nächsten Tagen wurde meine Haut erneut unruhiger. Diesmal ganz ohne neue Duschversuche und neuen »Blindtest«.

»Das kennen wir«, meinte Frau Dr. Schöne. »So geht es vielen kurz vor der Entlassung. Aber wenn Sie den Schritt zurück in die Welt erst einmal getan haben, gibt sich das sehr schnell wieder.«

»Aber mit dem Gesicht …« Ich sah sie an, wollte erneut um einen Aufschub bitten, um Gnade, nicht mit dieser Monsterfratze in die Welt da draußen gejagt zu werden, brachte aber kein Wort heraus.

Frau Dr. Schöne verstand mich auch so. Bedauernd schüttelte sie den Kopf. »Sie wissen, dass eine Verlängerung Ihres Aufenthalts nicht in meiner Macht liegt. Die Krankenkasse will nicht mehr verlängern. Sie haben inzwischen ja schon mitbekommen, dass dies auch manch anderem so geht.«

Ich schluckte und nickte. Eine Lehrerin aus Hamburg, privat krankenversichert, war gerade die Woche zuvor entlassen worden. Auch ihre Haut war noch weit davon entfernt gewesen, ausgeheilt zu sein. Sie hatte geheult wie ein Schlosshund, aber ihre Krankenkasse hatte nicht mehr »mitgespielt«. Ich fragte mich, ob bei diesen Kassen eigentlich nur Taschenrechner und spitze Bleistifte arbeiteten. Was glaubten die eigentlich, was ein Patient, ein Mensch alles aushalten kann?

»Sie schaffen das«, meinte Frau Dr. Schöne mit aufmunterndem Nicken. »Sie werden sehen: Die Explosion der Haut aufgrund des Absetzens der Cortisontabletten wird in den nächsten Wochen allmählich nachlassen. Damit wird auch die Haut anfangen abzuheilen. Und wenn alle Stricke reißen, kommen Sie eben wieder. Wir sind immer da.«

»Wenn das so ist, komme ich gleich einen Tag später wieder«, versuchte ich zu witzeln. Sie erwiderte mein Grinsen. Ihres war echt. Meines schief und gezwungen.

Das Abschiednehmen am nächsten Morgen fiel mir sehr schwer. Nach dem Frühstück sagte ich zunächst den anderen Patienten Adieu. Von den Patienten, die mit mir angekommen waren, war inzwischen niemand mehr da, auch von den später angekommenen waren viele schon wieder weg, aber auch unter denen, die erst in den letzten Tagen eingewiesen worden waren, waren etliche, mit denen ich mich gut verstanden und lange Gespräche geführt hatte. Wir wünschten einander das Beste und ergingen uns in aufmunternden »Wird schon!«-Versicherungen, obwohl uns allen klar war, dass niemand wusste, »was würde«. Die Neurodermitis war ein Boot, dessen Steuerung allzu oft eine andere, geheime Kraft in die Hände nahm. Eine Frau aus Dresden, die am Tag nach meiner Ankunft mit wunderschöner Haut entlassen worden war, war vor wenigen Tagen zurückgekommen: krebsrot und aufgekratzt vom Kinn bis zu den Füßen. Ich hatte sie seither schon mehrmals in ihrem Zimmer bitterlich weinen hören. Auch eine Polizistin aus Gotha war wieder da: Sie war eine Woche vor meiner Einweisung entlassen worden. Sie war der andere spektakuläre Fall, der gar keine Cremes vertrug. Die ersten Patienten und Frau Dr. Schneider hatten mir eben aus diesem Grund schon von ihr erzählt. Bei ihr war, wie bei mir, vor allem das Gesicht stark betroffen. Als ich sie zum ersten Mal mit ihrem entzündeten, verschwollenen Gesicht sah, fragte ich mich unwillkürlich, wie sie »eigentlich« aussah. Eine Frage, die sich andere vor allem derzeit bei meinem Anblick sicher auch stellten.

Der Abschied von den Ärzten und Schwestern fiel mir noch schwerer. Sie alle hatten eine Riesengeduld mit mir gehabt – und das auch dann noch, wenn ich sie morgens um vier aus lauter Verzweiflung überfallen hatte – und mir mit ihrem nie versiegenden Optimismus und ihrem Wissen über so manche Klippe hinweggeholfen. Natürlich bekam ich von Ihnen noch viele gute Ratschläge und überdies eine lange Liste von Lebensmitteln, die ich nicht essen durfte, und eine kürzere von Lebensmitteln, an die ich mich, bei gebesserter Haut, langsam herantasten sollte. Auf der Verbotsliste standen vor allem histaminreiche Lebensmittel, Zitrusfrüchte, Kaffee, Weißmehl und jedwede Zuckerart, auf der Gebotsliste »Grünfutter« und Vollkornprodukte, aber auch Elstaräpfel und Fleisch in Maßen.

Der Hausmeister erwartete mich im Burghof. Er hatte mir angeboten, mich zum Bahnhof zu fahren, und meinen Koffer schon ins Auto geladen. Am Bahnhof verabschiedeten wir uns. Als ich ihn, das letzte Bindeglied zur Klinik, wegfahren sah, wurde mir ziemlich beklommen zumute: Ab jetzt musste ich zusehen, wie ich allein zurechtkam. Aber immerhin war ich hier gut vorbereitet worden. Es wird schon werden, sagte ich mir, und es muss ja auch.

Ich ging zum Schalter und löste mein Bahnticket für die Heimfahrt bis nach Frankfurt am Main. Der Bahnbeamte war aus dem Ort und fand nichts bei meinem Gesicht. Als ich in den Zug stieg und zu meinem Platz ging, spürte ich dagegen sehr wohl die Blicke der anderen Bahnreisenden auf mir. Nachhaltig. Neugierig. Irritiert. Unwillig. Angeekelt. Mitleidig. Verlegen. Erschrocken. Ungläubig.

Augen zu und durch, machte ich mir Mut, und versuchte, mir nicht anmerken zu lassen, wie sehr mich ihre Blicke störten und verunsicherten, wobei es für mich einerlei war, ob sie nun eher von Mitgefühl oder von Ablehnung geprägt waren. Allein die Tatsache, dass sie ihre Augen nicht mehr von mir abwendeten und mir nachsahen, traf mich schon bis ins Mark.

Augen zu und durch, ja. Das konnte ich mir sagen. Aber auch das machte es nicht einfacher, diese Blicke zu ertragen, zumal ständig neue Leute einstiegen, die mich dann wieder anstierten. Am liebsten hätte ich mich in Luft aufgelöst. Aber das konnte ich leider nicht.

In Frankfurt holte mich meine Mutter vom Bahnhof ab. In unseren unzähligen Telefongesprächen hatte ich ihr beschrieben, dass ich noch immer grauenhaft aussah. Trotzdem erschrak sie vor meinen Anblick und konnte dies auch kaum verbergen.

»Du meine Güte, Kind, da hast du aber in der Tat noch viel vor dir!«

Und mein Stiefvater meinte: »Um Himmels willen, wie dünn du geworden bist!« Auch dies war wahr. Aber wie sollte ich bei meiner speziellen »Diät« auch nur einigermaßen das Gewicht halten können? Immerhin waren die letzten Tage dank der Blindtests noch ein paar neue verträgliche Lebensmittel hinzugekommen. Jetzt konnte ich auch frischen Lachs, Lamm, Auberginen, Staudensellerie, Chicorée und Gurken essen. Damit war meine Lebensmittelliste immerhin auf fünfzehn Produkte angestiegen.

Auch auf dem Weg zum Wagen meiner Mutter richteten sich viele Augen auf mich. Entsprechend erleichtert war ich, als ich endlich im Auto meiner Mutter untertauchen konnte und vor weiteren Blicken abgeschirmt war. In einem Anfall von aufwallender Wut dachte ich, dass man den Mitarbeitern der Krankenkasse einmal so ein Gesicht verpassen sollte, nur für einen Tag – und sie dann quer durch diese Heile-Gesicht-Welt im Zug schicken sollte. Danach verstünden sie vielleicht besser, was sie mir zugemutet hatten und wie unendlich lang einem dreihundertfünfzig Kilometer im Zug und das Durchqueren eines Bahnhofs werden konnten.

Eine Dreiviertelstunde später erreichten wir den Wohnort meiner Mutter. Bevor wir nach Hause konnten, musste ich erst noch zu meinem Hausarzt. Ich brauchte eine Krankmeldung von ihm zur Vorlage bei meiner Krankenkasse. Während ich im Wartezimmer saß, fragte ich mich, wie er wohl auf meinen Anblick reagieren würde. Würde ihm aufgehen, welche Lawine er mit seiner unsäglichen Cortisonspritze losgetreten hatte? Warum hatte er nicht einfach erkennen und zugeben können, dass er von Neurodermitis schlicht keine Ahnung hatte? Hätte er mich damals nicht an einen Facharzt überweisen können? Oder am besten gleich in diese Hautklinik? Mein Gott, wie viel wäre mir erspart geblieben! Letztlich hatte er mich dann zwar doch in die Hautklinik überwiesen, aber erst, als ich ihn – am Telefon – dringend darum gebeten hatte. Und die gute Wahl des Krankenhauses war auch nicht sein Verdienst gewesen, sondern der des Neurodermitisverbandes in Boppard.

Die Sprechstundenhilfe bat mich ins Wartezimmer. Kurz darauf kam der Arzt. Er sah mich kurz an und versank dann in meiner Krankenakte. Ich gab ihm den Kurzbericht vom Krankenhaus.

»Das Cortison ist jetzt abgesetzt«, fügte ich noch hinzu.

»Soso, aha«, brummte er, sah mich noch einmal kurz an, sagte aber nichts weiter. Auch Details über den Krankenhausaufenthalt wollte er nicht wissen.

»Und was kann ich jetzt für Sie tun?«, fragte er lediglich.

»Ich brauche eine Krankmeldung.«

»Ja, die können Sie natürlich haben.« Er füllte den entsprechenden Zettel aus. Als er ihn mir reichte, sah ich, dass er mich gleich für einen Zeitraum von sechs Wochen krankgeschrieben hatte. Ich fragte mich, ob er immer so großzügig war oder vielleicht doch ein schlechtes Gewissen hatte.

»Und wie sieht Ihre weitere Behandlung jetzt aus?«

Ich erklärte es ihm kurz. Als er hörte, dass ich im Wesentlichen »nur« Diät machte und alles Weitere mit der Zeit mittels verschiedener Mineralstoffe, Vitamine und Entspannungsübungen abheilen sollte, hob er zweifelnd die Augenbrauen. Kurz darauf stand er auf und rauschte mit seinem wehenden weißen Kittel zu dem schon im Nebenzimmer wartenden Patienten. Als er die Tür hinter sich schloss, dachte ich: So dickhäutig wäre ich auch gern mal.

Anschließend konnte ich endlich im Haus meiner Mutter untertauchen. Zwei Tage Schonfrist hatte ich hier, bis ich nach Hause flog. Ich rief die Kinder an. Sie freuten sich, dass es jetzt nicht mehr lange dauerte, bis ich bei ihnen war. Vor allem Kiara war ganz aufgedreht und plapperte in einem fort. Die Erleichterung, dass ich aus dem Krankenhaus entlassen war, schwang in jedem ihrer Worte mit. Auf einmal freute auch ich mich, nach Hause zu kommen, und konnte darüber sogar für einen Moment die Angst vergessen, die ich – trotz allem – vor dem hatte, was mich im Alltag erwartete.

KAPITEL 13

Erste Schritte zurück ins Leben

*Wer nicht kämpft, hat verloren, wer nicht aufgibt,
geht den Weg menschlicher Würde.*

Gheed Hellsing

Als ich aus dem Flugzeug ausstieg, pochte mein Herz bis zum Halse – die Kinder und Julien ... Jetzt musste ich nur noch meinen Koffer holen, durch die Schiebetür da vorn gehen, und dann konnte ich sie alle in die Arme schließen. Auf einmal ging mir alles viel zu langsam. Als sich die Schiebetür am Ausgang endlich öffnete, warf ich einen Blick hinaus, konnte meine Lieben aber nicht entdecken und ging zurück zum Kofferband, das sich noch immer nicht in Gang gesetzt hatte. Nervös lief ich auf und ab, warf wieder einen Blick nach draußen, konnte noch immer niemanden entdecken; dann kamen wenigstens die Koffer angewackelt. Schnell schnappte ich mir mein Gepäck, eilte zum Ausgang, ging hinaus – und noch ehe ich sie gesehen hatte, klebten mir auf einmal meine Kinder am Hals.

»Wo kommt ihr denn her?«, lachte ich und küsste sie wieder und wieder.

»Wir hatten uns versteckt!«, jubelten sie, bedeckten mich mit Küssen und Freudentränen, plapperten gleichzeitig und immer lauter los, um mir haarklein und völlig aufgeregt zu erzählen, was sie alles für mich vorbereitet hatten und wie froh sie waren, mich wiederzuhaben. Eine Mama zum Anfassen war eben doch etwas anderes als eine, zu der man wochenlang nur per Telefon Kontakt hatte – und es war ihnen völlig egal, wie ich aussah. Hauptsache, ich war endlich, endlich wieder da.

Überglücklich schaute ich über ihre Köpfe hinweg zu Julien, konnte ihn aber erst in die Arme schließen, als die Kinder wenigstens mal für drei Sekunden von mir abließen. Zugleich dachte ich an Frau Dr. Schönes Worte: »Zu Hause wird sich Ihre Haut beruhigen. Den restlichen Heilungsprozess der Haut bekommen Sie auch allein hin. Sie nehmen ja viel Wissen mit.« Es musste funktionieren. Es musste ganz einfach. Noch einmal eine derart lange Trennung konnte und wollte ich uns allen nicht zumuten.

Die ersten Tage ging tatsächlich alles viel besser und problemloser, als ich befürchtet hatte. Die Kinder gaben sich solche Mühe, brav zu sein, dass ich regelrecht gerührt war, und Julien riss sich beide Beine aus, um mir zu zeigen, wie gut er alles im Griff hatte. Ich war froh, dass er jetzt bei uns wohnte. Anders hätte das alles mit dem Krankenhaus und den Kindern auch gar nicht funktioniert. Er hatte das Haus auf Hochglanz poliert, die Kinderzimmer präsentierten sich so ordentlich wie selten, den Kühlschrank hatte er bis oben hin gefüllt – und dabei auch noch an die »Besonderheiten« meiner Ernährung gedacht. Ich brauchte mich nur hinsetzen und die Beine hochlegen. Und vor allem: Ich brauchte nicht aus dem Haus gehen und mich nicht den betroffenen, fragenden, erschrockenen und – teilweise – angeekelten Blicken meiner Mitmenschen aussetzen. Schon allein das rechnete ich ihm hoch an.

Durch den Flug hatte meine Haut etwas gelitten, Klimaanlagen waren schon immer ein K.-o.-Schlag für meine Haut gewesen, aber nach ein paar Tagen hatte sich der Zustand meiner Haut wieder auf das Niveau eingependelt, das sie auch beim Verlassen der Klinik gehabt hatte: grauenhaft anzusehen, aber zumindest so stabil, dass ich Veränderungen wieder wahrnehmen konnte. An meiner Minimaldiät änderte ich zunächst nichts. Zuerst musste ich andere Dinge ausprobieren. Mehr als eine Veränderung alle zwei oder drei Tage war ohnehin nicht sinnvoll, weil ich so nie genau feststellen konnte, warum sich der Zustand meiner Haut nun verbesserte oder verschlechterte. Vorrang hatte für mich das Duschen, das ich bisher weiter vor mir hergeschoben hatte. Am vierten Tag nach meiner Heimkehr brachte ich endlich den nötigen Mut auf. Ich duschte lauwarm, ohne Seife – und war eine Stunde später im Gesicht, am Hals, den Schultern und den Armbeugen feuerrot. An etlichen Stellen begann die Haut sogar noch heftiger zu nässen als sonst. Ich wartete zwei Tage ab, bis sich die Haut wieder einigermaßen beruhigt hatte, und duschte diesmal nur kurz meine Beine ab. Das Ergebnis unterschied sich nicht vom ersten Versuch. Entsprechend groß war mein Schreck. Ich konnte jetzt doch nicht auch noch wirklich und wahrhaftig auf Leitungswasser reagieren. Wir haben bei uns sehr gutes, weiches Wasser. Bevor ich diese katastrophale »Cortisontherapie« begonnen hatte, hatte ich mich doch auch duschen können, ohne mich hinterher regelrecht zu häuten.

»Und wenn du es einmal mit Mineralwasser versuchst?«, meinte Julien. »Vielleicht reagierst du nur auf das Chlor im Leitungswasser.«

Ich nickte und »duschte« mich zwei Tage später mit einem Acht-Liter-Kanister des edelsten stillen Mineralwassers. Das würde auf die Dauer zwar eine teure Hautreinigung werden, aber immerhin: Ich könnte mich wenigstens wieder richtig waschen. Der Zweck heiligt bekanntermaßen ja die Mittel. Allerdings: Der Effekt war leider derselbe wie nach der Dusche mit Leitungswasser. Meine Haut wurde feuerrot und nässte. Diesmal ging sogar die Brust wieder mit auf, die in den letzten drei Wochen eigentlich schon ganz gut wieder abgeheilt war.

»Und wenn wir Quellwasser besorgen?«, schlug Julien vor. »Bestimmt hat auch das Mineralwasser irgendwelche Zusätze. Aber in Quellwasser kann nichts drin sein.«

»Versuchen wir es«, seufzte ich. In der Abenddämmerung fuhren wir in den Nachbarort, wo es eine Quelle gab. Für die Kinder war das Ganze ein riesiges Vergnügen. Bepackt mit Wasserkanistern stapften wir in den Wald, suchten nach der Quelle, deren Lage mir eine Freundin beschrieben hatte, und befüllten unsere Kanister. Drei Tage musste ich diesmal warten, bis sich die Haut wieder beruhigt hatte, dann konnte ich es erneut wagen. Mit bangem Herzen kippte ich ein bisschen Wasser über meine Beine. Ich wünschte mir so sehr, dass es nun endlich klappen würde. Irgendwie musste ich mich doch zukünftig waschen können. Ich begann also ganz, ganz behutsam mit der Waschung. Doch schon zwei Stunden später war meine Haut wieder feuerrot. Heulend verkroch ich mich ins Bett und kühlte die brennenden, juckenden, nässenden und stark überwärmten Stellen mit tiefgefrorenen Kühlakkus.

Am nächsten Morgen rief ich Frau Dr. Schöne im Krankenhaus an.

»Na ja, wie schon gesagt: Geben tut es alles«, erwiderte sie auf meine Schilderung. »Und das Ganze hat auch einen wohlklingenden lateinischen Namen: Es nennt sich aquagene Urtikaria.«

»Und jetzt?«, fragte ich sie. »Ich meine, man muss sich doch mal duschen und die Haare waschen können! Außerdem lebe ich am Meer. Das Meerwasser hilft mir im Prinzip auch, aber sobald sich ein paar mehr Leute baden, muss ich mich direkt hinterher duschen, sonst kriege ich am ganzen Körper juckende Quaddeln. Ich nehme an, das liegt an den Sonnencremes und Parfüms der anderen Badenden.«

Schreckensbilder zogen vor mir auf: ein spanischer Sommer, man schwitzt, das Meer liegt direkt vor der Nase – und ich kann weder ins Meer noch unter die Dusche gehen. Für einen Moment hatte ich das Gefühl, mir schlüge der Himmel über dem Kopf zusammen.

»Und wenn Sie vor dem Duschen ein Antihistaminika nehmen?«

»Davon ernähre ich mich doch ohnehin schon«, stöhnte ich.

Sie überlegte, war jedoch offensichtlich mit ihrem Latein auch am Ende.

»Meinen Sie, ich hätte mit Bioresonanz eine Chance?«, fragte ich ein paar Atemzüge später. »Meine Kartoffelallergie und ein paar andere Allergien bin ich damit vor ein paar Jahren auch losgeworden …«

»Versuchen sollten Sie es auf jeden Fall. Allerdings gibt es da das Problem, dass man während des Ausleitens eines Allergens jeden Kontakt mit dem Allergen vermeiden sollte, aber auch in unserem Körper ist Wasser. In dem Fall ist es also unmöglich, den Kontakt mit dem Allergen zu vermeiden.«

»Aber was bleibt mir denn sonst noch?«

»Nichts«, erwiderte sie. »Und deswegen müssen Sie es auch auf jeden Fall versuchen!«

Nachdem ich den Hörer aufgelegt hatte, blieb ich wie vom Blitz getroffen sitzen. Und was würde passieren, wenn auch die Bioresonanz meine Wasserallergie nicht heilen oder wenigstens eindämmen oder abschwächen konnte? Was dann?

Gleich am nächsten Morgen begab ich mich auf die Suche nach einem Heilpraktiker oder Arzt, der über ein Bioresonanzgerät verfügte. Im Prinzip hatte ich zu dieser Technik großes Zutrauen. Mit 35 hatte ich zum ersten Mal von Bioresonanz gehört. Damals hatte ich wegen meiner dritten Nierenkolik in Folge in Deutschland im Krankenhaus gelegen; meine Tochter war damals knapp zwei Jahre alt und ich entsprechend besorgt, wie es mit mir weitergehen sollte, zumal ich bei dieser dritten Kolik fast eine Niere eingebüßt hatte. Meine Bettnachbarin erzählte mir damals, dass ihre Tochter ebenfalls sehr unter Allergien litt und sie diese fast alle dank einer Behandlung mit Bioresonanz losgeworden wäre. Zurück in Spanien, fand mein dortiger Urologe heraus, dass mir Zitronensäure fehlte. Zitronensäure bewirkt im Körper, dass sich Kalzium nicht in den Nieren ablagert und dort Steine oder Gries bildet – was die Ursache meiner Koliken war –, sondern gelöst und mit dem Harn ausgeschieden wird. Außer in köstlichen Gummibärchen und vielen anderen Süßwaren kommt Zitronensäure auch in der Natur vor, und zwar in Obst, besonders in Zitronen und Orangen. Wegen meiner Multiallergien durfte ich jedoch genau all dies schon seit langem nicht mehr essen – womit sich der große Mangel an Zitronensäure in meinem Körper auch leicht erklären ließ. Damals war ich ähnlich verzweifelt wie jetzt mit meinem Wasserproblem. Der Arzt sagte mir nämlich, dass ich, um meine Nierenprobleme loszuwerden, Zitronensäure dringend in hoch konzentrierter Form zu mir nehmen müsse – nur vertrug ich leider keine Zitronensäure, egal, ob ich sie konzentriert in Pulverform oder im Obst oder in Süßigkeiten zu mir nahm.

»Also habe ich nur die Wahl, ob ich lieber meine Haut oder lieber meine Niere ruiniere?«, fragte ich den Arzt, woraufhin der einfach nur nickte.

Da fiel mir diese Bettnachbarin aus dem Krankenhaus wieder ein. Meine Mutter kannte die Frau und rief sie an, um sich die Adresse von der Heilpraktikerin geben zu lassen, bei der ihre Tochter die Bioresonanzbehandlung hatte durchführen lassen. Als meine Mutter die Adresse hatte, flog ich zurück nach Deutschland, fuhr zu dieser Heilpraktikerin – und nach drei Wochen, in denen ich insgesamt sieben Mal an diesem Bioresonanzgerät gesessen hatte, erklärte mir die Heilpraktikerin, meine Allergie auf Zitronensäure sei »gelöscht«. Damals war ich noch ziemlich skeptisch gewesen, aber als ich danach Zitronensäure in Pulverform zu mir nahm, vertrug ich sie tatsächlich und hatte seitdem nie wieder Probleme mit meinen Nieren – und bin dank der Bioresonanztherapie später noch viele andere meiner Allergien losgeworden. Leider sind sie mit dem Riesenneurodermitisschub, den ich der Zeit mit Arno zu »verdanken« hatte, fast alle wiedergekommen.

In Deutschland gibt es heute an jeder zweiten Ecke einen Arzt oder Heilpraktiker, der mit einem mehr oder weniger modernen Bioresonanzgerät arbeitet. In Spanien fand ich zunächst leider niemanden in der Nähe unseres Wohnorts, und ich hatte wenig Lust darauf, meine Kinder jetzt schon wieder allein zu lassen. Ich hörte mich also weiter um und recherchierte wie eine Besessene im Internet. Nach drei Tagen kam ich über viele Umwege an die Adresse einer Heilpraktikerin in Barcelona. 200 Kilometer Autofahrt, ein ungewisses Ergebnis und ziemliche Kosten standen der geringen Hoffnung gegenüber, dass die Bioresonanz auch etwas gegen meine Wasserallergie ausrichten konnte. Aber wenn man keine Wahl hat, greift man bekanntlich nach jedem Strohhalm.

Mireilla war mir am Telefon sehr sympathisch, und als ich ihr Bioresonanzgerät sah, war ich mehr als erstaunt. Meine Heilpraktikerin in Deutschland hat ein schlichtes kastenförmiges Gerät, an das ein zweites, kleineres Gerät angeschlossen wird, auf das man die Dinge legt, gegen die man allergisch ist, die man also »ausleiten« will. Als Patient wird man selbst über zwei Stäbe (Elektroden) oder Kugeln mit dem Gerät verbunden, die man während der Behandlung in der Hand hält.

Die Bioresonanztherapie beruht – ähnlich wie die Homöopathie und die Akupunktur – auf dem Gedanken, dass unsere Zellen, Organe und Gewebe unterschiedliche messbare Schwingungen aussenden. Wenn wir krank sind oder auf Produkte allergisch reagieren, sind diese Schwingungen verzerrt. Mit Bioresonanz kann man diese verzerrten Schwingungen

harmonisieren, woraufhin die körpereigenen Regulations-
kräfte die biologischen Vorgänge wieder ungestört steuern
und die energetischen Prozesse des Körpers erneut normal
ablaufen können.

Bei der Behandlung von Allergien wird durch Einsatz
elektromagnetischer Signale die »falsche Information« über
Allergene im Körper »gelöscht«. Das Ganze ist vergleichbar
mit der Schallauslöschung durch Gegenschall. Man »inver-
tiert« das Allergen. Mit dem invertierten Signal kann man in
der Folge die krankhaften elektromagnetischen Schwingungen aufheben und damit die Allergiebereitschaft »löschen«.

Das Ganze hört sich sehr technisch und für denjenigen,
der noch nie damit zu tun hatte, äußerst ungewöhnlich und
sicher auch ein bisschen abstrus an, aber nicht nur ich habe
damit schon viele meiner Allergien löschen und damit loswerden können – bei ebendieser deutschen Heilpraktikerin.
Zu der gleichen Heilpraktikerin habe ich vor nunmehr elf
Jahren auch eine Freundin von mir geschickt. Ihre zweijäh-
rige Tochter bestand nur noch aus Ekzemen. Bei ihr war die
Neurodermitis durch die alterstypischen Impfungen ausgelöst worden. Zugleich hatte sie auf so ziemlich alles, was uns
umgibt, Allergien entwickelt. Es reichte ein Brotkrümel, der
an ihren Arm kam, und schon bildeten sich auf ihrer Haut riesige juckende Blasen. Auch ein Krankenhausaufenthalt hatte
an dem Drama nicht viel ändern können: Das Kind musste
ständig gegen alle äußeren Einflüsse bis zur Nase eingepackt
werden, da es weiter hochallergisch war. Die Kleine konnte damals nur noch mit Astronautenkost ernährt werden.
Meine Freundin war derart verzweifelt, dass sie mit ihrer
Tochter schon nach Davos ziehen wollte – dort gab es zumindest keine Hausstaubmilben, auf die das Kind ebenfalls
höchst sensibel reagierte. Als quasi letzten Versuch ging sie
zu meiner Heilpraktikerin. Es wurde keine Wunderheilung,
sondern ein sehr langer, zäher Prozess, bei der eine Allergie

193

nach der anderen »gelöscht« wurde. Heute kann ihre Tochter wieder fast alles essen, ihre Haut zeigt nur noch selten ein paar kleine offene Stellen (meist durch Stress hervorgerufen), und letztes Jahr konnte sie sich sogar einen Hund anschaffen, einen Pudel – eine Rasse, die den Vorteil hat, dass sie nicht haart. Unterstützt wurde die Behandlung mit einer Darmsanierung und Homöopathie. Ja, die Behandlung war teuer, sehr teuer sogar, aber sie hat geholfen und ihrer Tochter zu einem würdigen, freien und fröhlichen Leben verholfen – während die Schulmedizin längst keinerlei Hilfe mehr anzubieten hatte.

Und nun saß auch ich wieder vor einem dieser Bioresonanzgeräte, diesmal in Barcelona. Mireillas Gerät war nicht einfach nur ein »piepsender Kasten« wie der meiner deutschen Heilpraktikerin, sondern ein Laptop, in dem sich ein gigantisches Computerprogramm verbarg. Je länger Mireilla mir seine Funktionsweise und Möglichkeiten erklärte, desto mehr schien mir dieses Gerät wie die Weiterentwicklung vom Fahrrad zum Jumbojet. Es war Hightech pur. Ich bekam ein Stirnband und schmale schwarze Bänder um Hand- und Fußgelenke gelegt, ließ mich in einem bequemen Sessel nieder und sollte mich entspannen, während mich das Computerprogramm analysierte. Der Prozess nahm eine gute Dreiviertelstunde in Anspruch. Hinterher fragte mich Mireilla, ob ich Probleme mit meinen Augen und Rückenschmerzen hätte. Ich sah sie erstaunt an und nickte. Außerdem hatte ihre Analyse ergeben, dass ich Eisenmangel hatte. Das war mir bekannt. Fürs Erste war ich ziemlich beeindruckt. Außerdem maß das Gerät auch meine Nervosität. Ein Wert zwischen 1 000 und 15 000 gilt als normal. Alles darüber weist in Richtung Hyperaktivität. Mein Wert lag bei drei Millionen. Das war der höchste Wert, den sie je bei einem Patienten gemessen hatte. Das Ergebnis indes war nachvollziehbar: Die ganze Funktionsweise meines Körpers war überschießend, hyperallergisch, außer Rand und Band.

»Und die Wasserallergie?«, fragte ich. »Was sagt dein schlaues Gerät hierzu?« Wie bereits erwähnt, duzt man sich in Spanien in der Regel.

Mireilla ließ sich von mir das Glasfläschchen mit meinem heimischen Leitungswasser geben und führte einen Test durch.

»Hundert Prozent allergisch«, konnte sie mir anschließend bestätigen.

»Hast du so einen Fall schon einmal gehabt?«

Sie nickte. »Zweimal sogar.«

»Und?«

»Bei der einen Frau habe ich die Wasserallergie löschen können, bei der anderen nur mildern.« Auch sie erklärte mir, dass das Problem sei, dass der Körper ohnehin überwiegend aus Wasser bestand.

»Dann hoffen wir mal das Beste«, seufzte ich.

Nach Mireillas drittem »Löschversuch« reagierte ich gerade mal um einen Punkt weniger allergisch auf unser Leitungswasser. Sie meinte, dass ich durch die lange Cortisonbehandlung nicht optimal auf die Bioresonanzbehandlung reagierte. »Aber das kriegen wir mit der Zeit schon noch hin.«

Ich hoffte inständig, dass sie recht behalten würde. Die Behandlung zog sich noch fast zwei weitere Stunden hin. In meinem Körper schien ein wahres Chaos zu herrschen. Enzyme, Hormone – alles war durcheinander. Und Allergien bestanden gegen so ziemlich alles, was das Gerät nur auflisten konnte, was mich auch nicht wunderte. Zumindest aber schöpfte ich nun wieder etwas mehr Hoffnung.

KAPITEL 14

Kiara

*Anfangs lieben Kinder ihre Eltern, wenn sie älter werden,
halten sie Gericht über sie; manchmal verzeihen sie ihnen.*

Oscar Wilde, Das Bildnis des Dorian Gray

In der Nacht riss mich ein gequälter Schrei aus dem Schlaf. Sofort sprang ich auf und lief in Kiaras Zimmer. Sie schlug wild um sich, weinte, schrie wieder. Ich nahm sie in die Arme und versuchte, sie zu beruhigen.

»Ganz ruhig, alles ist gut, du hast nur schlecht geträumt!«

Erst nach einer ganzen Weile kam Kiara so weit zu sich, dass sie meine Worte aufnahm. Sie weinte. »Die Frau, Mama, die Frau ... sie ist so schrecklich!«

»Was für eine Frau denn?«

»Die aus meinem Traum!«

»Hast du schon öfter von ihr geträumt?«

Kiara antwortete nicht, aber ich spürte ihre Kopfbewegung an meinem Arm. Es war ein Nicken. Ich kroch zu ihr unter die Bettdecke und zog sie an mich.

»Kannst du mir die Frau beschreiben?«

Sie schüttelte den Kopf.

Ich strich ihr über ihr Haar und drückte sie an mich. Allmählich wurde ihr Atem ruhiger. Irgendwann schliefen wir beide wieder ein.

In den nächsten Nächten hatte Kiara immer wieder Albträume, und Julien gestand mir, dass sie diese auch schon vor meiner Rückkehr gehabt hatte. Ich versuchte, mit Kiara darüber zu reden, aber es war nichts aus ihr herauszubringen. Ich hoffte, dass sich das Ganze von allein wieder geben würde, und machte mir zugleich die größten Vorwürfe. Mir war klar, dass ihre Albträume mit mir zusammenhingen. Außerdem war ich in den letzten Monaten gewiss keine Supermutter gewesen. Wann immer ich vor dem Krankenhausaufenthalt die Cortisondosis heruntergefahren und meine Haut hatte aufplatzen sehen, war ich nur noch ein verzweifeltes Nervenbündel gewesen. Auch jetzt ging es mir nicht viel besser. Ich war übernervös, die Zahlen auf Mireillas Monitor entsprachen der Realität. Ständig drängte und bedrängte ich die Kinder, hatte keine Geduld, mit mir nicht und mit ihnen nicht, alles musste schnell gehen – als hätte ich nur ein gewisses Quantum Kraft zur Verfügung und Angst, was wohl werden sollte, wenn diese Kraftreserven aufgebraucht waren.

Als ich ein paar Tage später in Kiaras Zimmer kam, um zu sehen, wie weit sie mit ihren Hausaufgaben war, sah ich, dass sie starr vor sich hin blickte.

»He, nicht träumen«, ermahnte ich sie. »So wirst du mit deinen Hausaufgaben nie fertig!«

Sie sah mich an und schien in diesem Moment aus einer anderen Welt zu erwachen.

»Ich kann nichts dafür. Das liegt an der Frau«, erwiderte sie.

»An welcher Frau?«

»Die immer kommt und mir solche Sachen sagt.«

»Was für Sachen? Wovon redest du eigentlich?«

Kiara senkte den Kopf und schwieg. Ich zog sie vom Stuhl und legte mich mit ihr aufs Bett. Dies war so ziemlich der einzige Platz, an dem man aus meiner verschlossenen Tochter überhaupt einmal etwas herausbekam.

»So, und jetzt erzählst du mir alles schön der Reihe nach.«

Kiara brach in Tränen aus. Sie war kein Mädchen, das leicht weinte; entsprechend erschrocken war ich.

»Mensch, so sag doch, was du hast. Wie soll ich dir denn sonst helfen?«

»Aber ich will doch nicht, dass du dir auch noch um mich Sorgen machst«, schluchzte sie.

Oh Gott, dachte ich. Auch das noch. Hatte ich meine Kinder mit meinem ewigen Haut- und Allergiegerede inzwischen dermaßen verunsichert, dass sie meinten, sie könnten mir nichts Weiteres zumuten?

»Hör mal«, sagte ich. »Mir geht es umso besser, je besser es dir geht, und außerdem bist du hier das Kind und ich die Mutter. Wir wollen jetzt doch nicht alles durcheinanderbringen, oder?«

Kiara schniefte und nickte.

»Also, was ist das für eine Frau? Wo ist sie? Was macht sie?«

»Sie, sie kommt dauernd und steht dann da.«

»Und was macht sie?«

»Sie sagt, ich soll schneller schreiben.«

Der Satz ging mir unter die Haut: Schließlich stand auch ich dauernd hinter ihr und ermahnte sie, schneller zu schreiben. Aber Kiara hatte auch eine Art zu schreiben, bei der man kaum zusehen konnte: Sie schrieb nicht, sie malte die Buchstaben, trotz Schreibschrift, schön sauber und ordentlich einen nach dem anderen. Bis sie bei diesem »Mal-Verfahren« einen Satz niedergeschrieben hatte, dauerte es natürlich viel, viel länger als bei ihren Klassenkameraden. Hausaufgaben gerieten daher meist zum abendfüllenden Programm. Sehr anstrengend für eine Mutter, die ohnehin am Rand ihrer Kräfte war.

»Und was macht die Frau weiter?«, fragte ich beklommen.

»Sie sagt, dass sie mich umbringt.«

Ich versuchte, Ruhe zu bewahren, obwohl ich mir vorkam, als gerate ich gerade in den Sog eines neuen Albtraums. Zumindest stammte wenigstens dieser Satz definitiv nicht von mir. »Und wo und wie oft erscheint dir diese Frau?«

»Manchmal in der Schule, manchmal beim Hausaufgabenmachen. Und im Traum, da kommt sie auch.«

Später schlich ich ums Telefon herum. Ich wollte meine Mutter anrufen, die schon immer meine erste Anlaufstelle für alles gewesen war, was mich bedrückte. In diesem Fall jedoch wagte ich selbst mit ihr nicht zu reden. Die heiß geliebte Enkeltochter, die von einer Fantasiefrau verfolgt wurde, die sie töten wollte. Das war dann doch zu starker Tobak, selbst für meine Mutter. Und wem nutzte es, wenn ich sie auch noch um den Schlaf brachte? Aber dann fiel mir ein, dass Kiara auch bei ihr schon Albträume gehabt hatte, und so wählte ich schließlich doch ihre Nummer.

»Als Kiara bei dir war, hatte sie doch Albträume«, fragte ich sie also und bemühte mich um eine möglichst gleichmütige Stimme. »Hat sie dabei irgendwann einmal im Schlaf geredet, oder hast du die letzten Tage, bevor sie nach Hause geflogen ist, noch irgendetwas aus ihr herauskriegen können?«

Meine Mutter verneinte. »Warum fragst du? Sind die Albträume schlimmer geworden?«

Nein, aber das Ganze wächst sich gerade zu einem ganz anderen Drama aus, hätte ich am liebsten geantwortet. Zu sagen wagte ich aber nur: »Na ja, schlimmer nicht, aber sie hat noch immer diese Albträume.«

»Du hast ihr eben sehr gefehlt«, meinte meine Mutter. »Du weißt, wie sehr sie auf dich bezogen ist. Und auch wenn Julien sich alle Mühe gegeben hat, ersetzen kann dich niemand. Übrigens ist da noch etwas anderes, was ich dir längst hatte sagen wollen. Hast du dir schon einmal genau angesehen, wie Kiara schreibt?«

»Sie schreibt sehr langsam, ja, ich weiß. Sie will eben, dass alles besonders schön aussieht.«

»Nein, ich meine die Schriftgröße. Man braucht fast eine Lupe, um lesen zu können, was sie schreibt. War das früher auch schon so?«

War es Zufall, das meine Mutter gerade jetzt darauf zu sprechen kam? Ich unterdrückte ein unwilliges Knurren, das sich allerdings nicht auf meine Mutter oder ihre Worte bezog, sondern nur auf die neuen dunklen Wolken, die sich über mir auftürmten.

»Besonders groß hat sie noch nie geschrieben«, gab ich ausweichend zurück. Ehrlich gesagt hatte ich bislang nicht so sehr darauf geachtet. Eine Riesenschrift hatte sie jedenfalls noch nie, da war ich mir sicher.

»Das mit der Schrift solltest du unbedingt im Auge behalten. Die Schrift spiegelt wider, wie es in uns aussieht. Und so klein, wie sie schreibt, liegt der Verdacht nah, dass sie sich auch klein fühlt, winzig klein sogar.«

Was fällt mir heute denn noch alles auf den Kopf? Was hatte ich eigentlich getan, dass mir alles aus dem Ruder lief?

»Ich achte drauf«, versprach ich meiner Mutter und kam dann auf andere, weniger verfängliche Themen zu sprechen. Nachdem ich auflegt hatte, blieb ich noch lange grübelnd auf meinem Stuhl sitzen. Eine halbe Stunde später hätte man in meinem Schoß einen kleinen Schneemann bauen können: Ohne es zu merken, hatte ich mir riesige Mengen Haut heruntergeschabt.

Es war mir klar, dass ich dringend etwas gegen Kiaras »Visionen« unternehmen musste. Ich sprach darüber auch mit Julien.

»Das gibt sich schon wieder von allein«, meinte er. »Das Ganze mit dem Krankenhaus und dein Anblick, als sie dich dort besuchte – das war sicher zu viel für sie.«

»Und wie kommt Kiara an diese Todesdrohungen? Die habe ich nicht ausgesprochen!«

Diese Frage konnte auch Julien nicht beantworten. Ich beschloss, Kiaras frühere Kinderärztin anzurufen. Sie war vor vier Jahren gut 100 Kilometer von uns weggezogen und zugleich die einzige Kinderärztin, zu der ich Vertrauen hatte, weil sie eine von denen war, die ihre kleinen Patienten auch mit dem Herzen sehen und ihnen zuhören. Mit den Jahren hatten wir uns angefreundet, sodass ich auch ihre private Telefonnummer hatte.

»Bring Kiara her«, meinte Maria. »Ferndiagnosen kann ich nicht stellen.«

Welche Wirkung die neuen Sorgen auf meine Haut hatten, kann sich inzwischen sicherlich jeder denken: Die ganze Nacht »bearbeitete« ich mein Gesicht, meinen Hals, meine Arme, meine Brust, mein Dekolleté – erst im Schlaf mit den Nägeln, dann, als ich von meinem Gekratze wach wurde, die nässenden, brennenden, schrecklich juckenden Stellen mit Kühlakkus.

Maria sah meine zerstörte Haut natürlich auch, sagte jedoch nichts dazu. Das hatte ich allerdings auch nicht erwartet. Sie gab nie ungefragt Kommentare ab. Sie begrüßte mich herzlich und widmete sich dann ganz Kiara. Verschüchtert schob sich Kiara hinter mich und wollte keinesfalls allein mit Maria bleiben, obwohl sie sie gut kannte. Neun Jahre hin, neun Jahre her, ich musste mit ihr in Marias Behandlungszimmer bleiben und sie auf meinem Schoß sitzen lassen. Leider bekam Maria an diesem Tag nicht viel mehr als Nicken und Kopfschütteln und leise Seufzerchen von Kiara als Reaktion.

Später zeigte Maria Kiara eine Spielecke, in die sich meine Tochter vertiefte, und zog mich beiseite. »Ich glaube nicht, dass Kiara ernst zu nehmende Halluzinationen hat. Und für psychotisch halte ich sie auch nicht. Außerdem tritt Schizophrenie in der Regel erst nach der Pubertät auf. Aber auf die leichte Schulter nehmen darf man das Ganze trotzdem nicht. Kannst du in der nächsten Zeit einmal die Woche mit ihr herkommen?«

Ich nickte und war froh, dass ich mit Kiaras Problem nicht länger allein war.

Die nächsten Wochen waren geprägt von meinen Sorgen um Kiara. Das spiegelte sich natürlich auch auf meiner Haut wider. Sie nässte wieder mehr, verschuppte erneut stärker, und die Nächte waren sowieso seit dem Absetzen des Cortisons ein einziger Albtraum, da mein Körper noch immer schmerzte. Aber jetzt versuchte ich – Kiara zuliebe –, kein Wort mehr darüber zu verlieren, wie es mir ging. Dass zwischen ihren »Visionen« und meiner Erkrankung ein direkter Zusammenhang bestand, lag für mich auf der Hand. Ich hätte sonst etwas darum gegeben, wenn ich diese alles beeinflussende Neurodermitis wenigstens für Kiara hätte loswerden können.

Maria animierte Kiara, eine Art Tagebuch zu führen. Sie sollte aufschreiben oder malen, was ihr gerade einfiel, und dieses Tagebuch zu ihren Terminen bei ihr mitbringen. Leider schrieb Kiara fast nichts auf, vor allem nicht, wie sie sich fühlte. In der Regel stand in dem Buch nicht mehr als eine ordentlich geführte statistische Aufstellung darüber, wie oft »die Frau« gekommen war und was sie wann zu ihr gesagt hatte. Schließlich bat Maria Kiara, diese Frau zu malen. Kiara zeichnete eine Art Hexe mit Narben im Gesicht und langem Haar. Auch ich trug das Haar, egal wie dünn es jetzt war, weiterhin lang. Narben hatte ich zwar keine, aber trotzdem war in diesen Narben natürlich ein weiterer Bezug zu mir zu sehen: verwundete Haut. Ich berichtete Maria auch von Kiaras anderen Schwierigkeiten: ihrer Unlust zu lernen, meine Kämpfe mit ihr um die Hausaufgaben, mit denen sie einfach nicht fertig wurde, und dass Kiara eigentlich nur eines im Sinn hatte: spielen.

Maria meinte, es könne sich um eine Art Peter-Pan-Syndrom handeln. Sicher verstärkt durch die Ängste, die in Kiara entstanden sein mussten, als ich sechs Wochen lang aus ihrem Leben verschwunden war, um mich in der Hautklinik behandeln zu lassen. Und dieses eine Treffen in der Klinik hatte ihr wohl auch mehr geschadet als genutzt.

»Und jetzt?«, fragte ich Maria.

»Komm weiter mit ihr her. Alle zwei Wochen sollte ausreichend sein. Und lass dich nicht verrückt machen, das wird schon wieder. Paciencia! Geduld! Und sieh vor allem zu, dass du selbst gesund wirst. Dann wird es auch Kiara wieder.«

»Und wie mache ich das?«, stöhnte ich.

»Du wirst einen Weg finden«, erwiderte Maria und zwinkerte mir zu. »Du hast bisher noch immer für alles einen Weg gefunden.«

Sie hatte leicht reden. Dennoch, auf jeden Fall war eines sicher: Ich musste diesen Weg finden.

KAPITEL 15

Ringen um Normalität

Normal ist einfach, was normale Menschen tun – und nicht,
endlose Löcher zu graben, um aus ihnen herauszuklettern.

Artur Janov, Der Urschrei

Da ich nun nicht nur mir, sondern auch Kiara zuliebe endlich gesund werden musste, überlegte ich, was ich noch tun könnte, um den Heilungsprozess meiner Haut voranzutreiben, aber mir fiel absolut nichts mehr ein. Ich fühlte mich hilflos, wehrlos, wütend, hätte die Wände hochgehen können. Schließlich kam mir die Idee, wieder zum Yogaunterricht zu gehen. Zwar hatte ich die im Krankenhaus erlernten Entspannungsübungen auch zu Hause durchgeführt und machte sowieso jeden Morgen Yoga, aber meist nur den »gymnastischen« Teil und maximal eine Atemübung – und auch die eher lustlos. Im Yogaunterricht aber hatten wir immer viele Atemübungen trainiert und natürlich auch Meditationen gemacht. Außerdem war meine Yogalehrerin auch auf esoterischer Ebene gut und einfühlsamer als so manche Psychologin. Vielleicht könnte sie mir noch ein paar Tipps geben. Irgendjemand musste mir doch endlich einmal einen Weg aus diesem Dauertief zeigen können.

Bevor ich zu meiner ersten Stunde aufbrach, vermied ich es, in den Spiegel zu blicken, und versuchte, nur daran zu denken, wie herrlich dämmrig es im Yogasaal war. Außerdem hatte ich die vage Hoffnung, dass die erste Yogastunde am frühen Abend nur sehr spärlich besucht war und ich mich daher nur wenigen Leuten »zur Schau stellen« musste.

Laia freute sich sehr, mich wiederzusehen, und verkniff sich dankenswerterweise jeden Kommentar über mein Aussehen. Sie fragte mich lediglich, wie es mir im Krankenhaus ergangen sei. Ich erzählte ihr ein bisschen. Als zehn Minuten vergangen und kein weiterer Teilnehmer erschienen war, machten wir den Unterricht allein, was mir wie ein Geschenk des Himmels vorkam. So konnte Laia ganz gezielt auf meine Bedürfnisse eingehen. Sie erklärte mir, welche der Atemtechniken, die ich schon beherrschte, das Immunsystem unterstützen und welche Yogaübungen den Heilungsprozess vorantreiben können. Sie brachte mir auch eine neue Übung bei, die sich positiv auf die Leber auswirken soll. Wie sie richtig vermutete, hatte ich, wie die meisten Allergiker, oft erhöhte Leberwerte. Die Leber war mit dem Dauerentgiften überfordert. Zum Abschluss machte Laia eine wunderschöne Entspannungsübung mit mir: Ich sollte mir vorstellen, dass ich in einer Seifenblase saß. Die Seifenblase war schillernd grün und ließ nur das zu mir durch, was mir guttat. Selten hatte ich mich nach einer Entspannungsübung erfrischter gefühlt als nach dieser, und ich wusste, dass ich wieder einen Schritt in die richtige Richtung gemacht hatte.

Am nächsten Tag war wieder mein Bioresonanztag, der fünfte inzwischen.

»Und, was macht das Duschen?«, fragte mich Mireilla.

Ich hob die Achseln. »Nichts, keine Besserung, na ja, zumindest fast keine. Statt nach zwei Tagen beruhigt sich die Haut jetzt nach anderthalb Tagen, aber als Durchbruch würde ich das noch nicht bezeichnen. Ehrlich gesagt schwindet mir langsam jede Hoffnung, je wieder mit den Kindern im Meer baden zu können!«

»Na, dann wollen wir mal sehen.«

Mireilla schloss mich an das Bioresonanzgerät an. Nach dem Status-quo-Check verkündete sie mir, dass meine Nervosität endlich gesunken sei: statt drei immerhin »nur noch« zwei Millionen. Und mein Körper sei deutlich rezeptiver für die Schwingungen. Auch mit allem anderen war sie zufrieden: Das Hormon-Enzym-Chaos in meinem Körper war zwar weiterhin enorm, aber es war eine positive Tendenz erkennbar. Unverändert dramatisch war dagegen die Menge an Dingen, auf die ich allergisch reagierte. Mireilla drehte den Monitor zu mir herum: Auf dem Allergieschaubild schossen wahrhaftige Wolkenkratzer in den Himmel.

»Um diese Wolkenkratzer abzubauen, werden wir sicher noch eine ganze Weile brauchen«, meinte sie. »So gigantische Türme habe ich noch nie bei einem Patienten gesehen. Und ich behandele hier viele Allergiker.«

»Und was heißt eine ganze Weile?«, fragte ich verzweifelt.

Mireilla hob die Augenbrauen. »Um diese Frage beantworten zu können, müsste ich über hellseherische Kräfte verfügen. Aber ich bin fest davon überzeugt, dass dir die Bioresonanz helfen wird. Hab Geduld!«

Ich nickte. Geduld. Immer wieder Geduld. Hätte der Schöpfer mich außer mit Neurodermitis nicht wenigstens auch noch mit ein paar zusätzlichen Einheiten Geduld ausstatten können?

Immerhin meinte Mireilla am Ende der Behandlung, dass wir heute ein großes Stück weitergekommen wären. »Die Bioresonanz wirkt immer eine Weile auf den Organismus nach, das solltest du noch abwarten, aber in zwei Tagen, denke ich, müsstest du dich ohne allzu große Probleme duschen können. Aber fang mit einer kleinen Dusche an!«

Ich starrte sie an und konnte kaum glauben, dass sie es wirklich geschafft haben sollte.

Von da an lebte ich in wachsender Anspannung. Würde ich tatsächlich duschen können, ohne mir hernach die Haut vom Leib zu schaben? Als der zweite Tage vorüber war, beschloss ich, noch einen dritten zu warten. Meine Angst vor einer Enttäuschung war zu groß. Aber dann wagte ich es doch: Ich stellte mich unter die Dusche, duschte mich kurz von den Schultern abwärts und trocknete mich vorsichtig ab. Hernach blickte ich jede halbe Stunde in den Spiegel, doch die Haut blieb, wie sie war, außer dass sie sich zum Abend hin ein bisschen mehr rötete, aber das war immer so. Im Krankenhaus hatten sie dieses Phänomen als »Abendrot« bezeichnet. Auch die Nacht wurde nicht schlimmer als sonst. Mit den Kühlakkus brachte ich mich zum nächsten Morgen, konnte dann auch keine neuen nässenden Stellen feststellen und sah nicht schlimmer aus als am Vortag. Ich schöpfte Hoffnung.

»Ob ich jetzt einmal eine richtige Dusche wage?«, fragte ich Julien. Ich konnte meine Aufregung kaum noch im Zaum halten. Würde es gut gehen? Hatte die Bioresonanztherapie angeschlagen?

»Aber klar doch«, ermunterte er mich lachend. »Und vergiss nicht: Immer positiv denken!«

Ein paar Minuten strich ich noch ums Bad herum, dann wagte ich es: Volle fünf Minuten ließ ich das warme Wasser über meine Haut strömen, nur die offenen Stellen ließ ich aus. Was soll ich sagen: Es war ein wahrer Genuss! Ich fühlte mich wie neugeboren.

Wieder wartete ich, was geschah – doch meine Haut blieb ruhig, auch die Nacht über. Ich war so glücklich, dass ich die ganze Welt hätte umarmen können. Endlich, endlich! Ein Lichtblick in meinem langen, dunklen Neurodermitistunnel und damit – vielleicht – auch ein Schritt zu Kiaras völliger Genesung. Ich hoffte, mein kleines Erfolgserlebnis würde auch ihr helfen, ihre innere Ruhe und Ausgeglichenheit wiederzufinden.

KAPITEL 16

Nur eine dumme Mango

Krise ist ein produktiver Zustand. Man muss ihr nur den Beigeschmack der Katastrophe nehmen.

Max Frisch

Bisher hatte ich mich vor lauter Problemen mit dem Leitungswasser nicht getraut, ein neues Lebensmittel auszutesten. Nach meinem Duscherfolg aber hatte ich den Mut, mich jetzt auch auf diesem Gebiet weiter vorzuarbeiten. Vielleicht hatten sich ja auch meine Allergien nach der letzten Bioresonanzbehandlung gebessert. Ich überlegte, was ich zuerst probieren sollte. Immerhin aß ich jetzt seit drei Monaten Tag für Tag mehr oder minder dauernd das Gleiche: zum Frühstück Roggenbrot mit Butter und Kürbiskernen, mittags abwechselnd eine der drei Fleischsorten, die ich vertrug, und eine oder zwei der fünf Gemüsearten, die ich essen konnte, abends Roggenbrot und Berge von Salatblättern mit Olivenöl. Elstaräpfel aus Deutschland hatte ich keine mehr, an andere Apfelsorten wagte ich mich nicht heran, also fehlte jedwedes Obst auf meinem Speiseplan. Die größte Lust hätte ich auf ein Stück Streuselkuchen gehabt, den ich für mein Leben gern esse, aber Zucker stand leider auf der Verbotsliste des Krankenhauses. Aber süß, süß sollte es sein. Ich erwog, es mit einer Mango zu probieren. Die hatte ich in den letzten Jahren kaum einmal gegessen, weswegen es eher unwahrscheinlich war, dass ich darauf reagierte. Und: Mangos waren herrlich süß!

Ich strich um Julien herum wie die Katze um den heißen Brei. Nach wie vor vermied ich es, wo immer es möglich war, unter Leute zu gehen, und hatte bisher auch noch kein einziges Mal die Kinder zur Schule gebracht oder abgeholt. Die einzige Chance, die ich hatte, an eine Mango zu kommen, war die, Julien zu bitten, für mich loszuziehen.

»Was ist denn?«, fragte er schließlich. »Du willst doch was.«

»Na ja, ich weiß, dass es draußen ziemlich eklig ist und überdies regnet und ...«

Er lachte. »Also, nun sag schon: Wo soll ich hingehen?«

»Zur Obsthandlung.«

»Und was soll ich da holen?«

»Eine Mango!«

»Für dich?«

Ich nickte.

»Klar. Und gern noch dazu! Ich bin doch froh, wenn du endlich einmal ein neues Lebensmittel ausprobieren willst!«

Sofort holte sich Julien seine Regenjacke und marschierte los. Als er zurückkam, war er trotz Regenjacke triefnass. Doch sein Gesicht strahlte, als er mir die Mango in die Hand drückte. »Lass sie dir schmecken!«

Ich bedankte mich mit einem Kuss, aber dann wurde mir bewusst, dass die Mango in meiner Hand steinhart und demnach noch unreif war. Julien aß nur selten Obst, Mangos schon gar nicht, deswegen konnte er auch nicht wissen, worauf man bei ihrem Kauf achten muss, und ich hatte es ihm nicht gesagt. Enttäuschung machte sich in mir breit. Mindestens eine Woche würde ich die Mango liegen und nachreifen lassen müssen. Natürlich wusste ich Juliens Einsatz zu schätzen: Der Obst- und Gemüseladen lag nicht eben um die Ecke. Julien hatte mit seiner Zeit auch noch Besseres zu tun, als für mich herumzurennen und Mangos zu kaufen; dazu der Regen. Aber die Enttäuschung fraß sich trotzdem in mir fest. Ich schluckte, legte die Mango in den Obstkorb und hätte losheulen können. Ja, natürlich war das albern, aber nach 90 Tagen »Einheitsnahrung« ...

Julien sah mich erstaunt an. »Ich dachte, du wolltest die Mango gleich essen, sonst hätte ich zumindest eine Regenpause abgewartet.«

»Das wollte ich schon, aber die hier«, ich biss mir auf die Lippen, um nicht tatsächlich loszuheulen, »die kann man noch nicht essen. Die ist zu grün.«

»Wo ist die grün?« Julien nahm die Mango in die Hand und drehte sie. »Hier ist sie doch ganz rot!«

»Aber sie hart. Steinhart sogar. Mangos kann man erst essen, wenn sich die Schale leicht eindrücken lässt.«

»Und das hättest du mir nicht früher sagen können?«

»Ich dachte, du wüsstest das.«

»Und woher?«

»Lass gut sein. Sie wird schon reif werden.«

»Und was isst du jetzt?«

»Brot und Salat. Bin ja dran gewöhnt. Es gibt Schlimmeres.«

Wir sahen uns an, und auf einmal waren wir beide am Ende unserer Nerven, Julien vielleicht sogar noch mehr als ich.

»Weißt du, mir reicht es jetzt!«, donnerte er los. »Ich bemühe mich ja, alles zu tun, was dir hilft oder dich entlastet. Damit du dich nicht den Blicken anderer aussetzen musst, erledige ich alle Einkäufe und rase jeden Tag viermal zur Schule: Kinder hinbringen, Kinder abholen, Kinder hinbringen, Kinder abholen. Und wenn sie danach zu Freunden wollen, noch eine weitere Fahrt, und später wieder los, um sie abzuholen. Und auch deine Kratzerei jede Nacht nehme ich klaglos hin, dein Hin-und-her-Werfen, dein Gestöhne im Schlaf. Ich lebe wegen dir in einem ständig unterkühlten, weil kaum beheizten Haus, weil die Wärme deine Haut reizt; ich benutze kein Rasierwasser mehr, weil du es nicht verträgst, ich esse keine Orangen und Zitronen, weil du von dem Wachsmittel darauf schon allein vom Hinsehen Ekzeme bekommst. Und anfassen, und das ist das Tollste, darf man dich meist auch nicht, weil jede Berührung deine Haut irritiert und sie dann wieder zu jucken anfängt. Und jetzt diese lächerliche Mango, die du erst unbedingt haben willst und nun doch nicht essen kannst: Das bringt das Fass echt zum Überlaufen!«

Ich konnte ihn nur anstarren. Erschrocken und betroffen zugleich.

»Es mag sein, dass das jetzt nicht der richtige Moment ist«, schimpfte Julien weiter, »aber darauf kann ich keine Rücksicht nehmen. Ich ersticke sonst noch. Tausendmal am Tag kommt von dir dieselbe Frage: Ist die Haut besser? Links, oben, unten, in der Mitte? Und um die Augen? Oder ist sie wieder schlechter? Und meine Haare, wie schrecklich die aussehen. Ja, um Himmels willen: Mir gehen auch die Haare aus. Und meine wachsen garantiert nicht wieder nach. Und wenn ich eine Verbesserung deines Hautzustands nicht bestätigen kann, weil ich sie eben nicht sehe, dann fangen deine Augen an feucht zu werden. Und dann erst die ganze Flennerei mit deiner Mutter am Telefon, weil deine Haut nicht besser wird. Meinst du, das kriege ich nicht mit? Und wo soll ich mit all meinem Frust hin? Kannst du mir das mal sagen? Ich bin auch nur ein Mensch! Mon dieu, ich kann doch nichts dafür, dass es dir immer noch nicht besser geht!«

»Und was erwartest du von mir? Dass ich so tue, als ob alles in schönster Ordnung sei?«, gab ich erbost und vielleicht eine Spur zu scharf zurück.

»Nein, natürlich nicht, aber ich, ich kann es trotzdem nicht mehr ertragen!«

Und im nächsten Moment knallte Julien erst die Küchentür, dann die Haustür hinter sich zu und war weg. Und ich konnte es ihm noch nicht einmal verdenken.

Auch gegen Schulschluss war Julien noch nicht zurück. Ich rief Elena an und bat sie, am Schultor einen Blick auf die Kinder zu haben.

»Julien war dermaßen wütend auf mich. Ich habe keine Ahnung, was er jetzt tut oder wo er ist. Ehrlich gesagt kann ich ihn sogar nur zu gut verstehen. Aber die Kinder … ich kann sie nicht abholen, nicht mit dem Gesicht.«

»No te preocupes. Mach dir keine Sorgen. Wenn Julien sie nicht abholen kommt, bringe ich sie dir nach Hause.«

»Danke! Eres un encanto!«

Ich legte den Hörer auf und tat, was ich auch die letzten beiden Stunden schon getan hatte: Ich lief wie ein Tiger im Käfig unablässig im Haus hin und her. Ich konnte einfach nicht stillsitzen. Ich war gefangen in meiner immer noch kaputten Haut. Es wunderte mich in der Tat nicht, dass Julien die Nase voll hatte. In diesem Moment wunderte mich eigentlich nur, dass er nicht schon längst explodiert war. Ich hatte ihn schon oft gefragt, ob ihm »das alles« denn nichts ausmache, mein Gejammer, meine Haut, die Arbeit, die ich ihm aufhalste. Es waren ja immerhin nicht seine Kinder, und wir kannten uns noch nicht einmal ein Jahr. Bisher aber hatte er immer so getan, als sei alles gut und richtig so, wie es war, und als könne er alles mühelos wegstecken. Schon allein beim Gedanken daran, dass er nicht wiederkommen könnte, brach Panik in mir aus. Und dabei dachte ich keineswegs an die Hilfe und Unterstützung – psychische wie physische –, die er mir gab; nein: Ich hatte einfach eine Heidenangst, ihn zu verlieren. Denn ich liebte ihn.

Eine halbe Stunde später kam Elena mit den Kindern.

»Julien no ha venido«, meinte sie mit bedauerndem Schulterzucken. »Und ich habe extra ein bisschen länger gewartet, um zu sehen, ob er nicht doch noch kommt, damit er sich nicht sorgt, wenn er ein bisschen zu spät ist und er die Kinder nicht mehr vorfindet. Aber er kam nicht.«

Ich nickte. Reden konnte ich nicht. Mir saß ein dicker Kloß im Hals.

»Wo ist denn Julien?«, krähte Leon. »Wir wollten doch nach der Schule mein Fahrrad reparieren.«

»Warum geht ihr nicht in dein Zimmer spielen?« Elena nickte ihm aufmunternd zu und schob ihren Sohn, der im Alter meiner Tochter war, zusammen mit meinen Kindern in Richtung von Leons Zimmer. Die drei stoben ab.

»Die wären wir erst einmal los«, grinste Elena und dirigierte mich in die Küche.

»Willst du einen Kaffee?«, fragte ich sie.

»Nur wenn du auch einen trinkst.«

»Darf ich doch nicht, wegen des Histamins. Ich mache mir aber ein Glas heißes Wasser.«

»Dann brüh mir einen Tee mit auf.« Sie setzte sich an den Küchentisch und sah mich an. »Einen Tick besser ist deine Haut schon irgendwie, aber deine psychische Verfassung … Du kommst einfach nicht raus aus dem Loch, was?«

»Nicht wirklich, nein. Und allmählich habe nicht nur ich, sondern auch Julien genug von allem.«

»Man muss schon den Hut vor dem ziehen, was er bisher für euch gemacht hat.«

Ich nickte. »Aber ich weiß auch nicht, was ich anders machen soll. Natürlich ist die Haut mein täglicher Dreh- und Angelpunkt, und sie dominiert mein Leben ja auch auf eine geradezu unsägliche Art. Mann, ich kann doch gar nichts mehr machen: Aus dem Haus traue ich mich nicht, vernünftig essen kann ich nicht, trinken kann ich nur Wasser, wobei ich dabei immerhin noch die Wahl zwischen heiß oder kalt habe. Und die Nächte sind nach wie vor ein wahrer Albtraum.«

»Und das Leitungswasser? Hat wenigstens die Behandlung mit der Bioresonanz was gebracht?«

Ich nickte. »Ja, endlich! Ich kann wieder duschen. Und heute wollte ich versuchen, eine Mango zu essen. Julien hat sie mir gekauft, aber sieh selbst.« Ich warf ihr das grüne Ding zu.

Elena lachte. »Damit kann man ja jemanden erschlagen!«
Sie lachte noch lauter, und schließlich musste ich mitlachen.
Und es tat gut.

»Julien wird schon wiederkommen«, meinte Elena. »Der
liebt euch doch, euch alle drei.«

»Aber trotzdem belastet ihn das alles hier weit mehr, als
ich bisher gedacht habe.«

»Und du kannst sonst gar nichts machen, damit es besser
wird?«

»Was denn? Ich halte mich eisern an die Diät, mache dreimal am Tag Entspannungsübungen, bin fast täglich mindestens eine Stunde am Strand, weil ich hoffe, dass die Meerluft
und die Sonne auch helfen; ich gehe wieder zum Yoga, nehme packungsweise Antihistaminika, Basenpulver, Mineralien
und Vitamine zu mir und außerdem so ein Medikament, das
angeblich auch bei Neurodermitis helfen soll. Das wirkt irgendwie auf den Darm; und zur Bioresonanz und zur Akupunktur gehe ich auch jede Woche. Ach ja, mit einer Oligo-
therapie mit Lithium habe ich jetzt auch noch angefangen.
Das Allerschlimmste ist, dass ich allmählich gar nichts mehr
machen oder anfassen kann, ohne zugleich Angst davor zu
haben, dass es wieder zu einem neuen Rückschlag für meine
Haut führen könnte. Und dann auch noch diese Geschichte
mit Kiara und der geheimnisvollen Frau.« Vor einer guten
Woche hatte ich Elena von Kiaras Problemen erzählt.

»Hat sie immer noch so viele Albträume?«

»Nicht mehr ganz so häufig, aber doch noch oft genug.
Aber seit ich wieder regelmäßig zum Yogaunterricht gehe,
bin ich etwas ruhiger, und ich denke, das hilft ihr auch. Aber
die andere Seite ist, dass ich, wenn ich dann unter meinen
Kühlakkus und Kratzattacken endlich einmal eingeschlafen
bin, von ihrem Angstschrei wieder aus dem Schlaf gerissen
werde und hinterher erneut ein, zwei Stunden brauche, bis
ich wieder einschlafen kann. Das trägt natürlich auch nicht

gerade dazu bei, dass es mir besser geht. Irgendwie beißt sich da die Katze in den eigenen Schwanz.«

»Zu beneiden bist du wirklich nicht.« Elena überlegte. »Und wenn du noch einmal ins Krankenhaus gehst? Sie hatten dir doch angeboten, dass du wiederkommen könntest, wenn es zu Hause nicht vorangeht.«

»Natürlich wäre das am besten. Vielleicht würde ich jetzt sogar auch wenigstens eine ihrer Spezialcremes vertragen, zumindest würde ich es noch einmal versuchen. Und dann haben Sie auch noch ganz viele andere Möglichkeiten dort; und die Ruhe im Krankenhaus hälfe mir sicher auch, aber ich traue mich nicht, Kiara allein zu lassen. Wer weiß schon, wie sich das auf ihre Albträume und Visionen auswirken würde? Was wäre, wenn dann alles noch schlimmer würde?« Ich schüttelte den Kopf. »Weißt du, manchmal denke ich, ich sollte einfach wieder Cortison nehmen. Dann würde ich wieder wie ein Mensch aussehen, müsste mich nicht ständig kratzen und könnte endlich wieder einmal richtig durchschlafen.«

»Und stehst den Entzug mit seinen ganzen ›netten‹ Begleiterscheinungen irgendwann noch einmal durch?« Elena hob die Augenbrauen. »Das kann nicht dein Ernst sein!«

»Ist es auch nicht. Ich sage ja nur: Ich denke es. Ach Elena, ich habe das alles so satt. Das ist doch kein Leben!«

»Irgendwie nicht, nein.«

Als Elena mit ihrem Sohn gegangen war, rief ich die Kinder in die Küche.

»Kiara, komm einmal mit deiner Schultasche! Du hast doch sicher noch Hausaufgaben zu erledigen! Und du, Leon, du wolltest doch noch ein Bild für mich malen!«

In der nächsten Stunde versuchte ich, gleichzeitig zu kochen, die Hausaufgaben und Malversuche der Kinder zu managen und unseren Hund davon abzuhalten, unsere Katze durchs Haus zu jagen. Irgendwie war der Bursche heute außer Rand und Band, aber die Katze ebenso. Vielleicht hatte ich nun auch schon sie mit meiner Nervosität angesteckt. Auf einmal hörte ich die Haustür. Mit wild klopfendem Herzen lief ich in den Flur. Ja, es war Julien. Er trat auf mich zu, nahm mich in die Arme und brummte ein »Désolé – es tut mir leid«, in mein Ohr.

»Mir tut es leid«, erwiderte ich. »Und ich verstehe ja, dass das alles für dich nicht leicht ist und …«

»Sch …«, flüsterte Julien. »Vergessen wir das Ganze.«

»Aber …«

»Kein Aber. Ich halte das schon aus. Und hier«, er griff in seine Jackentasche und zauberte eine Mango hervor. »Die Verkäuferin im Geschäft hat gesagt, die sei reif.«

Mir kamen die Tränen.

»He, geheult wird nicht. Gibt nur dicke Augen!« Julien boxte mich gegen den Arm. »Und jetzt setz dich schon hin, und iss die Mango!«

Ich küsste und umarmte ihn. Julien drückte mich an sich, und das so fest, dass ich kaum noch Luft bekam.

Eine Viertelstunde später war das Essen fertig. Ich räumte die Hausaufgaben und Malsachen der Kinder beiseite, deckte den Tisch, füllte die Teller der drei und schälte meine Mango. Unsicher blickte ich auf das verlockend gelbe und saftige Fruchtfleisch.

»Ob ich lieber erst nur ein kleines Stück davon esse?«

»Ach was«, meinte Julien. »Du hast da doch solche Lust drauf. Da passiert sicher nichts, wenn es dich so sehr danach verlangt!«

Ich aß die ganze Mango, voller Genuss und mit einem wahren Heißhunger. Zwei Stunden später juckte es mich am ganzen Körper. Die Nacht wurde ein einziger Albtraum.

KAPITEL 17

Licht am Horizont

Das Leben besteht nicht darin, gute Karten zu erhalten,
sondern mit den Karten gut zu spielen.

Sprichwort

In der Woche darauf war Karneval. Wie immer würden die Kinder auch in diesem Jahr mit der Schule einen Umzug machen. In wochenlanger Arbeit hatten sie mithilfe ihrer Lehrer aus einfachstem Material Kostüme gefertigt, und meine Kinder wollten, dass ich sie anschauen komme. Ich dachte an meine Haut, diese schreckliche Haut, die nicht abheilen wollte, egal, was ich anstellte, und wusste zugleich, dass ich es den Kindern nicht antun konnte, zu ihrem Umzug nicht zu erscheinen.

»Okay, okay, ich komme«, versprach ich ihnen und fragte mich mit einem Anflug von Galgenhumor, ob ich mir nicht ein Frankensteinkostüm anziehen sollte – die passende Gesichtsmaske trug ich ja ohnehin schon.

Als die Kinder später wieder in der Schule waren, nickte Julien mir zufrieden zu. »Ich bin froh, dass du dich endlich unter Leute traust. Es ändert doch auch nichts: Du siehst aus, wie du aussiehst, und es geht niemanden etwas an. Du bist durch das alles schon sehr in allem behindert – wenn du dich zusätzlich noch einsperrst, behinderst du dich nur noch mehr!«

»Ich wünschte nur, ich hätte es schon hinter mir«, seufzte ich, aber natürlich hatte Julien recht: Auf der einen Seite stand die Behinderung durch die Krankheit, auf der anderen die Behinderung, die man sich selbst noch zusätzlich auflud, weil man sich nicht mehr unter Menschen traute und dabei nach und nach aller sozialen Kontakte ledig wurde.

»Ich hoffe nur, du kommst mit zu dem Umzug. So kann ich mich wenigstens hinter dir verstecken!« Ich grinste und vergrub mein Gesicht zum Spaß unter seinem Pulli. »Ja, so müsste es gehen.«

»Quatschkopf«, lachte Julien, versprach aber, dass er mitkommen wollte. »Außerdem will ich die Kinder doch auch sehen!«

Um kurz vor drei am nächsten Nachmittag fand der Karnevalsumzug statt. Ich verließ das Haus erst in allerletzter Minute. Splitterfasernackt hätte ich mich den Blicken anderer nicht ausgesetzter fühlen können. Meine kaputte Haut. Durchlässig, ungeschützt, offen, verletzt. Und das alles musste ich nun offen zur Schau tragen. Ich verbot mir, weiter darüber nachzudenken, und ergriff Juliens Hand. Er sah mich an und drückte meine Hand so fest, dass meine Knöchel knackten.

»Du packst das. Außerdem bist du nicht allein!«
Ich nickte ihm dankbar zu.
Genau wie ich befürchtet hatte, war der Platz vor der Schule schon total gefüllt. Eltern, Großeltern, Tanten, Onkel, alle waren gekommen, um die Kinder in ihren Kostümen zu bewundern. Noch mehr als vor den Leuten, die ich nicht kannte, scheute ich vor denen zurück, die ich kannte. Wir sahen Elena. Als sie mich bemerkte, kam sie zu uns.

»Mal gespannt, als was die Kinder dieses Jahr verkleidet sind. Arnau wollte mir partout nicht verraten, was sie vorbereitet haben!«

»Kiara und Leon mir auch nicht«, erwiderte ich.
Links von Julien, rechts von Elena abgeschirmt, fühlte ich mich schon ein bisschen wohler. Sie markierten meinen Abstand zu den anderen. Sie ersetzten ein Stück weit den Schutz einer intakten Haut und ließen die anderen nicht zu nah an mich und meine Wunden heran.

Das Auto mit der Musik fuhr vor. Die Leute um uns herum waren ausgelassen. Von allen Seiten erklangen Lacher und fröhliche Stimmen. Die ersten warfen mit Konfetti. Als der Musikwagen ein Stück weitergefahren war, konnte man wieder miteinander reden, ohne sich anschreien zu müssen.

»Gleich müssen sie kommen«, meinte Elena nach einem Blick auf ihre Armbanduhr.

Im selben Moment erspähte mich die Mutter eines Jungen aus Kiaras Klasse. Ich fand sie recht nett, allerdings hatten mich ihre Geschwätzigkeit und Undistanziertheit schon immer ein bisschen irritiert. Ich nickte ihr zu und wandte mich Julien zu in der Hoffnung, dass sie nicht zu mir kommen würde, wenn ich mich mit ihm unterhielt. Doch weit gefehlt: Sie stapfte schnurstracks auf mich zu.

»Ach, dich habe ich ja schon ewig nicht mehr gesehen!«

»Jaja«, wich ich aus. Was hätte ich auch sagen sollen? Vor ihr wollte ich meine Geschichte ganz sicher nicht ausbreiten.

»Was ist denn mit deiner Haut? Mann, ist die trocken.«

Ach nee, dachte ich. Ist mir ja noch gar nicht aufgefallen. Zu ihr aber sagte ich nur: »Ja, ist schon wieder auf dem Weg der Besserung.«

»Du musst die Haut mehr eincremen. Ich habe auch immer so trockene Hände, aber dann mache ich eine Creme drauf, die sehr gut hilft. Wie heißt die denn jetzt noch gleich?«

In mir begann es zu brodeln. Trotzdem zwang ich mir ein Lächeln ins Gesicht. Der Mund tat dabei weh. Die Lippen waren heute wieder einmal besonders trocken und rissen bei jeder unbedachten Bewegung auf.

»Ich habe schon eine gute Creme, danke«, versuchte ich, die aufdringliche Dame abzuwehren. Ganz sicher wollte ich gerade ihr nicht erklären, dass und warum ich keine Cremes benutzte.

»Ja, aber vielleicht würde meine besser helfen.« Sie trat noch näher an mich heran, so dicht, dass ich ihren Atem riechen konnte und das Gefühl hatte, dass sie mein Gesicht gleich auch noch berühren würde. Ich wollte zurückweichen, aber ich konnte nicht: Hinter mir standen zu viele Leute.

»Da, die Kinder kommen!«, rief Elena – und endlich ließ die Frau von mir ab und wandte sich den Kindern zu.

»Mach dir nichts draus«, meinte Elena und sah der Dame kopfschüttelnd nach.

»Ich versuche es zumindest«, brummte ich und brachte sogar ein Lächeln zustande, während ich versuchte, das Panikgefühl tief in mir drin unter Kontrolle zu halten.

Kurz darauf lief Leons Klasse an uns vorbei. Sie waren als Marienkäfer verkleidet: Ein roter Plastiksack mit aufgeklebten schwarzen Punkten verhüllte ihre Kleider, auf dem Kopf trugen sie ein schwarzes Stirnband mit Fühlern, ihre Gesichter waren rot angemalt, ihre Nasen mit einem dicken, schwarzen Klecks versehen. Sie sahen hinreißend aus, und ihre Lehrerin, eine für spanische Verhältnisse riesige und überdies recht kräftige Frau, nicht minder. Das Tollste an der Frau war, dass ihr Herz und ihr Humor nicht weniger riesig waren. Sie winkte mir zu, als sie mich sah, und führte ihre Klasse an. Endlich entdeckte ich Leon – und er mich.

»Mama, Mama!«, brüllte er, und dann: »Julien!«

Stolz wie ein Schneekönig lief er Hand in Hand mit einem Klassenkameraden an uns vorbei und bewarf uns mit einer Riesenladung Konfetti. Er strahlte, war glücklich, offensichtlich auch, weil ich da war – und ich fand, sein Strahlen machte das unangenehme Zusammentreffen mit der anderen Frau mehr als wett.

Drei Gruppen weiter kam Kiaras Klasse. Ihre Klassenkameraden und sie waren als Libellen verkleidet, ganz in Grün, auch die Gesichter, mit langen aus Pappe gefertigten Flügeln am Rücken. Auch sie strahlte mich an und platzte fast vor Freude, weil ich wirklich gekommen war. Immer wieder winkte sie uns zu und verteilte im Vorbeigehen lachend großzügig Konfetti über unseren Köpfen.

Wir liefen noch eine Weile neben ihr her, dann überholten wir die anderen, bis wir wieder auf der Höhe von Leons Klasse ankamen. Nach einer knappen Stunde war der Umzug beendet, die Kinder strömten zurück in die Schule, wo heißer Kakao und Blechkuchen auf sie warteten. Ich hatte Leon erlaubt, dass er heute ausnahmsweise einmal »sündigen« dürfe. Seit er die Diät aß, zu der uns im Krankenhaus geraten worden war, hatte er keinen Durchfall mehr gehabt. Seine Haut war weiterhin perfekt. Ich hoffte nur, dass sie auch die Marienkäferschminke schadlos überstehen würde.

»Wollen wir warten, bis sie rauskommen, und sie zusammen abholen gehen?«, fragte Julien. »Es dauert sicher nur eine halbe Stunde. Wir könnten in der Zwischenzeit einen Kaffee trinken gehen.«

Ich überlegte nicht lange und nickte. Gesehen hatten mich jetzt ohnehin alle. Es wurde Zeit, dass ich wieder zu leben anfing. Einen Kaffee bestellte ich mir natürlich nicht, aber einen schönen heißen Tee ohne Teebeutel. Heißes Wasser wärmt schließlich auch.

Als wir die Kinder eine halbe Stunde später abholten, war der Platz vor der Schule wieder voller Menschen. In Katalonien ist das so: Bis zum Alter von zehn, elf Jahren werden fast alle Kinder von den Eltern oder Großeltern von der Schule abgeholt. Als meine Kinder letztes Jahr im Winter einmal für ein paar Monate in Deutschland in die Schule gehen mussten, war ich total erstaunt, dass dies dort nicht so war: Selbst die kleinsten Pimpfe der ersten Klasse stapften in der 10 000-Einwohner-Stadt meiner Mutter morgens im Stockdunkeln mutterseelenallein zur Schule. Auf die Idee käme hier niemand, obwohl es um neun Uhr, wenn die Schule bei uns anfängt, natürlich schon taghell ist und die Gefahr von Kidnapping oder rasanten Autofahrern in unserem 4 000-Seelen-Dorf denkbar gering war.

Während wir auf die Kinder warteten, kam die Mutter eines Jungen aus Leons Klasse zu mir. Sie wusste, dass ich Neurodermitis habe. Wir hatten uns schon früher öfter darüber unterhalten, weil auch ihr Sohn – wie Leon – damit belastet ist.

»Ich habe von Elena schon gehört, was du alles mitgemacht hast«, meinte sie.

Ich hob die Achseln. »Na ja, man überlebt es. Irgendwie zumindest.«

»Und was machst du jetzt?«

»Auf jeden Fall nehme ich kein Cortison mehr.« Ich zählte ihr auf, was ich derzeit alles unternahm.

»Seit du mir das alles vor deiner Fahrt ins Krankenhaus erzählt hast, gebe ich Ferran auch kein Cortison mehr. Im Moment geht es ihm, Gott sei Dank, sowieso recht gut.«

Ich erinnerte mich natürlich an unser Gespräch. Ich hatte ihr damals klarzumachen versucht, dass sie mit dem Cortison die Ekzeme nur unterdrückte und auf Dauer Gefahr lief, dass der Körper immer heftiger dagegen anging und die Neurodermitis dadurch nur noch schlimmer wurde. Ein Ekzem zu unterdrücken war eben keine Heilung. Zudem hatte ihr Sohn seit einem Jahr Asthma. Mich wunderte das nicht. Der Körper sucht sich eben immer wieder neue Wege.

»Hast du inzwischen einen Homöopathen gefunden?«

Carina schüttelte den Kopf. »Aber die Kinderärztin hat mir eine neue Salbe verschrieben. Ohne Cortison. Seither geht es ihm gut. Vielleicht solltest du sie auch einmal versuchen.«

Mir schwante, welche Creme sie meinte. »Meinst du eine Creme mit dem Wirkstoff Pimecrolimus oder Tacrolimus?«

Carina nickte. »Tacrolimus, ja, genau!«

Ich unterdrückte ein Stöhnen. Pimecrolimus und Tacrolimus sind immunsuppressiv, unterdrücken also immunologische Prozesse im Körper. »Salben mit diesem Wirkstoff hat mir mein Hausarzt in Deutschland auch mal aufgeschwatzt, allerdings ohne mich über die Risiken aufzuklären. Und geholfen haben sie bei mir auch nicht.«

»Welche Risiken denn?«

»Nun, zum Beispiel, dass man damit nicht in die Sonne gehen sollte – was hier bei uns ja gar nicht so einfach ist.« Ich hob die Hand. Auch wenn es kalt war, schien doch, wie fast immer, die Sonne.

»Davon hatte mir die Kinderärztin allerdings auch nichts gesagt. Ich habe es aber auf dem Beipackzettel gelesen und sie noch einmal angerufen. Sie meinte, wenn man nach dem Auftragen eine halbe Stunde wartet, bis man rausgeht, oder einfach ein bisschen Sonnencreme darüberschmiert, dürfte die Sonne kein Problem sein.«

»Na, ihre Gesundheit ist es ja auch nicht, mit der sie da spielt«, erwiderte ich trocken.

Sie zuckte mit den Schultern.

»Von meiner spanischen Hausärztin weiß ich außerdem, dass diese Salben in Amerika ziemlich in Verruf geraten sind. Sie sind noch recht neu auf dem Markt. Es gibt bislang keine Erkenntnisse über die Langzeitanwendung und noch weniger, wie sich die Salben auf das Immunsystem von Kindern auswirken. Es besteht der Verdacht, dass Pimecrolimus und Tacrolimus zu Haut- und Lymphknotenkrebs führen können.«

Carina schluckte. »Die Tube bringe ich doch gleich nachher in die Apotheke, damit sie sie entsorgen!«

»Es gibt bislang nun einmal keinen leichten, bequemen und sicheren Weg, Neurodermitis loszuwerden. Aber ich finde, man sollte wenigstens alles unterlassen, was das Ganze noch schlimmer macht.«

◆ ◆ ◆

Warnhinweis für Pimecrolimus und Tacrolimus

Die amerikanische Zulassungsbehörde FDA hat für Derma-
tika mit den Wirkstoffen Pimecrolimus und Tacrolimus einen Warnhinweis (black box warning) erlassen. Anlass sind
Krebserkrankungen im Tierversuch und im Zusammenhang
mit der Anwendung der Externa, die zur Behandlung von
Ekzemen eingesetzt werden.

(Quelle: http://www.deutscher-apotheker-verlag.de/daz_
neu/public/tagesnews/Maerz/tagesnews20050323b.html)

KAPITEL 18

Ein Stück richtige Haut

*Mehr als die Vergangenheit interessiert mich die Zukunft,
denn in ihr gedenke ich zu leben.*

Albert Einstein

Nach dem Erfolg mit dem Leitungswasser versuchte Mireilla bei unserer nächsten Sitzung, die ersten Lebensmittel auszuleiten. An mehr als zwei Nahrungsmittel pro Sitzung wollte sie sich jedoch nicht wagen, da in meinem Körper noch so vieles »durcheinander« war. An diesem Tag legten wir eine Mango auf das Testgerät. Wie nicht anders zu erwarten war, lag die Allergie bei hundert Prozent. Mireilla invertierte die Frucht, was auch gut funktionierte. Dennoch meinte sie, ich solle mit dem Mangoessen lieber noch warten, bis wir in der nächsten Sitzung noch einmal nachgetestet hätten. Genauso verfuhr sie mit den gebratenen Champignons, die ich mitgebracht hatte. Nach der nächsten Sitzung, eine Woche später, konnte mir Mireilla für beide Nahrungsmittel grünes Licht geben.

Gespannt aß ich am Abend einen Löffel Mango – die Pilze mussten noch zwei Tage warten, damit ich erst einmal die Reaktion auf die Mango sah. Bis zum nächsten Tag zeigte sich keine Reaktion, sodass ich am Mittag mit gutem Gefühl den Rest der Mango aß. Zu meiner großen Freude stellte sich auch diesmal keine Hautverschlechterung ein. Damit hatte ich jetzt zumindest ein Lebensmittel mehr auf meinem noch immer sehr kargen Speiseplan stehen. Am nächsten Tag wagte ich mich an die Champignons. Auch das klappte hervorragend. Ich fühlte mich, als hätte ich Geburtstag, und trällerte den ganzen Abend vor Freude vor mich hin. Mein Sohn lachte mich aus.

»Mensch, Mama, Mango und Pilze – so toll ist das nun auch wieder nicht«, meinte er. »Schokolade, das wäre stark!«

Dabei dachte er natürlich an sich, da Schokolade weiter auf seiner Verbotsliste ganz oben stand. An Schokolade aber würde ich mich wohl eher nie mehr herantrauen, schon allein deswegen nicht, weil Schokolade biogene Amine enthält, die den Abbau von Histamin im Körper hemmen. Aber der Verzicht auf Schokolade war das Letzte, was mich belastete. Wenn es mir nur gelänge, irgendwann ein Level zu erreichen, das es mir erlauben würde, wieder einmal einigermaßen »normal« zu essen.

In den nächsten Wochen beruhigte sich meine Haut ein wenig. Die Verschuppung ließ etwas nach, sodass ich nicht mehr jeden Morgen Ewigkeiten an mir herumzupfte und herumschabte (was ich eigentlich ohnehin nicht sollte), um die toten Hautschuppen von meinem Gesicht zu entfernen (kratzen durfte ich noch weniger, tat es aber manchmal doch, vor allem da, wo die Schuppenschicht so dick wie ein Panzer war), und die Ödeme gingen zurück.

Dann aber geriet der Heilungsprozess erneut ins Stocken. Eines Morgens fiel mir auf, dass ich mich schon so sehr an mein »neues Gesicht« mitsamt den Schuppen, Falten und Rötungen gewöhnt hatte, dass ich mich kaum noch an das alte, mein eigentliches Gesicht erinnern konnte. Bang fragte ich mich, ob ich dieses »alte Gesicht« überhaupt eines Tages zurückbekommen würde. Diese ständigen Entzündungen und Ödeme, diese sich bis in die untersten Hautschichten erstreckende Trockenheit – würde das nicht bleibende Spuren hinterlassen, zumal ich keine zwanzig mehr war?

»Hör auf, darüber nachzugrübeln«, meinte Julien, als ich diesen Gedanken einmal ihm gegenüber aussprach. »Du bist, was du bist – nicht, wie du aussiehst.«

Das sagte sich leicht. Sicher wollte er mich nur trösten, aber die Frage beschäftigte mich dennoch weiter.

Trotzdem stieg meine Laune spürbar an, und die leichte Besserung trieb mich dazu an, nun öfter wieder das Haus zu verlassen. Überdies ging ich nun einmal die Woche zu einer Psychologin. Meine Erkrankung, die Verunsicherung, die sie in mir ausgelöst hatte, die Geschichte mit Arno, die Ängste meiner Tochter und meine ständige innere Unruhe und Nervosität, die einfach nicht weichen wollten – es gab noch so vieles, worüber ich mir klar werden und was ich in mir abschließen musste. Bei der Psychologin konnte ich mir meine Ängste von der Seele reden. Gemeinsam mit ihr suchte ich nach einem Weg, wie ich insgesamt wieder ruhiger und ausgeglichener werden konnte – damit sich auch meine Haut weiter beruhigen konnte. Von Anfang an war mir klar, dass dies kein einfacher oder schneller Weg sein würde, aber ich sah es als Teil des Ganzen, als einen weiteren Baustein für das Abheilen meiner Haut. Und nichts wünschte ich mir sehnlicher.

Inzwischen war es Ende April, und es war schon so herrlich warm, dass man im T-Shirt aus dem Haus gehen konnte – einer der Vorteile des Lebens am Mittelmeer. Ich nutzte das schöne Wetter, um noch öfter und länger an den Strand zu gehen. Die Ruhe, die Seeluft, der Blick aufs Meer, die Sonne (solange sie mein Gesicht nicht direkt traf) taten mir gut, beruhigten meine Seele und meine Nerven – und dies gab meiner Haut einen neuen Heilungsschub. Nie werde ich vergessen, wie mir meine Tochter in dieser Zeit eines Abends erstaunt über das Gesicht strich und rief:

»Mensch, Mama, du hast da ja auf einmal eine Stelle auf der Wange, auf der wieder richtige Haut zu fühlen ist!«

Ich strich über die Stelle, wo ihre Hand eben gewesen war, und es stimmte: Die extreme Verschuppung meiner Haut war an dieser Stelle so weit zurückgegangen, dass man echte, feine, glatte Haut fühlen konnte. In den folgenden Tagen schob sich immer mehr »richtige« Haut zwischen die Ekzemflecke. Ich konnte es kaum glauben und freute mich wie ein Schneekönig. Die neue Haut sah natürlich noch sehr mitgenommen aus, war weit trockener als gesunde Haut, hatte viele Falten, die mir von meinem Alter her eigentlich noch gar nicht »zustanden«, aber es ging doch endlich voran, wenngleich auch noch nicht alle Ekzemstellen abheilten. Vor allem die Flecke um die Augen und am Hals hielten sich hartnäckig. Zudem schlief ich jetzt nachts wieder deutlich besser. Meist dauerte es nur noch eine halbe Stunde, bis ich einschlief (ganz ohne Kühlakku und kratzen ging das leider immer noch nicht). Ich wachte nachts seltener auf, die Knochenschmerzen als Folge des Cortisonentzugs ließen deutlich nach, und ich war voller Hoffnung, dass dieser Albtraum nun doch noch einmal ein Ende finden würde. Auch meine Haare wuchsen endlich nach: Überall da, wo die Schuppen meine Haare »abrasiert« hatten, sprossen kleine Igelstacheln in die Höhe; an den kahlsten Stellen waren sie so dicht wie frisch ausgesäter Rasen. Endlich stoppte auch der cortisonbedingte Haarausfall. All dies gab mir natürlich großen Auftrieb. Als ich meine Augen zum ersten Mal seit meiner Einweisung ins Krankenhaus – aller »Rest-Scheußlichkeit« meines Anblicks zum Trotz – wieder mit Wimperntusche und schwarzem Kajal schminkte, wie ich es sonst immer getan hatte, trat Julien strahlend vor mich und sagte: »Jetzt geht es aufwärts: Du hast endlich wieder deine Ohrringe angelegt.«

Ich musste grinsen: Die Ohrringe trug ich schon seit drei Wochen wieder, ohne dass ihm dies bisher aufgefallen war. Irgendwie »sehen« Männer eben anders als Frauen. Ich gab ihm einen Kuss – ich liebte ihn gerade wegen seiner »Blindheit«.

Zwei Tage später, an einem meiner einsamen Strandvormittage, legte plötzlich jemand von hinten seine Hände auf meine Augen. Ich dachte, es sei Julien, der mir nachgefahren war, und lachte erfreut auf.

»Was treibt dich denn hierher?«

Doch die Stimme, die mir antwortete, war nicht die von Julien. Sie war weicher, heller, einschmeichelnder. Es war Arno. Er trat vor mich.

»Endlich treffe ich dich mal!«

Ich erschrak, und das aus den verschiedensten Gründen. Zum einen war es mir unangenehm, dass Arno mich mit dieser – noch immer desolaten – Haut sah. Jemand, der mich nicht kannte, hätte mich auf Ende fünfzig geschätzt, was auch schon ein Gewinn war: Im Krankenhaus hätte noch eine Neunzigjährige im Faltenwettbewerb gegen mich gewonnen. Mit dieser kaputten, offenen Haut fühlte ich mich weiterhin unendlich verletzlich, angreifbar und schutzlos und hätte alles darum gegeben, wenn Julien jetzt hier gewesen und mich vor jedweder Diskussion mit Arno bewahrt hätte, indem er ihn zum Teufel schickte.

Mir fiel ein, wie es war, nachdem Arno damals herausgefunden hatte, dass ich nun mit Julien zusammen war. Täglich hatte er mir an irgendeiner Straßenecke aufgelauert und versucht, mir die Beziehung mit Julien auszureden.

»Ich wollte keine Trennung für immer, Anna, nur für so lange, bis das mit meiner Tochter wieder in der Reihe ist! Lass den Quatsch mit dem Kerl. Mensch, wir lieben uns doch!«

»Erstens ist Julien kein ›Kerl‹, und zweitens weiß ich schon lange nicht mehr, was du eigentlich unter lieben verstehst. Außerdem habe ich den Eindruck gewonnen, dass du generell nicht so ganz weißt, was du willst.«

»Anna, bitte, du weißt, dass das nicht stimmt und dass ich dich will und dass wir zusammengehören. Das zwischen uns ist etwas so Besonderes und …«

»Hör auf, Arno. Ich kann nicht mehr, und ich will auch nicht mehr!«

Ich kehrte mit meinen Gedanken zurück ins Hier und Jetzt und sah Arno an. Viele Monate hatte ich ihn nicht mehr gesehen, und ich musste mir eingestehen, dass er mir trotz allem nicht gleichgültig war. Beklommen sah ich mich um. Ich hatte Angst, dass Julien auf einmal tatsächlich ebenfalls auftauchen und mich mit Arno sehen könnte. Julien war sehr eifersüchtig – er meint, das sei das Erbe seines italienischen Großvaters –, und er hätte die Situation leicht missverstehen können. Diese Besessenheit, mit der Arno mich in der ersten Zeit unserer Beziehung auf Schritt und Tritt verfolgte, hatte Julien oftmals an den Rand der Weißglut gebracht. Da half es auch nur wenig, dass ich ihm ständig versicherte, dass das Ganze nicht von mir, sondern einzig und allein von Arno ausging und ich diesem schon mehrmals deutlich gesagt hatte, er solle es unterlassen, mir überall aufzulauern. Vorbei war vorbei – jedenfalls bei mir. Arnos »Nachstellerei« hatte aber erst dann aufgehört, als Julien ihm einmal gehörig – und mit meiner Billigung – die Meinung gesagt hatte.

»Warum bist du hergekommen?«, fragte ich Arno. »Du weißt genau, dass Julien nicht will, dass du mir hinterherläufst. Und ich übrigens auch nicht.«

»Aber ich habe dich jetzt seit Monaten nicht gesehen. Wo warst du überhaupt so lange? Auch dein Haus war über Wochen zu. Und dann habe ich deine Kinder immer nur mit Julien gesehen.«

Ich schüttelte den Kopf. Ich hatte keine Lust, ihm von diesen letzten Monaten zu erzählen. Sie gingen ihn nichts an. Schlimm genug, dass er das ganze Hautdrama – zumindest indirekt – ausgelöst hatte.

Arno trat noch näher auf mich zu.

»Tatjana hat gesagt, du wärst im Krankenhaus gewesen.«

Tatjana ist eine Nachbarin von mir. Sie hat sich, während auch Julien und die Kinder in Deutschland waren, um unser Haus gekümmert und unseren Hund und unsere Katze versorgt.

»Wenn du schon weißt, wo ich war, warum fragst du dann?«, gab ich knapp zurück.

»Warum warst du im Krankenhaus?«

Ich machte eine Geste zu meinem Gesicht. »Ich denke, das sieht man!«

Er strich mir über die Wange. Ich zuckte zurück.

»Lass das!«

»Ich liebe dich immer noch. Und ich vermisse dich. Tag und Nacht.«

»Aber ich dich nicht. Und jetzt wäre ich gern wieder allein.«

»Nimmst du immer noch die Cortisontabletten?«

»Auch die Frage beantwortet sich von allein, wenn du mich richtig ansiehst.«

Er hob abwehrend die Hände. »Jetzt sei doch nicht so giftig. Wenn die Probleme mit meiner Tochter nicht gewesen wären …«

Ich erhob mich, schnappte mein Strandlaken und ging zu meinem Wagen.

»Jetzt warte doch!«

Ich lief weiter.

»Können wir nicht wenigstens mal einen Kaffee trinken gehen? Morgen, wenn du die Kinder in die Schule gebracht hast?«

Ich fuhr herum. »Sag mal, du willst es wohl einfach nicht verstehen. Erst machst du mich krank mit deiner Unentschlossenheit, dann muss ein anderer kommen und mir helfen, mit all den daraus resultierenden Problemen irgendwie fertig zu werden, und wenn ich nun gerade langsam wieder anfange, die ersten Schritte allein zu gehen – und das in jeder Hinsicht – soll ich alles vergessen, was war, und einen Kaffee mit dir trinken gehen?«

»Jetzt beruhig dich doch …«

»Du hast nichts kapiert, oder? Dir ist gar nicht klar, was du mir mit deinem ewigen Hin und Her angetan hast!«

»Aber ich sage doch, das war nur wegen meiner Tochter; und jetzt, wo endlich alles geklärt ist …«

Ich lief weiter, setzte mich in mein Auto und fuhr mit durchdrehenden Reifen los – bevor ich noch selbst völlig durchdrehte.

Julien sah mir bei meiner Rückkehr natürlich sofort an, dass irgendetwas vorgefallen war.

»Was ist?«, fragte er. »Du kommst doch sonst viel später zurück und überdies nicht mit diesem verbissenen Gesichtsausdruck.«

Ich winkte nur ab und sank auf den Küchenstuhl. Mir war klar, dass Julien einen mittleren Tobsuchtsanfall bekommen würde, wenn ich ihm gestand, wer mich am Strand heimgesucht hatte. Zu Recht, wie ich sagen muss. Arnos Verhalten war schlichtweg unverschämt.

»Nichts war«, brummte ich und leerte ein großes Glas Wasser in einem Zug.

»Natürlich war etwas. Das sehe ich dir doch an.«

Ich sagte Julien trotzdem nicht, was am Strand gewesen war, sondern verzog mich ins Schlafzimmer und zog mir die Decke über den Kopf. Julien nahm mir mein Schweigen übel. Über Tage redete er nur noch das Nötigste mit mir. Bleibt lediglich noch zu erwähnen, dass ich am nächsten Morgen neue nässende Stellen im Gesicht hatte.

Schon drei Tage später lief mir Arno wieder über den Weg. Gewiss war dieses »Wiedersehen« noch weniger ein Zufall als das einige Tage zuvor am Strand. Er legte es darauf an.

Diesmal kam er in einem der Cafés im Hafen auf mich zu. Die Kinder spielten mit ihren Freunden am Strand Fußball – zum Schwimmen war es noch zu kalt –, ich trank ein Wasser und las. Julien wollte später nachkommen.

»Wollen wir jetzt einen Kaffee zusammen trinken?«, fragte mich Arno und schenkte mir sein schönstes Unschuldslächeln.

Ich umklammerte mein Buch. »Nein.«

»Aber warum denn nicht? Da ist doch nichts dabei – hier, in aller Öffentlichkeit!«

»Wenn die Kinder dich mit mir sehen, werden sie Julien davon erzählen, und ich will Julien nicht verletzen. Vergiss einfach, dass es mich gibt.«

»Ich kann dich aber nicht vergessen.«

»Das hättest du dir früher überlegen sollen.«

»Bitte, Anna, gib mir noch eine einzige, letzte Chance!«

Ich sah ihn an, ihn und seine geradezu unglaublich blauen Augen, und spürte, wie mein dummes Herz schneller zu klopfen begann.

»Bitte, Arno, lass mich in Ruhe und geh jetzt.«

»Nur wenn du mir versprichst, dass wir uns an einem anderen Tag treffen.«

Ich rief den Kellner, um zu bezahlen.

»Jetzt lauf doch nicht schon wieder weg!«

Ich ignorierte ihn, zahlte, rief die Kinder, und sosehr sie auch schimpften und meuterten, weil sie weiter mit ihren Freunden spielen wollten – ich verfrachtete sie ins Auto. Arno sah uns vom Lokal aus nach und trat gegen einen Stein. Als die Kinder endlich auf dem Rücksitz saßen, kam Julien.

»Wieso seid ihr denn schon im Auto? Wir wollten uns doch hier treffen.«

Vor lauter Ärger hatte ich gar nicht mehr daran gedacht, dass wir hier verabredet waren. Ich wusste nicht, was ich sagen sollte, aber Leon – im idealen Alter für alle Indiskretionen dieser Welt – rief da ohnehin schon: »Nur wegen diesem doofen Arno hat sie uns nicht mehr spielen lassen!«

Ich sah, wie sich Juliens Miene verdunkelte, und stieß deutlich hörbar einen Schwall Luft aus. »Was kann ich denn dafür, wenn er hier auftaucht? Ich habe ihm gesagt, er soll mich in Ruhe lassen, aber er ist trotzdem nicht gegangen. Da habe eben ich das Feld geräumt.«

Juliens Miene blieb unverändert dunkel.

»Jetzt mach doch nicht so ein Gesicht!«

Er wandte sich von mir ab, brummte: »Wir sehen uns zu Hause«, und dann stürmte er wortlos davon.

Julien kam eine halbe Stunde nach uns nach Hause und ging auf direktem Weg in sein Arbeitszimmer. Als er an mir vorbeilief, sah ich, dass seine Stimmung noch ebenso düster war wie im Hafen: Sein Mund war so fest verschlossen, dass man eine Brechstange gebraucht hätte, um ihn aufzubekommen. Mir wurde klar, dass ich ihn besser in Ruhe ließ, und kümmerte mich ums Abendessen. Für Julien und die Kinder wollte ich Nudeln mit Rindergulasch machen, für mich Kartoffeln und Pilze. Beim Abschmecken der Gulaschsoße brauchte ich, wie immer, einen Nichtallergiker. Ich selbst hätte von der Soße noch nicht einmal einen kleinen Teelöffel zu mir nehmen können, ohne einen Rückfall meiner Haut zu provozieren. Ich nahm einen Löffel Soße ab und ging damit in Juliens Zimmer. Er hatte kein Licht gemacht und saß düster vor sich hin blickend in seinem Sessel.

»Kannst du bitte mal die Soße probieren?«

»Mir ist der Appetit vergangen.«

»Kannst du trotzdem probieren?«

Er tat es und nickte. »Schon gut so.«

»Kommst du bitte essen?«

Er schüttelte den Kopf.

»Jetzt mach doch nicht mir zum Vorwurf, dass mir dieser Wirrkopf hinterherläuft!«

Julien schwieg.

Mir war klar, dass es für ihn – noch dazu eifersüchtig, wie er nun einmal war – nicht einfach war, mit dieser Situation umzugehen. Auch ich, die ich kein bisschen zur Eifersucht neige, hätte mich nicht gern in einer solchen Situation befunden. Andererseits aber konnte ich doch nichts dafür, dass Arno nicht aufgab.

»Julien, jetzt reg dich bitte wieder ab! Ich lebe mit dir, ich liebe dich und will auch mit keinem anderen zusammen sein. Und damit sollten wir es gut sein lassen.«

Er sah mich an. »Er war neulich auch am Strand, an dem Tag, als du so früh zurückgekommen bist, stimmt's?«

Ich seufzte und nickte.

»Und warum hast du mir das nicht gesagt?«

»Weil du dann genauso reagiert hättest wie jetzt. Und die Situation war die gleiche: Er ist gekommen, und ich bin aufgestanden und gegangen. Mehr war nicht!«

»Ich will nicht, dass du dich mit ihm triffst – oder wenn es das ist, was du willst, dann sag es mir wenigstens!«

»Ich will es nicht, und ich treffe mich auch nicht mit ihm. Er läuft mir nach!«

»Und seit wann wieder? Oder hat das überhaupt nie aufgehört?«

»Doch, natürlich hatte es aufgehört. Aber jetzt fängt er scheinbar wieder an. Heute habe ich ihn zum zweiten Mal gesehen.«

Julien schwieg wieder. Auf einmal musste ich lachen.

»Ich weiß nicht, was es da zu lachen gibt«, knurrte Julien.

»Aber ich!«, rief ich. »Weißt du, wenn ich mich im Spiegel sehe, möchte ich mich am liebsten aus dem Fenster stürzen, und dann gibt es da zwei Männer, die sich wegen mir an die Gurgel gehen würden!« Ich musste noch immer lachen. »Na los, jetzt hör schon auf zu schmollen, und komm essen!«

Als Julien nicht reagierte, boxte ich ihm gegen den Arm. »He, Mann, ich liebe dich!«

Er packte mich um die Taille und zog mich auf seinen Schoß. »Das von deinem Gesicht und dem Fenster will ich nie mehr hören!«

»War ohnehin nicht ernst gemeint. Wie du weißt, bin ich alleinerziehende Mutter von zwei minderjährigen Kindern. Da bleibt einem noch nicht einmal diese Alternative!« Ich grinste ihn an. Julien knurrte. »Ich liebe dich einfach, verstehst du? Und jetzt hör endlich auf zu lachen!«

Aber das konnte ich nicht. Die Situation war einfach zu grotesk.

»Du bist albern!«, schimpfte Julien mich aus.

»Aber es tut mir gut!«, gab ich grinsend zurück. »Verdammt gut sogar!«

Julien küsste mich. Wieder einmal dankte ich dem Himmel, dass er ihn in mein Leben geführt hatte.

KAPITEL 19

DIE REHA

Wenn das auch Irrsinn ist, so hat es doch Methode.

William Shakespeare in *Hamlet, Polonius*

Arno lauerte mir in den nächsten Wochen immer wieder auf, und jede Begegnung mit ihm wirkte auf meine Haut wie eine Ohrfeige. Wenigstens bekam Julien von diesen neuen unfreiwilligen Treffen nichts mehr mit; das hätte ihn nur stets aufs Neue verletzt. Ich ließ Arno jedes Mal mitsamt seinem Jammern, seinen Klagen und Bitten stehen. Schließlich hatte er sich das alles selbst eingebrockt. Er weinte jetzt, ich hatte vorher geweint. Erst Mitte Juni verschwand er von der Bildfläche. Ich nahm an, dass er nach Holland gefahren war. Da hatte er noch immer einen zweiten Wohnsitz.

Ebenfalls im Juni erreichte mich ein Brief von meiner Krankenkasse. Die Kasse rechnete mir vor, wie lange ich schon krankgeschrieben war, und meinte, dass nun dringend etwas dafür getan werden müsse, um meine Arbeitsfähigkeit wiederherzustellen. Ich empfand den Brief als persönlichen Angriff, gerade, als wolle ich mich davor drücken, wieder zu arbeiten, und täte selbst gar nichts dazu, um gesund zu werden. Was der Krankenkasse nun konkret vorschwebte, war, dass ich mich in eine Reha begab.

Sehr schön, dachte ich, und die Kinder stecke ich in der Zwischenzeit in die Tiefkühltruhe. Oder wie stellen die sich das vor?

Ich rief den Sachbearbeiter an, der mich angeschrieben hatte. Er war ein sehr netter, hilfsbereiter Mann und verstand mein Dilemma. Meine Mutter hatte inzwischen noch mehr mit ihrem an Alzheimer erkrankten Mann zu kämpfen, und sosehr sie ihre Enkel auch liebte, ihrem Mann war die geballte Dosis meiner quicklebendigen, vor purer Lebensfreude nur so sprudelnden Kinder nicht zuzumuten – schon gar nicht über einen Zeitraum von drei Wochen. Sie sprachen laut und ständig, waren ununterbrochen in Bewegung und somit nur in einem Land wie diesem hier gut zu ertragen, in dem es fast nie regnete und sie ihre überschüssige Energie jahrein, jahraus im Freien abreagieren konnten.

»Dann nehmen Sie sich eine Haushaltshilfe«, meinte der nette Sachbearbeiter. »Die Krankenkasse zahlt auch dafür.«

Wenn ich mich recht erinnere, zahlt die Krankenkasse 8,50 Euro die Stunde – für maximal acht Stunden am Tag. Meine Kinder waren damals fünf und zehn Jahre alt und brauchten natürlich mehr als nur acht Stunden Aufsicht am Tag und konnten auch zum Schlafen nicht allein bleiben. Das sagte ich dem netten Herrn. Er verstand mich, musste mir aber leider sagen, dass ich, wenn ich das Kurangebot ablehnen sollte, mit Konsequenzen zu rechnen hätte. Die konnte ich mir schon denken. Dann würden sie kein Krankengeld mehr bezahlen.

Am nächsten Morgen war meine Haut im Gesicht und am Hals ganz rot und an vielen Stellen aufgekratzt, und ich hatte so viele neue nässende Stellen, dass ich hätte heulen können. Im Sommer war meine Haut schon immer besser geworden. Warum sollte ich dann gerade jetzt von hier weggehen? Das machte doch alles keinen Sinn.

Julien schlug mir vor, dass er die Kinder versorgen könne, während ich in Kur war.

»Und deine Arbeit?«, fragte ich ihn.

»Dann nehme ich mir eben unbezahlten Urlaub.«

»Und den lassen wir mit acht Euro fünfzig die Stunde ent-
gelten? Da machst du aber einen schlechten Tausch!«

»Hast du eine bessere Idee?«

Die hatte ich allerdings nicht.

Schon vier Wochen später musste ich abreisen: in eine Kurklinik auf einer deutschen Nordseeinsel. Die Kinder brachen
schon Tage vor meiner Abreise alle paar Stunden in Tränen
aus, vor allem Leon war nicht zu trösten. Und auch in mir
brodelte und kochte es: Es war einfach ein ebenso unsinni-
ger wie falscher Moment für eine Kur, sowohl für mich als
auch für die Kinder. Bis ich in der Kurklinik ankam, war
ich so rot und aufgekratzt wie schon lange nicht mehr und
verfluchte die Geister, die mich hierher getrieben hatten.
Auch die Tatsache, dass die Reha-Anlage sehr schön und die
Umgebung und dazu auch noch das Wetter herrlich waren,
konnte mich nicht trösten. Mir fehlten meine Kinder und
Julien, und ich kam mir wie eine ganz schreckliche Rabenmutter vor, weil ich meine Kinder schon wieder allein gelassen hatte. Immerhin hatten Kiaras »Visionen« mit Ende
des Schuljahres aufgehört. Sie schlief nachts wieder gut, die
mysteriöse »Frau«, die ihr immer wieder erschienen war,
hatte ihre Horrortätigkeit eingestellt. Mir war klar, dass der
Auslöser ihrer »Erscheinung« trotzdem nicht die Schule,
sondern meine Erkrankung war. In ihrem Kopf hatte sich
meine Erkrankung nur mit dem Schulstress vermischt. Einen
Stress allein konnte sie scheinbar verkraften, beide zusammen
nicht.

Auch hier in der Klinik wurde zunächst eine gründliche
Anamnese durchgeführt. Anschließend sprach die Ärztin
mit mir über Salben und Cremes. Ich sagte ihr, dass ich mit
so ziemlich allen Salben Probleme hatte, und das umso mehr,
je schlechter mein Hautbild war.

»Nur wenn die Haut gut abgeheilt ist, vertrage ich Cremes. Allerdings hat meine Heilpraktikerin in den letzten Wochen verschiedene Cremebestandteile mit Bioresonanz bearbeitet. Es ist möglich, dass ich die eine oder andere Creme inzwischen vertrage.«

»Dann probieren wir das doch gleich aus«, meinte sie. »Da Ihre Haut noch sehr entzündet ist, würde ich anfangs gern eine Cortisoncreme benutzen.«

Ich glaubte, nicht richtig gehört zu haben. »Sie wollen mir *was* geben?«

»Mit Cortison heilt Ihre Haut im Nu ab!«

Ich war nahe daran aufzustehen und wieder nach Hause zu fahren. Über 2000 Kilometer hatten sie mich durch halb Europa gejagt, und das alles nur, um mich wieder mit Cortisoncreme »zu behandeln«?

»Vergessen Sie es. Ich war im Winter zum Cortisonentzug im Krankenhaus. Cortison ist das Letzte, was ich in meinem Leben noch einmal an mich heranlasse!«

»Cortison ist aber ein sehr wirksames Medikament.«

»Wenn Sie hinter sich hätten, was ich hinter mir habe, würden Sie das auch anders sehen. Und von Cremes mit den Wirkstoffen Pimecrolimus und Tacrolimus brauchen Sie mir auch nichts zu erzählen.«

»Wie Sie meinen.« Die Stimmung im Raum sank um etliche Grade.

Sie reichte mir einen Zettel mit einer Teer- und einer Antibiotikacreme, die ich mir im Schwesternzimmer abfüllen lassen sollte. »Die Antibiotikacreme nehmen Sie morgens und mittags, die Teercreme ist für nachts. Und achten Sie darauf, dass Sie nicht ihr bestes Nachthemd anziehen: Teerflecken gehen schlecht wieder raus.«

Ich nickte. Anschließend erzählte ich ihr von der höchst beschränkten Auswahl an Lebensmitteln, die ich vertrug. Sie notierte es sich und meinte, dass sie einen Termin mit der Diätassistentin für mich vereinbaren würde. In meinem Postfach im Eingangsbereich würde ich morgen überdies eine Liste mit den Aktivitäten finden, die sie für mich zusammenstellen würde. Dann rief sie die Schwester, die mir mein Zimmer zeigte. Es war sehr schön, groß und hell und verfügte über ein eigenes Badezimmer. Die Schwester klärte mich auch über die Essenszeiten auf. Dann war ich allein und begann die Minuten zu zählen, bis ich wieder nach Hause durfte.

Am nächsten Morgen fand ich in meinem Postfach eine lange Liste der Dinge, die ich in dieser Woche unternehmen sollte: Bäder waren dabei, Gymnastik, Walking, Asthmaschulung, UVA1-Bestrahlungen, Rückenschulung, ein Vortrag über Neurodermitis, autogenes Training und, auf meinen Wunsch hin, die Teilnahme an einer Gruppentherapie, mit deren Hilfe ich hoffte, wieder mit dem Rauchen Schluss zu machen. Acht Jahre hatte ich nicht geraucht, aber dann, im Frühjahr, wieder damit angefangen. Und derzeit sah ich mich nicht in der Lage, wieder damit aufzuhören. Und wenn die Kur letztlich nur dazu nutzte, dass ich von den furchtbaren Glimmstängeln wieder loskam, war sie wenigstens für etwas gut, dachte ich.

Die Mahlzeiten fanden in einem riesigen Saal statt. Für das Frühstück war ein großes Buffet aufgebaut: Viele Sorten Brot und Brötchen, verschiedene Marmeladen, Honig, Schinken, Käse, Quark, Frischkäse, Müslis, Cornflakes, Honigpops, Milch, Sojamilch, frische Obstsäfte und vieles mehr lachten mir entgegen. Eine reiche Auswahl, in der Tat – aber mich konnte sie kaum erfreuen, da ich all dies definitiv nicht essen konnte, mir der Anblick also nur die Nase lang machte und mir deutlichst vor Augen führte, wie unglaublich eingeschränkt ich mich nur ernähren konnte. Seufzend legte ich hefefreies Roggenbrot und Butter auf meinen Teller – das war auch schon alles, was ich von dem Riesenangebot vertragen konnte. Am Nachmittag wollte ich mir Kürbiskerne kaufen gehen, damit ich mein Brot wenigstens mit etwas belegen konnte.

Zwei Stunden später stand Walking auf dem Programm. Ich bin jemand, der sich viel und gern bewegt, aber der militärische Befehlston des »Animators« nahm mir schon nach wenigen Minuten jede Lust aufs Weitermachen, zumal er auch noch über meine Schuhe meckerte: Joggingschuhe seien dies zwar, aber sie seien zu alt. Davon, dass es Leute gab, die sich nicht jedes halbe Jahr ein neues Paar Joggingschuhe leisten konnten, hatte er scheinbar noch nichts gehört. Verärgert wandte ich mich von ihm ab.

Beim Mittagessen gab es das nächste Problem – meine eingeschränkten Ernährungsmöglichkeiten waren übersehen worden. Von all den Gerichten, die zur Auswahl standen, war nicht eines dabei, das ich mit gutem Gewissen hätte essen können. Ich wandte mich an die Diätassistentin, die in der Küche rasch Reis und Pilze für mich machen ließ und mir versprach, dass ab dem folgenden Tag alles besser funktionieren würde. Auch zum Abendessen gab es wieder ein großes Buffet: Unzählige Wurst- und Käseplatten standen zur Wahl, kalter Braten, marinierter Fisch, eine herrlich duftende Lasagne, weitere Aufläufe und tolle, mit Essig-Öl-Dressing oder Mayonnaise angemachte Salate. Der Nudelsalat sah besonders lecker aus. Ich seufzte, weil ich von all dem nichts essen konnte, und nahm mir ein paar Scheiben Roggenbrot und Butter. In den Obstkörben entdeckte ich Nektarinen. Die hatte ich zwei Wochen zuvor ausleiten lassen und konnte sie daher wieder essen. Ich nahm mir gleich vier davon. Zwei wollte ich mir aufheben, um sie mir am Morgen aufs Brot zu schneiden, da ich noch keine Kürbiskerne hatte ergattern können.

»Finden Sie das nicht ein bisschen unverschämt?«, erscholl da die Stimme einer Frau hinter mir.

Ich zuckte zusammen und drehte mich um.

»Ja, Sie meine ich!«, keifte sie weiter. »Stellen Sie sich mal vor, hier würden sich alle so viele Nektarinen auf einmal auf den Teller laden! Können Sie nicht auch noch was für die anderen übrig lassen?«

Um dies vorab klarzustellen: Es waren noch immer reichlich Nektarinen da und überdies Äpfel, Bananen, Orangen, Birnen und Pfirsiche. Auch das übrige reichhaltige Buffet war noch lange nicht leergefegt. Ich merkte, wie die Leute zu uns hersahen – und wie die blanke Wut in mir hochstieg. Was wollte diese Frau eigentlich von mir? Ich hatte nie hierher gewollt, und irgendetwas musste ich ja wohl auch essen. Ich wünschte mich zurück nach Hause, wo ich so viele Nektarinen hätte essen können, wie ich wollte.

»Es gibt hier sonst nichts, was ich essen kann, und zwei dieser Nektarinen wollte ich mir fürs Frühstück aufheben, weil ich auch vom Frühstücksbüfett nur Brot und Butter vertrage«, sagte ich schließlich. Meine Stimme bebte. Daran, dass jetzt noch mehr Leute zu uns hersahen, merkte ich, dass ich es wohl nicht allzu leise gesagt hatte.

»Ich meine ja auch nur«, zischte die Frau weiter und konnte den Blick noch immer nicht von meinen Nektarinen nehmen.

Die Diätassistentin lief zu uns. Die Arme war ganz aufgeregt.

»Was ist denn?«, rief sie. »Und wieso können Sie von all dem hier nichts essen?«

»Ich habe Ihnen doch schon aufgelistet, wie wenige Lebensmittel ich nur vertrage«, gab ich zurück. »Von all dem hier kann ich lediglich diese drei Sachen essen.« Ich hielt ihr meinen Teller hin. »Und beim Frühstück sieht es nicht anders aus.«

Die gute Frau errötete. »Bisher habe ich bei Ihrer Schilderung nur ans Mittagessen gedacht, aber jetzt, wo Sie es sagen ...«

Sie blickte verlegen über das reichhaltige Büfett und hob hilflos die Schultern, während die Frau, die mich so angefahren hatte, weiter vor sich hin meckerte. Ich verstand nicht, was sie sagte, und das war wahrscheinlich auch gut so.

Insgesamt stand und stehe ich dem Sinn und Zweck dieser Reha sehr ablehnend gegenüber. Natürlich habe ich dort nette Menschen kennengelernt und überdies mit zwei Mitpatientinnen mehrmals über Stunden ausgelassen wie die Kinder herumgealbert. Ich weiß noch, wie wir drei Frauen an einem Abend in einer Strandkneipe so unbändig gelacht haben, dass sich die anderen Gäste zu uns umdrehten und schließlich mitlachen mussten, obwohl sie gar nicht wussten, worum es ging. Und wir, wir hatten uns so sehr eingelacht, dass wir es allmählich auch nicht mehr hätten sagen können. Das Lachen hat meiner Haut natürlich gutgetan, ebenso das Reizklima der Insel, die Ruhe, die langen Spaziergänge – und je weiter die Haut abheilte, desto eher war sie auch bereit, sich mit den Cremes hier anzufreunden. Aber ob all das die Trennung von meinen Kindern wert war, und ob meine Haut zu Hause über den Sommer nicht ohnehin abgeheilt wäre …

Neben vielem Angenehmen habe ich in dieser Klinik auch einige Erkenntnisse gewonnen, die mich tief aufwühlten: An einem Nachmittag fand im großen Saal der Reha-Klinik ein Vortrag über Neurodermitis statt. Natürlich gestehe ich dem Redner, dem Oberarzt der Reha-Klinik, gern zu, dass er andere Ziele verfolgen muss als die Ärzte in dem Krankenhaus, in dem ich den Cortisonentzug gemacht hatte. Er musste sich als oberstes Ziel setzen, möglichst viele Leute arbeitsfähig nach Hause zu schicken. In der Hautklinik dagegen wollte man dem Übel Neurodermitis an der Wurzel beikommen und es nicht nur zeitnah unterdrücken. Ich will dem Oberarzt weiter zugutehalten, dass die Erfahrung der Hautklinik im Bereich Neurodermitis um vieles größer als die seine war.

Die Ärzte in der Hautklinik kannten Akuteinweisungen, wie sie hier sicher noch niemand gesehen hatte. Ehrlich gesagt sahen die meisten Reha-Patienten ausgesprochen gesund aus, und ich lernte hier mehr als einen kennen, der vor Monaten seinen ersten Neurodermitisschub hatte und sich selbst wunderte, warum er jetzt, wo der Schub längst ausgeheilt war, noch in den Genuss einer Reha kam. Aber trotzdem rechtfertigt all dies in meinen Augen nicht, dass der Oberarzt in seinem Vortrag alle alternativen Heilmethoden von Homöopathie über Akupunktur bis Bioresonanz und viele andere noch dazu rundweg als nicht wissenschaftlich nachgewiesen ablehnte und stattdessen das hohe Lob des Cortisons sang – was ich natürlich nicht unwidersprochen lassen konnte.Ohne Cortison hätte ich nicht für viele Wochen in ein Krankenhaus gemusst, ohne Cortison hätte ich weiter dickes, langes Haar statt dünner Fransen und nachwachsenden Stoppeln; ohne Cortison hätte ich nicht ein völlig aus den Fugen geratenes Immunsystem und vielleicht auch nicht diese extremen Lebensmittelallergien und -unverträglichkeiten.

Also meldete ich mich zu Wort.

»Es tut mir leid, aber das, was Sie da über Cortison erzählen, kann ich so nicht stehen lassen. Cortison heilt die Neurodermitis nicht, es unterdrückt lediglich die Symptome. Und je stärker Sie diese mit Cortison unterdrücken, desto heftiger werden diese spätestens beim nächsten Schub wieder hochschlagen.«

»Und dieses Wissen haben Sie auf welcher Universität erworben?«, erwiderte der Kerl mit süffisantem Lächeln.

»In der Schule des Lebens, oder besser: meines eigenen Erlebens«, gab ich ruhig zurück. »Genauso war nämlich mein Krankheitsverlauf. Erst war es nur ein bisschen Cortison, dann noch ein bisschen mehr, dann mussten es schon Tabletten sein, und als dann nach den Nasenschleimhäuten auch noch die Lunge reagierte und ich mit sechzehn Asthma bekam, musste ich auch noch Cortisonsprays nehmen – und hatte von Jahr zu Jahr mehr Allergien.«

Um mich herum wurde es unruhig. Ich hörte aus den geflüsterten Kommentaren, dass ich nicht die Einzige Patientin im Saal war, die diese Erfahrung schon gemacht hatte, merkte aber auch, dass ich sehr wohl die Einzige war, die genug Courage hatte, dem blasierten Halbgott in Weiß auf seinem Podium da oben zu widersprechen.

»Ich nehme an, Sie stehen auch dem Einsatz von Cremes mit Pimecrolimus und Tacrolimus positiv gegenüber?«, fuhr ich fort.

»Natürlich. Beides sind hochwirksame Wirkstoffe, die schon vielen verzweifelten Menschen geholfen haben!«

»Und die Warnhinweise, wie man sie schon vor Jahren in den USA herausgegeben hat, dass diese Medikamente Haut- und Lymphknotenkrebs auslösen können, ignorieren Sie dabei? Und Sie weigern sich zugleich, Patienten über die alternativmedizinischen Maßnahmen, die es bei Neurodermitis sehr wohl gibt, aufzuklären? Waren Sie schon einmal in einer Akutklinik? Haben Sie schon einmal gesehen, wie elend es den Leuten geht, wenn sie das Cortison nach monate- oder gar jahrelangem Einsatz absetzen?«

Ich will hier nicht die ganze Debatte wiedergeben, die ich mir mit dem Oberarzt geliefert habe, zumal ich sie nur aus dem Gedächtnis zitieren könnte. Aber die kalte Art, mit der er mich – vergeblich – abzuwürgen versuchte, damit ich seinen schönen Cortison-macht-alles-heil-Vortrag nicht weiter störte, war schon bemerkenswert, und die Halsstarrigkeit, mit der er weiter den Einsatz von Cortison anpries und alle alternativmedizinischen Behandlungs- und Therapiemethoden in den Dunstkreis der Scharlatanerie rückte, stieß nicht nur mir übel auf. Als er anfing, auch noch verschiedene Cortisonsalbentuben an die Wand zu projizieren, reichte es mir endgültig. Ich erhob mich und verließ den Saal. Später, beim Abendessen, kamen einige der anderen Patienten zu mir und bekannten, dass ich ihnen aus der Seele gesprochen hätte.

»Die Art und Weise, wie dieser Oberarzt die Gefahr des Einsatzes von Cortison bei Neurodermitis verharmlost, ist wirklich empörend!«

Johannes, ein Altenpfleger vom Bodensee, der an meinem Tisch saß und unter Schuppenflechte litt, begann zu grinsen: »Der Mann will halt seinen nächsten Fortbildungsurlaub nicht gefährden.«

Ich sah ihn irritiert an. »Was hat denn das damit zu tun?«

»Die Pharmaindustrie ist eine Industrie wie jede andere auch. Die können nur Geld scheffeln, wenn sie ihre Produkte verkaufen – und wenn sie jemanden haben, der ihre Produkte an den Mann bringt. Und wer macht das für sie? Die Ärzte!«

»Und was bedeutet das konkret?«, fragte eine andere Frau.

»Dass die großen Pharmahersteller die Ärzte fürs fleißige Verschreiben ihrer Produkte zu netten Fortbildungsveranstaltungen einladen oder ihnen attraktive Geschenke machen«, erklärte Johannes weiter. »Dafür ist so mancher bereit, seinen Patienten diese Produkte nachdrücklich anzupreisen. Und diese Reha-Klinik hier ist ein wundervoller Absatzmarkt für die Pharmaindustrie. Ich möchte nicht wissen, wie viele Neurodermitis- und Schuppenflechtepatienten hier im Jahr durchgeschleust werden. Die perfekte Klientel für die Hersteller von Salben mit Cortison, Pimecrolimus und Tacrolimus. Gezielter kann man seine Produkte nicht an den Mann beziehungsweise die Frau bringen. Es gibt immer noch genug Leute, die einem Halbgott in Weiß alles glauben. Und nach der Klinik gehen sie zu ihrem Hausarzt und wollen genau das gleiche Medikament wieder verschrieben haben.«

»Meinst du damit etwa, das funktioniert ganz generell so?«, fragte ich entsetzt.

»Na klar, was meinst du denn?« Johannes lachte über meine Ahnungslosigkeit. »Es gibt Agenturen, die protokollieren, welche Medikamente von welchem Arzt verschrieben werden, und verkaufen diese Infos an die Pharmaindustrie. Und je mehr die Ärzte ein bestimmtes Medikament verschreiben, desto höher ist ihre Entlohnung – wobei dies allerdings nicht so genannt wird, da das gegen das Gesetz wäre. Das Ganze nennt sich dann zum Beispiel ›Beratungshonorar‹. Wobei der Arzt natürlich nie irgendwen beraten hat, sondern lediglich seine Kontonummer angibt.«

Ich war, gelinde gesagt, entsetzt. Bisher dachte ich, der häufige Griff von Ärzten zu Cortison und Co. sei vor allem darauf zurückzuführen, dass sie ihre Patienten möglichst rasch und lang anhaltend wieder aus ihrem Sprechzimmer bringen wollen. Eine tiefer gehende Beratung erfordert weit mehr Zeit, als die Krankenkasse ihnen bezahlte. Überdies wissen die meisten Ärzte (vor allem die Hausärzte) auch viel zu wenig über die Ursache-Wirkung-Zusammenhänge der Neurodermitis, um ihren Patienten weiterhelfen zu können. Aber dass – auch und womöglich sogar vor allem – der schnöde Mammon hinter der Praxis des großzügigen Verschreibens dieser Medikamente stehen sollte …

Den restlichen Abend verbrachte ich in einem Internetcafé, wo ich in Dutzenden von Artikeln Belege für Johannes Vorwürfe an die Ärzteschaft fand. Zum Schluss drehte sich mir der Kopf. Aber das Ganze war in sich schlüssig, machte Sinn. Leider. Und der arme Patient hat das Nachsehen – wenn er nicht das Glück hat, an einen Arzt zu geraten, der ihm wirklich helfen will.

◆ ◆ ◆

Hinweis

Die Internetlinks zu einer Auswahl der zuvor bezeichneten Artikel finden Sie im Anhang am Ende des Buches THEMA KORRUPTION PHARMA.

KAPITEL 20

Der Alltag kehrt zurück

… und so weicht die Wut der Trauer und die Trauer der Erkenntnis, dass sich im Leben nur jeder Mensch selbst helfen kann.

Christoph Mittler-Coe

Die Kinder freuten sich unbändig, als ich nach Hause zurückkam – und nicht weniger darüber, wie schön meine Haut dort oben im Norden geworden war. Nur noch kleine Stellen unter dem Mund, am Kinn und am Nasenrücken waren gerötet. Meine Falten hatten ebenfalls rapide abgenommen. Und: Zu rauchen hatte ich auch aufgehört.

»Endlich stinkst du nicht mehr!«, jubelte Leon. Lachend gab ich ihm einen Kuss und drückte auch Kiara noch einmal an mich. Julien staunte ebenfalls, wie sehr sich meine Haut verbessert hatte. »Wenn ich geahnt hätte, wie gut du jetzt aussiehst, hätte ich dich nicht so lange allein auf dieser Insel gelassen!«, witzelte er.

Als ich abends meine Teercreme auf die wenigen Stellen noch entzündeter Haut auftrug, die ich am Kinn, der Wange und am oberen Nasenrücken noch hatte, fand Leon: »Die Creme stinkt auch, aber immer noch weniger als die Zigaretten.«

Auch hier musste ich ihm recht geben. Ich war froh, dass Julien die ebenso stark riechende wie unvorteilhaft wirkende Creme in meinem Gesicht mit Gleichmut ertrug.

»Hauptsache, sie hilft«, meinte er, »und du weißt ja: Ich rieche eh so gut wie nichts!« Als ich mich zu ihm ins Bett legte, musste er über meine nächtliche »Kriegsbemalung« trotzdem grinsen. Und als ich mich darüber ärgerte, lachte er richtig los und das so sehr, dass er sich vor lauter Lachen kaum noch beruhigen konnte. Nach einer Weile verflog mein Ärger, und ich musste mitlachen.

Die nächsten Wochen ging es mir weiterhin gut, aber Julien und meine Mutter beknieten mich, trotz meiner Genesung noch nicht wieder mit dem Arbeiten anzufangen.

»Gönn dir noch eine weitere Auszeit«, meinten sie beide. »Es hilft niemandem, wenn du dich jetzt gleich wieder in die Arbeit stürzt und dann einen Rückfall bekommst. Warte wenigstens noch ein, zwei Monate. Überleg doch einmal, was du hinter dir hast!«

Da in diesen Zeitraum die halbjährliche Abrechnung und Honorarzahlung aus dem Verkauf meiner Romane fiel, gab ich nach. Ganz so eng sah es in diesem Moment auf meinem Konto nicht aus, und sicher hatten die beiden recht: Lieber gab ich meinem Körper noch ein bisschen Zeit, sich weiter zu stabilisieren. Vielleicht führte das ja auch dazu, dass ich bald noch weitere Lebensmittel essen konnte. Wenn sich mein Immunsystem beruhigte, würden es die Allergien und Unverträglichkeiten sicher auch.

Zu Hause setzte sich deswegen die Ferienstimmung fort, zumal die Schule in Spanien erst im zweiten Septemberdrittel wieder anfängt. Den August über waren die Kinder morgens und abends im »Casal esportiu«, eine Art Ferienfreizeit, in der sie sich in verschiedenen Sportarten von Fußball über Hockey bis Surfen und Segeln austoben durften, und waren am Abend, ausgepowert, wie sie waren, herrlich pflegeleicht. Über Mittag gingen wir an den Strand, badeten und genossen das schöne Wetter und überdies die Gesellschaft von Christina, einer Freundin, die derzeit mit ihren Kindern und ihrem Mann bei uns die Ferien verbrachte. Entsprechend urlaubsmäßig waren auch die Abende: Die Kinder spielten zusammen, und Christina, ihr Mann, Julien und ich genossen die herrlich warmen Sommerabende auf der Dachterrasse. Unter diesen Umständen hatte die Neurodermitis keine große Chance zurückzukehren, zumal ich mich weiter eisern an meine Diät hielt. Dank der Bioresonanz konnte ich nun auch Sahne essen, mit deren Hilfe sich eine – für meinen entwöhnten Gaumen – recht leckere Pilzsoße machen ließ: einfach Pilze, Sahne mit einkochen lassen, Salz. Ja, man wird genügsam.

Doch der Sommer ging zu Ende, und am 10. September begann auch bei uns wieder die Schule und damit das morgendliche Gerangel und Gezerre, bis die Kinder endlich auf den Schulweg gebracht waren. Leon, der nun mit seinen fünfeinhalb Jahren in die erste Klasse ging, war geradezu ein Spezialist darin, im letzten Moment noch einmal auf die Toilette zu müssen. Und wenn es dies nicht war, was uns aufhielt, dann war es ein Schulbuch, das er nicht mehr fand, obwohl natürlich auch meine Kinder ihre Schultaschen »eigentlich« abends packen sollten, oder ein Fahrradreifen, der plötzlich platt war und Leon in Tränen ausbrechen ließ, weil er es gar nicht leiden konnte, zu Fuß zur Schule zu gehen, oder, oder, oder. Der Alltag eben, der in jedem Haushalt mit Kindern herrscht: mittags und nachmittags die Kinder von der Schule abholen, ihren täglichen kleinen Frust abfangen, die Streitereien der Kinder, das Gewusel ganzer Horden von Schulfreundinnen und -freunden, die sich in unserem Haus versammelten, die ersten Schularbeiten, die vorbereitet werden mussten, Hausaufgaben, bei denen geholfen werden musste, Essen kochen, putzen, einkaufen – der »ganz normale Wahnsinn« eben. Und Ende Oktober ging es dann wieder los: Die ersten Hautstellen brachen erneut auf, da half auch die übelriechende Teercreme nichts. Und ich fragte mich voller Entsetzen, ob ich denn jetzt eine so dünne Haut hatte, dass ich noch nicht einmal das tägliche Zusammenleben mit meiner Familie verkraftete.

Ich ließ mich wieder krankschreiben, ging erneut zu der Psychologin und stellte auch Maya, meiner Therapeutin, diese Frage.

»Wie soll das denn werden, wenn ich wieder zu arbeiten anfange? Dann habe ich ja binnen weniger Wochen überhaupt kein Gesicht mehr! Früher habe ich doch auch alles unter einen Hut gebracht und trotzdem nicht wie ein Halloweenmonster ausgesehen!«

Früher war: vor Arno. Vor der langen Cortisoneinnahme. Vor der Panik, die ich heute vor jedem Lebensmittel empfand, das ich meiner Diät neu hinzufügte. Vor der Angst, jemals wieder einen so schlimmen Neurodermitisschub zu bekommen wie damals in der »Arno-Ära«. Ja, die Angst saß mir weiter in den Knochen. Ich war nach wie vor vollkommen verunsichert. Wenn man einmal erlebt hat, wie sehr man die Kontrolle über seinen Körper verlieren kann, vergisst man das so leicht nicht wieder. Und noch waren ja nicht alle Probleme behoben: Ich hatte noch immer nicht mehr als zweiundzwanzig Lebensmittel, die ich zu mir nehmen konnte, und auf die meisten Cremes reagierte ich schon wieder allergisch.

Maya überlegte lange, ehe sie antwortete. »Die Angst ist der größte Feind«, meinte sie schließlich. »Wenn du weniger Angst davor hättest, dass du beispielsweise bestimmte Lebensmittel nicht verträgst, könntest du sie sicher schon wieder essen.«

Ich wusste, dass sie damit recht hatte. Auch Dr. Kröner hatte mir dies in der Hautklinik bereits gesagt.

»Bei Ihnen spielt sich viel im Kopf ab. Sie werden sehen, wenn Ihre Haut erst wieder in Ordnung ist und Sie Ihre Ängste abbauen, können Sie auch wieder vieles essen«, hatte er gemeint.

Mireilla blies in das gleiche Horn. Ihr schlaues Bioresonanzprogramm hatte ihr etliche Hinweise darauf gegeben, dass ein großer Teil meiner Lebensmittelallergien und -unverträglichkeiten ihren Ursprung nur in meinen Ängsten hatte. Und auch ich hatte dies schon erlebt: Wenn ich, auch früher schon, manchmal bei Freunden gegessen hatte und das Essen bei ihnen mir bestens bekommen war, hatte ich mir später das Rezept geben lassen und mich hinterher schon so manches Mal gewundert, dass ich das Essen so gut vertragen hatte, weil Lebensmittel darin enthalten waren, die ich zu Hause überhaupt nicht vertrug. Und das Verrückteste daran war: Kochte ich das Rezept zu Hause nach, reagierte meine Haut meist doch wieder. Und dies, obwohl ich mir sagte: Wenn du es bei anderen hast essen können, musst du es auch zu Hause vertragen. Aber so war es leider nicht. Dieser Zustand ließ mich regelrecht die Wände hochgehen: Ich bildete mir das Ganze doch nicht nur ein!

Maya erzählte mir von Patienten, die beim Anblick eines Fotos von einem Pferd einen Asthmaanfall bekamen. Dergleichen Beispiele kannte ich schon vom Krankenhaus. Aber was half mir das? Wie konnte ich meinem Unterbewusstsein befehlen, mit diesem »Quatsch« aufzuhören? Darauf hatte auch Maya keine Antwort. Sie riet mir, dass ich weiterhin versuchen solle, mich mehrmals täglich bewusst zu entspannen.

»Aber ich mache doch jeden Tag Yoga und autogenes Training«, stöhnte ich. »Andere haben viel mehr Stress und Hektik als ich und sind trotzdem kerngesund.«

»Oder auch nicht«, lachte Maya und erinnerte mich an Herzinfarkte, Magengeschwüre, chronische Sinusitis und und und. »Jeder hat sein eigenes Ventil.«

Ich seufzte. Eine meiner Freundinnen litt regelmäßig unter Angstanfällen. Sie konnte nicht zum Zahnarzt gehen, in keinen Bus steigen, kein Fußballstadion betreten, nicht mit dem Aufzug fahren. Eine andere Freundin litt – mit 39 – unter chronischem Bluthochdruck und lebte eigentlich nur noch dank der ständigen Einnahme von Betablockern. Wieder eine andere Freundin hatte ich letztes Jahr durch Brustkrebs für immer verloren. Und eine weitere gute Freundin »wuchs«

von Jahr zu Jahr mehr in die Breite und konnte nichts dagegen tun. Und die Klavierlehrerin meiner Kinder litt unter schrecklichen Migräneanfällen, die übrigens oft auch durch verschiedene histaminreiche Speisen ausgelöst wurden. Es stimmte schon: Wir alle hatten unsere Schwachstellen. Meine waren für andere nur sichtbarer, da sie direkt auf der Haut lagen. Und sie drückten mir einen Stempel auf.

Maya kam auf ein anderes Thema zu sprechen. Sie erklärte mir, dass viele Neurodermitiker eine verminderte Fähigkeit aufwiesen, »negative« Empfindungen zum Ausdruck zu bringen.

»Neurodermitiker zeigen in der Regel viel seltener Traurigkeit, Schmerz, Eifersucht und Enttäuschung als Nicht-Neurodermitiker. Sie gestatten es sich nicht, diese Gefühle auszudrücken, unterdrücken sie dadurch und ›leben‹ sie dann über die Haut aus. Würdest du sagen, dass das auch auf dich zutrifft?«

Ich überlegte: Unterdrückte ich Trauer und Enttäuschung? Lösten ungeweinte Tränen den Juckreiz aus? Konnte man das selbstzerstörerische Kratzen mit einem unterdrückten Wutschrei gleichsetzen? Hatte ich als Kind Wut, Traurigkeit und Enttäuschung unterdrückt, um meiner Mutter nicht das Herz schwer zu machen? Aber warum hatte ich dann schon als Baby aufgekratzte Hände? Kann ein Baby seine Gefühle unterdrücken? Ich musste an Arno denken. Trauer, Wut und Enttäuschung hatte er mit seinem Verhalten reichlich in mir ausgelöst. Aber ich hatte geweint, vor Wut getobt, ihm meine Enttäuschung ins Gesicht geschrien.

Ich schüttelte den Kopf. »Nein, das würde ich für mich eigentlich nicht so sagen. Ich finde sogar, ich reagiere schneller und empfindlicher als andere. Ebenso wie ich auf Lebensmittel heftiger reagiere, reagiere ich auch auf andere Dinge schneller und heftiger. Ich werde schneller wütend und leide schon unter Zurückweisungen, die andere noch mit einem Schulterzucken wegwischen können. Ich bin hyperreaktiv – in jeder Hinsicht. Aber ich bringe es zum Ausdruck.«

Über diesen Punkt kamen wir meiner Neurodermitis also auch nicht bei.

Auf dem Nachhauseweg dachte ich zurück an die Hautklinik. Viele meiner Leidensgenossinnen und -genossen hatte ich zumindest so gut kennengelernt, dass ich sagen konnte, dass sie auffallend sensible Menschen und »irgendwie« anders waren. Eine gewisse Grundverletztheit war ihnen allen eigen – und mir nicht weniger. Das brachte mich auf die Huhn-Ei-Frage: Was war zuerst da? War die Haut, im doppelten Wortsinn, so dünn, weil sie dauernd aufgekratzt wurde, oder wurde sie so schnell aufgekratzt, weil sie »zu dünn« angelegt war. Ich war mir nur in einem Punkt sicher: Die Haut war dünn. Innen wie außen. Und ich sah nicht, wie man, wie ich, das ändern konnte.

Je weiter der Winter fortschritt, desto schlechter wurde der Zustand meiner Haut. Zuerst betraf es nur die Partien um die Augen. Sie wurden immer trockener, juckten, platzten auf, rund um die Augen bildeten sich Ödeme, und ich sah aus wie ein Pandabär – mit roter statt schwarzer Augenumrandung. Mein schlimmster Weg war immer der zum Metzger: Dort gab es oben an der Decke Neonröhren, und hinter der Verkaufstheke war alles verspiegelt. Nirgends fand ich mein Konterfei so gnadenlos abgebildet wie auf der Spiegelwand dieses Geschäfts. Als ich meinen Anblick dort gar nicht mehr ertragen konnte, bat ich Julien, mir die Einkäufe wieder abzunehmen. Aber dieser Schritt »wurmte« mich: Es war ein Rückzug, eine Beschränkung, die mir meine Haut regelrecht aufzwang. Und das wollte ich nicht: War ich denn für immer und ewig der Sklave der »Lust und Laune« meiner nahezu unkontrollierbaren Haut?

Zugleich bekam ich auch Angst. Noch fing »es« nur an. Aber bis zu welchem Grad würde meine Haut wieder absacken? Würde ich zum Schluss wieder so aussehen wie im Krankenhaus?

»Wie schlimm wird es diesmal werden?«, fragte ich mich jedes Mal, wenn ich mich im Spiegel ansah. Und die Frequenz, mit der ich das tat, nahm nun täglich wieder zu – déjà vu. Ich entwickelte eine regelrechte Manie, mich wieder und wieder anzusehen, um auch die winzigste Veränderung wahrzunehmen. Der Blick ging zum Spiegel mit der Hoffnung, dass es besser wurde – und wandte sich gleich darauf enttäuscht und zunehmend verzweifelter ab.

»Versuch, nicht drüber nachzudenken«, meinte Julien. »Je mehr zu dich da hineinsteigerst, desto schlimmer wird es.«

»Aber wenn das alles wieder von vorn losgeht«, brach es aus mir heraus. »Und das, wo ich noch kaum mehr essen kann … Wo soll das denn alles enden? Und wenn die Wasserallergie zurück…«

»Ruhig, ruhig, immer mit der Ruhe! Das wird schon nicht geschehen. Allerdings nur, wenn du jetzt keine Nervenkrise bekommst!« Julien zwinkerte mir zu – und ich holte Luft. Er hatte recht. Wenn ich mir ständig nur irgendwelche Schreckensszenarien ausmalte, würde das meiner Haut in der Tat nicht helfen.

Die nächsten Tage machte ich also brav um jeden Spiegel einen Bogen. Dann sah ich mich doch wieder an – und wollte nur noch heulen.

Ich ging wieder häufiger zur Bioresonanz, jeden Dienstag jetzt, statt wie bisher nur alle zwei, drei Wochen. Mireilla bestätigte mir, was ich auch sah und spürte: Ich stürzte ab, meine Haut entglitt mir, alles geriet außer Kontrolle, und weder sie noch ich konnten im Moment viel daran ändern. Nur die ersten beiden Tage nach den Sitzungen ging es mir etwas besser. Aber um jeden dritten Tag zur Bioresonanz zu gehen, hatte ich einfach nicht genug Geld.

Ich sehnte mich nach meiner Arbeit. Solange ich schrieb, versank ich in eine andere Welt. Nach dem Krankenhaus hatte ich wieder angefangen zu schreiben, aber nur kleine Sachen für mich, einfach nur, um mich vom Juckreiz und meiner Haut abzulenken; das meiste waren Weihnachts- und Abenteuergeschichten für meine Kinder, die beide heiß und innig liebten. An einen Roman hatte ich mich noch nicht wieder herangetraut. Ich wusste, wie sehr es mich packen würde, wenn ich einmal anfing, Figuren zu entwickeln, wie es mich aufwühlen, bis in den Schlaf verfolgten würde und wie dies meine Stimmung beeinflusste: Lief der Text, war ich ruhig, denn meine Figuren waren zufrieden, aber wenn ich hängen blieb, lag es meist daran, dass den Figuren eine Entwicklung im Text nicht passte. Ich trieb sie dann zu etwas, was sie nicht wollten – und spürte deren Zerrissenheit und Widerstand in jeder Zelle meines Körpers. Es war, als lebte ich ihr Leben mit. Und diese zweite Kampfarena konnte ich mir, solange meine Haut selbst noch ein Kampfplatz war, nicht leisten. Aber meine Arbeit fehlte mir trotzdem. Ich wollte mich nicht mehr nur dauernd mit mir beschäftigen müssen, sondern wieder etwas schaffen und kreieren. Ich konnte und wollte meine Haut nicht mehr sehen, wollte nicht mehr grübeln, wollte lieber Neues schaffen, mich von mir entfernen können und wenigstens in meinem Kopf ein anderes Leben führen.

In der Woche darauf bekam ich einen weiteren Brief von meiner Krankenkasse. Ich war inzwischen, wenn auch mit Unterbrechungen, seit fast achtzehn Monaten wegen derselben Krankheit krankgeschrieben und hatte damit die Höchstgrenze erreicht. Während eines Zeitraumes von drei Jahren kann man nur maximal achtzehn Monate lang wegen der gleichen Krankheit krankgeschrieben werden. Mir blieben also nur noch wenige Wochen bezahlten »Krankfeierns«.

»Passt doch«, knurrte ich grimmig und war am Abend noch röter im Gesicht.

In den letzten drei mir verbleibenden Wochen unternahm ich weiter heftige Anstrengungen, meiner Haut einen Impuls in die richtige Richtung zu geben. Aber schon allein der Gedanke daran, dass ich nun bald auch wieder arbeiten musste und in welche Geldnot ich geriet, wenn mein mageres Krankengeld auch noch wegfiel, konnte die Neurodermitis nur weiter hochjagen. Also zog ich einen Strich. Ich wollte sowieso wieder arbeiten – und jetzt musste ich es eben auch. Und Haut hin, Haut her – es war wie es war. Immerhin hatte ich einen unschlagbaren Vorteil gegenüber vielen anderen Leidensgenossen: Ich musste zum Arbeiten nicht das Haus verlassen. Niemand sah, wie zerkratzt ich vor dem PC-Monitor saß. Und wenn ich die Haut zwischendurch mit dem Akku kühlen musste, dann konnte ich dies tun – kein Chef, kein Kunde sah mir dabei auf die Finger.

Julien war verwundert, dass ich wieder zu arbeiten begann.

»Das sind viele Stunden, die du dann dasitzt und grübelst«, gab er zu bedenken. »Willst du nicht lieber noch ein bisschen warten?«

»Worauf?«, fragte ich. »Das mit der Haut wird ja doch nichts mehr. Und ich muss endlich wieder Geld verdienen.«

Psychisch war ich erneut auf einem Tiefpunkt. Nach all den Kosten und Mühen, die ich auf mich genommen hatte, all dem Leid, das hinter mir lag, hatte ich das Gefühl, doch nur auf der Stelle getreten zu sein.

Trotzdem setzte ich mich am nächsten Morgen voll Elan an den PC. Ich hatte schon länger eine Idee für einen historischen Roman und wollte die ersten Fäden verknüpfen. Zehn Tage lang arbeitete ich am Stück, unterbrach meine Arbeit nur, wenn ich mich um die Kinder, das Haus, das Essen kümmern musste oder um abends mit Julien den Hund spazieren zu führen. Meine Haut reagierte erwartungsgemäß sehr sensibel und wurde massiv schlechter, die Ödeme unter den Augen waren so dick, dass ich mich kaum noch im Spiegel erkannte. Aber ich arbeitete weiter, arbeitete wie eine Besessene. Ich hatte genug davon, mich von meiner Haut tyrannisieren zu lassen. Sollte sie doch machen, was sie wollte. Ich schrieb mich in der Zwischenzeit zurück ins Mittelalter! Zwei Wochen später druckte ich einen ersten Entwurf aus, den ich meinem Agenten vorlegen konnte.

Meiner Psyche tat die Arbeit gut, meiner Haut hingegen gar nicht. Mein Agent gab mir grünes Licht, und ich fing an, Hintergrundinformationen für mein neues Buch zu sammeln. Ich bestellte mir Fachliteratur, stöberte im Internet, telefonierte über Stunden mit einem Freund, einem Geschichtsprofessor, um mir weitere Informationen zu beschaffen und noch mehr Hintergrundliteratur zu finden.

Die nächsten vier Monate, den ganzen spanischen Winter über, lebte ich vorwiegend im 17. Jahrhundert, und solange ich arbeitete, konnte ich vergessen, was mit mir los war – und musste nur ab und an die Tastatur von den bewusst oder unbewusst abgeschabten toten Hautschuppen freipusten.

Zugleich ging ich weiter zur Bioresonanz (irgendwann musste der Durchbruch ja kommen!), machte viel Yoga und andere Entspannungstechniken und drehte – zum Leid meiner Familie in Spanien, oder, wenn ich in Deutschland war, zum Leid meiner Mutter und meines Stiefvaters – ständig alle Heizkörper ab. Je wärmer es im Haus war, desto mehr musste ich mich kratzen. Drei Monate später lagen das Grundkonzept und die ersten Kapitel des Romans vor mir, und ich konnte alles an meinen Agenten schicken, damit er mein neues Buch dem Verlag vorstellte. Große Teile meines Gesichts, der Hals, die Schultern und die Armbeugen waren dauerrot und stark entzündet, je nach Tageszeit dick verschuppt oder auch an einigen Stellen nässend; unter den Augen und um die Mundpartie hatte ich erneut Falten wie eine Siebzigjährige, weil die Haut bis in die tiefsten Tiefen trocken und entzündet war, die Nächte verbrachte ich mit dem Kühlakku, oft musste ich nachts sogar mehrmals aufstehen und mir einen neuen Kühlakku aus dem Tiefkühlfach holen, weil ich vom Kratzen aufgewacht war. Cremes musste ich wieder absetzen, da sie den Juckreiz nur verschlimmerten, aber ich zwang mich, dem Ganzen so wenig Bedeutung beizumessen, wie ich nur eben konnte, und blieb dabei, Haut hin, Haut her, aus dem Haus und unter Menschen zu gehen. Sollten »die Leute« doch gucken. Ich war es leid, mich von meiner Haut auch noch zusätzlich behindern zu lassen. Nachdem ich nach dem Cortisonentzug einmal wie Frankenstein persönlich ausgesehen hatte, konnten mich meine »normalen« Ekzeme nicht mehr aus der Ruhe bringen. Wenn ich rausgehen wollte, dann tat ich das. Nach all den Jahren, in denen ich nun schon unter Neurodermitis litt, fing ich an, mich mit meiner Haut und den Ekzemen zwar nicht abzufinden, aber doch zu arrangieren. Und je gelassener ich die roten Stellen betrachtete – wegbeamen konnte ich sie ohnehin nicht –, desto ruhiger wurde ich. Die Haut war jetzt einfach so, und fertig. Und da die Medizin nichts Neues zu bieten hatte, keine neuen alternativmedizinischen Wundermittel auf dem Markt waren und die Krankenkasse mich nicht weiter krankschrieb, musste ich eben so leben – und arbeiten.

Nach dem Absenden der ersten Kapitel meines neuen Romans an meinen Agenten konnte ich wieder eine längere Pause einlegen. Die Ruhe nach den intensiven Arbeitswochen tat meiner Haut offensichtlich gut. Von Tag zu Tag merkte ich, wie sie sich entspannte. Auch der nächtliche Juckreiz ließ jetzt nach. Und als es auf Ostern zuging, heilten die ersten Stellen ab: Zuerst beruhigte sich die Haut auf der Stirn, dann in den

Armbeugen. Zugleich schlug die Bioresonanz besser an: Ich fiel nicht mehr zwei Tage nach der Behandlung zurück, sondern die Wirkung hielt jetzt vier, fünf Tage an und schließlich sogar eine ganze Woche. Ganz, ganz allmählich verschwanden nun auch die Ekzeme im übrigen Gesicht und auf dem Hals. Der »Schub« verebbte. Erst jetzt ging Mireilla wieder dazu über, Lebensmittelallergien direkt zu bearbeiten. In den letzten Wochen hatte sie dies aufgrund der übrigen Resultate meiner bisherigen Therapie als nicht sinnvoll erachtet. Aber auch Lebensmittel, die wir nicht ausleiteten, konnte ich auf einmal wieder essen: Weizen zum Beispiel. Für mich war es ein Fest, herrliches ofenfrisches Baguette mit Butter zu essen – zwei Jahre lang hatte ich das nicht mehr gekostet! Täglich durfte ich das allerdings nicht zu mir nehmen: Hefe enthält viel Histamin. Drei Tage später probierte ich Schafskäse aus. Auch diesen vertrug ich und konnte fortan damit mein Gemüseeinerlei aufpeppen. Zwei Lebensmittel mehr bedeuteten für mich viele neue Gerichte: Nudeln mit gebratenen Gurken, Nudeln mit Artischocken, Auberginen mit Schafskäse, Artischocken mit Schafskäse, Pizza mit Pilzen und Schafskäse (sonst war nichts drauf, aber egal). Schließlich klappte es auch mit grünen Oliven und Artischocken aus der Dose. Damit hatte ich wieder ein neues Gericht: Kartoffelsalat mit Artischocken, Oliven, Schafskäse, Öl, Salz. Für »normale« Menschen, die alles essen dürfen, ist es wahrscheinlich nur sehr schwer nachzuvollziehen, was das für mich bedeutete: Aber ich fühlte mich beinahe wie im Gourmettempel!

In den nächsten Wochen ging es weiter aufwärts: Meine Haut heilte ab, die Ödeme um die Augen gingen zurück – und ich begann mich im Spiegel wiederzuerkennen. Am Gravierendsten empfand ich immer die Entstellung, die schon eine leichte Schwellung um die Augen mit sich brachte. Kaum zu glauben, wie sehr sich dadurch der ganze Gesichtsausdruck veränderte.

Fast jede Woche fand ich jetzt ein weiteres Lebensmittel, das ich meinem Speiseplan hinzufügen konnte, sogar ein, zwei kleine Tomaten (pro Woche wohlgemerkt) vertrug ich jetzt, auch Bananen und Ananas – ich wähnte mich nahezu im Schlaraffenland. Aber ich ahnte: Auch diesmal würde dieser Zustand nicht ewig anhalten.

KAPITEL 21

Heilung?

Einen Menschen lieben heißt, ihn so sehen,
wie Gott ihn gemeint hat.

Fjodor M. Dostojewskij

Wenige Wochen später war meine Haut so schön und glatt und intakt und stabil wie die von allen anderen Menschen um mich herum. Ich kann gar nicht beschreiben, welch herrliches Gefühl es ist, wenn man nach dieser langen Zeit wieder morgens ins Bad kommen kann und im Spiegel nicht das zerstörte, angegriffene Gesicht einer Fremden sehen muss, sondern sich selbst mit frischer, gesunder Haut und strahlenden Augen entgegenblickt. Natürlich hatte ich auch im vorhergehenden Sommer schon eine recht gute (Haut-)Zeit gehabt, aber damals war mir von Anfang an klar gewesen, dass dies nicht von Dauer sein würde. Jetzt aber wusste ich, dass dies nicht nur der kurzfristige Erfolg einer Kur war, sondern sich auch in mir drin etwas beruhigt und geordnet hatte. Ich hatte das Thema Arno endgültig abgeschlossen und war innerlich stabiler, was sicherlich einen großen Beitrag zu meiner Genesung beigetragen hatte. Das gab mir das gute Gefühl, meiner Erkrankung nicht hoffnungs- und hilflos ausgeliefert zu sein.

Dank der Bioresonanztherapie konnte ich immer mehr Lebensmittel auf meinen Speisezettel aufnehmen und so allmählich meine Vitamin- und Mineralstofftabletten und sonstigen Nahrungsergänzungsmittel Stück für Stück – endlich – wieder reduzieren: Richtiges Essen ist einfach viel schmackhafter als Tabletten.

Nach und nach normalisierte sich mein Leben und damit auch das meiner Familie. Als »geheilt« hätte ich mich zu diesem Zeitpunkt trotzdem nicht bezeichnet. Zum einen habe ich mit meinen inzwischen fünfundvierzig Jahren schon zu viele hauttechnische Hochs und Tiefs erlebt, um mir noch einbilden zu können, dass man Neurodermitis »auf immer und ewig« loswerden könnte, zum anderen steht dagegen auch das, was Ärzte heute wissen: Neurodermitis ist nicht heilbar. Man kann nur erscheinungsfrei werden.

Das drolligste Erlebnis in dieser Zeit hatte ich mit dem Taekwondolehrer meiner Kinder. Mit der schönen neuen Haut traute ich mich wieder deutlich näher an die Menschen heran, und eines Tages meinte er zu mir, ich sähe »verändert aus«.

»Wie verändert?«, fragte ich und musste grinsen.

»Na ja, irgendwie anders. Hast du vielleicht eine andere Frisur?«

Nein, ich hatte keine andere Frisur. Ich hatte neue Haut und keine Ödeme mehr um die Augen. Aber das sagte ich ihm nicht. Ich lachte nur und nickte – und er lachte auch und freute sich, dass er gemerkt hatte, dass ich mir »die Haare hatte schneiden lassen«.

Ich blieb auch weiterhin erscheinungsfrei. Jeden Bissen, den ich von den neuen Lebensmitteln zu mir nahm, genoss ich mit Leib und Seele und hielt mich natürlich trotzdem weiter streng an meine histaminarme Diät.

Leider ereilte mich im Herbst – gut anderthalb Jahre nach meinem Klinikaufenthalt – ein anderer Schicksalsschlag. Meine Mutter rief mich an.

»Moment, Mama, und versuch, dich zu beruhigen, und wein nicht so – ich verstehe ja kein Wort von dem, was du sagst. Was hat der Arzt festgestellt?«

»Er hat jetzt endlich meine Wirbelsäule röntgen lassen, weil die Hüftschmerzen trotz Massagen, Schwimmen und allem anderen immer schlimmer werden. Und da an der Wirbelsäule nichts festzustellen war, hat er jetzt eine neue, umfassendere Blutuntersuchung gemacht und dabei gesehen … Kind, der Tumormarker … er ist gigantisch hoch! In drei Tagen soll ich in eine Fachklinik, damit sie mich gründlich untersuchen können, weil er denkt, er denkt …« Sie fing wieder zu weinen an.

Worauf der hohe Tumormarker hinweisen konnte, war mir auch ohne die weiteren Erklärungen meiner Mutter klar. Mir wurde der Hals eng. Ich brauchte einen Moment, bis ich die Sprache wiederfand. Ruhe, jetzt bloß die Ruhe bewahren, hämmerte es in meinem Kopf. »Aber Mama, dass der Tumormarker hoch ist, das heißt doch noch nicht unbedingt, dass …« Ich schaffte es nicht, dieses Wort auszusprechen. Krebs … das hatten andere. Mir wurde schlagartig so übel, dass ich mich setzen musste. »Mensch, Mama …«

Meine Mutter schluchzte auf. »Kannst du nicht herkommen?«

»Natürlich komme ich!« Ich dachte an die Kinder. Vor allem an Kiara, die so sehr an ihrer Oma hing. Oh Gott, wenn meine Mutter … Ich wagte gar nicht, daran zu denken. »Ich muss nur überlegen, was ich den Kindern sage.«

»Am besten erst einmal gar nichts.« Meine Mutter putzte sich die Nase, weinte aber trotzdem haltlos weiter.

»Ich schaue gleich nach einem Flug«, versprach ich ihr. »Und bitte, sieh nicht alles schwarz. Selbst wenn der schlimmste Fall eintritt, gibt es heute so viel, was man machen kann!«

»Ja, schon, aber ich, ich habe solche Angst!«

Die hatte ich auch. Wie gelähmt blieb ich auf meinem Stuhl sitzen und dachte immer wieder: Das kann nicht sein, das darf nicht sein, das darf einfach nicht sein! Julien kam in mein Zimmer.

»Was ist denn?«, fragte er besorgt.

»Meine Mutter hat vielleicht … Krebs.« Nun war das Wort doch heraus. Mir drehte sich der Kopf. »Mensch, Julien, was soll ich denn jetzt machen?«

Ich erzählte ihm, dass meine Mutter mich gebeten hatte zu kommen. Sofort erklärte sich Julien bereit, sich um die Kinder zu kümmern. »Die kannst du da ohnehin nicht gebrauchen.«

»Nein, nicht wirklich. Aber was machen wir mit Kiara? Erst musste sie mich und meine Haut aushalten, und jetzt das. Das schafft das Kind doch gar nicht.«

Julien schloss mich in die Arme. Erst jetzt konnte auch ich weinen.

Am nächsten Abend kam ich mit dem Flieger in Frankfurt an. Da die Hüftschmerzen meiner Mutter unerträglich geworden waren, ging sie schon seit einigen Wochen an Krücken und konnte nicht mehr Auto fahren. Ich nahm mir ein Taxi für den restlichen Weg. Als ich vor ihrem Haus ausstieg, wurde mir die Brust eng. Ich konnte mir nicht vorstellen, dass ich dieses Haus je betreten sollte, ohne sie dort anzutreffen. Meine Mutter. Immer war sie für uns da gewesen. Sie stand mir näher als jede Freundin. Sie war ein Teil von mir. Nein, ihr durfte nichts geschehen. Ihr durfte einfach nichts geschehen. Der Arzt musste sich geirrt haben. Der hohe Tumormarkerwert gehörte zu einem anderen Patienten. Sie mussten da etwas vertauscht haben. Meine Mutter hatte doch immer so gesund gelebt.

Erst nach dem fünften Durchatmen schaffte ich es, zum Haus zu gehen, meinen Schlüssel ins Schloss zu stecken und die Treppe nach oben zu laufen. Ich fand meine Mutter im Wohnzimmer. Ihre Augen waren vom Weinen ganz geschwollen. Als sie mich sah, streckte sie die Hände nach mir aus. Ich umarmte sie, zog sie an mich und wiegte sie in den Armen. Auf einmal kam sie mir wie ein Kind vor, wie eines meiner Kinder. Ich wusste nicht, was ich sagen sollte. Für solche Momente gibt es keine Worte. Und so weinte ich mit ihr.

Am nächsten Morgen wollte ich Karl ins Pflegeheim bringen. Er zeterte wie ein Rohrspatz. »Ich weiß gar nicht, was ich da soll. Und ich will da auch nicht hin!«

»Karl, bitte, es ist doch nur für ein paar Tage, nur so lange, wie Mama für die Untersuchungen im Krankenhaus ist!«

»In was für einem Krankenhaus? Und was für Untersuchungen überhaupt?«

Ich seufzte. Das hatten meine Mutter und ich ihm am Abend zuvor lang und breit auseinandergesetzt, aber er konnte oder wollte es einfach nicht behalten. Wie auch? Es bedrohte ja auch sein Leben: Ohne meine Mutter war er völlig hilflos. Ich wagte nicht, mir vorzustellen, was werden sollte, wenn sich der Verdacht des Arztes bestätigte.

»Sie muss wegen ihrer Hüftschmerzen ins Krankenhaus, Karl. Sie müssen herausfinden, warum sie immer solche Schmerzen hat.«

»Aber ich kann doch auch allein zu Hause bleiben.«

»Nein, Karl, das kannst du nicht.«

»So verrückt bin ich nun auch wieder nicht.«

»Das sagt auch keiner, aber du brauchst jemanden, der sich um dich kümmert. Jemand muss für dich kochen und dir deine Medikamente geben!«

»Aber du bist doch jetzt da. Kannst du das nicht machen?«

»Ich bin die meiste Zeit bei Mama im Krankenhaus, und du willst dein Essen doch immer ganz pünktlich auf dem Tisch stehen haben.«

Karl wiegte unschlüssig den Kopf. Mir war schon klar, dass ihm dieses Argument ziemlich fadenscheinig erscheinen musste. Und natürlich hätten wir Karls Essen und die regelmäßige Einnahme seiner Medikamente in der Tat irgendwie organisieren können. Aber man konnte Karl über einen längeren Zeitraum hinweg definitiv nicht mehr unbeaufsichtigt lassen. Nur der Himmel wusste, was Karl anstellen würde, wenn er über Stunden sich selbst überlassen war. Mir war schon lange schleierhaft, wie meine Mutter das alles mit Karl überhaupt noch allein hinbekam. Immer musste sie ein Auge auf ihn haben, ihn überallhin mitnehmen und beaufsichtigen. Aber eine Hilfe von außen wollte sie partout nicht nehmen. Sie genierte sich. Er war ihr Mann. Also kümmerte sie sich auch selbst um ihn. Das war ihre Logik.

Karl dies alles zu erklären wäre in seinem Zustand allerdings sinnlos gewesen. Dennoch musste ich noch eine geschlagene Stunde auf ihn einreden, bis er endlich ein Einsehen hatte.

»Aber ich bleibe nur die fünf Tage im Pflegeheim, die deine Mutter im Krankenhaus ist!«

Ich versprach es ihm. Dann konnten wir uns endlich auf den Weg machen.

Nachdem ich Karl im Pflegeheim untergebracht hatte, fuhr ich meine Mutter ins Krankenhaus. Auf dem Weg dorthin sprachen wir kaum ein Wort. Die Angst lähmte uns regelrecht. Ich begleitete sie in ihr Zimmer und blieb den ganzen Tag über dort. Immer wieder wurde meine Mutter für Untersuchungen abgeholt. Und jedes Mal, wenn sie zurückkam, sagte sie mir, wie froh sie sei, dass ich da war und sie das nicht alles allein durchstehen musste. Am Abend kam der Arzt noch einmal, um uns die Ergebnisse mitzuteilen. Seine besorgte Miene verhieß nichts Gutes. Er erklärte uns, dass die Hüftschmerzen meiner Mutter allerdings nicht durch einen verschobenen Rückenwirbel ausgelöst wurden, sondern durch einen Tumor, der in und an ihrem Hüftknochen wucherte und der überdies schon eine beachtliche Größe erreicht hatte.

»Ob der Tumor gut- oder bösartig ist, kann ich erst nach einer Biopsie sagen«, fuhr er fort. Gleich am nächsten Morgen wollte er die Biopsie durchführen. Das Ergebnis würde er allerdings erst frühestens nach zehn Tagen haben.

Als er gegangen war, fing meine Mutter an zu weinen.

»Es ist bestimmt Krebs«, stieß sie hervor. »Irgendwie hatte ich schon lange gespürt, dass etwas Grundlegendes bei mir nicht mehr stimmt. Diese ständige Abgeschlagenheit. Das hatte ich doch sonst auch nie. Mein Gott, Anna, was soll ich denn jetzt machen? Und Karl – wie soll das gehen? Krebs heißt Chemo, Krankenhaus. Was soll denn dann aus Karl werden? Ich kann es mir doch gar nicht leisten, krank zu sein.«

Zu gern hätte ich meine Mutter beruhigt und ihr gesagt: Nein, Mama, es wird sicher kein Krebs sein, warte erst einmal ab, bis die Befunde der Biopsie da sind. Im Grunde meines Herzens teilte ich jedoch ihre Befürchtungen. Auch ich hatte diese Müdigkeit an ihr in den letzten Monaten festgestellt, aber meine Mutter und ihr Arzt hatten immer für alles eine Erklärung gehabt: Erst schoben sie es auf einen Infekt, den meine Mutter gerade gehabt hatte, dann auf den ganzen Stress mit Karls zunehmender Vergesslichkeit und Starrsinnigkeit. Eine riesige Wut stieg in mir hoch, auf den Arzt, ihre Krankheit und auch auf mich: Warum hatte ich sie nicht dazu überredet, zu einem anderen Arzt zu wechseln? Zugleich erwachte mein Kampfeswille: Das konnte nicht das Ende sein. Das war ein Schlag des Schicksals, ja, aber wir würden zurückschlagen.

»Mama, ganz egal, was es ist, man wird es behandeln können. Und an nichts anderes darfst du jetzt denken!«

Ich versuchte, meine Mutter zu überreden, die Zeit, bis das Ergebnis der Biopsie da war, bei uns in Spanien zu verbringen.

»Da lenken dich wenigstens die Kinder ab. Zu Hause wirst du doch nur verrückt vor Angst!«

Aber meine Mutter wollte nicht mitkommen, wegen Karl.

»Du weiß genau, dass ich Karl in kein Flugzeug kriegen kann. Und die lange Fahrt im Auto würde ich mit den Hüftschmerzen nicht aushalten.«

»Dann fliegen wir eben ohne Karl. Ich rede mit ihm und bitte ihn, noch ein paar Tage länger in dem Pflegeheim zu bleiben. Gestern habe ich ihn besucht. Er fühlt sich dort eigentlich ganz wohl. Nur dass er in dem Haus nicht kommen und gehen kann, wie er will, stört ihn. Aber man kann sicher einen Zivildienstleistenden finden, der zwischendurch mit ihm spazieren geht.«

Karl verlief sich an fremden Orten, deswegen ließ man ihn nicht allein aus dem Pflegeheim gehen.

Meine Mutter war von meiner Idee trotzdem nicht angetan. Ich aber umso mehr: Ich wollte meine Mutter von hier weghaben, je schneller und je weiter, desto besser – gerade so, als könnte ich sie so dem Krebs doch noch entreißen. Als würde ein bloßer Ortswechsel genügen, um sie vor diesem gefräßigen Geschwür in Sicherheit zu bringen.

Auch den ganzen nächsten Tag redete ich weiter auf meine Mutter ein. »Bitte, Mama, flieg mit mir zurück.«

»Karl würde es nicht verstehen, wenn ich ihn wegen einer Urlaubsfahrt länger im Pflegeheim ließe«, sagte sie immer wieder.

Schließlich schlug ich ihr vor, Karl weiszumachen, dass sie länger im Krankenhaus bleiben müsse. Natürlich fühlte auch ich mich nicht wohl bei diesem »Versteckspiel«. Ich kam mir vor, als würde ich Karl vergewaltigen, wegsperren, wegorganisieren, aber ich musste mich in diesem Moment entscheiden: für Karls Wohl oder für das meiner Mutter. Und letztlich war es auch für Karl nur gut, wenn meine Mutter sich ein paar Tage erholen und neue Kraft schöpfen konnte. Ich sah doch, dass sie am Ende war – seelisch, nervlich und körperlich!

Außerdem wollte ich ihr auch zeigen, wie wichtig sie für uns war, dass wir sie liebten, für sie da sein wollten, sie auf uns zählen konnte – nur in Deutschland bleiben konnte ich nicht länger. Nicht noch zehn weitere Tage. Leon und Kiara heulten mir schon jetzt am Telefon die Ohren voll. Und was kam überhaupt nach diesen zehn Tagen? Wenn es wirklich Krebs war? Ich wagte nicht weiterzudenken.

»Mama, bitte, du brauchst Erholung und Luftveränderung. Hier ist schon alles so grau in grau, ein echter deutscher November eben, aber bei uns scheint die Sonne – da ist es noch wie im Frühling. Tagsüber können wir am Meer spazieren und Kaffee trinken gehen, und abends mache ich Paella oder wir grillen. Und die Kinder würden sich wahnsinnig freuen, wenn du mit mir zurückkämst! Mein Gott, dein Leben besteht doch noch aus mehr als immer nur aus der Sorge um Karl. Denk wenigstens ein einziges Mal an dich! Karl geht es gut in dem Heim. Und es sind nur ein paar Tage!«

Endlich nickte meine Mutter. Ehe sie es sich wieder anders überlegen konnte, raste ich zum nächsten Internetcafé und buchte uns Flüge. Zehn Tage – diese zehn Tage würden wir haben, festhalten und nutzen. Sie würden, sie mussten uns und ihr die Kraft geben, alles, was da noch kommen sollte, zu überstehen.

Den Kindern verrieten wir nicht, dass meine Mutter bei uns Urlaub machen würde: Es sollte eine Überraschung für sie sein. Julien kam mit ihnen an den Flughafen, um mich abzuholen – und als die Kinder dort außer mir auch ihre Oma sahen, tanzten und johlten sie wie die Verrückten um sie herum. Vor allem Kiara hatte ab sofort nur noch Augen für ihre geliebte Oma. Und ich gönnte es ihr und meiner Mutter. Eine bessere Therapie für sie konnte es in meinen Augen zu diesem Zeitpunkt nicht geben.

Trotz unserer Angst vor dem Ergebnis der Biopsie und unseres schlechten Gewissens Karl gegenüber verbrachten wir zehn herrliche Tage zusammen. Die Kinder genossen es, ihre Oma einmal ganz für sich zu haben, und meine Mutter und ich nicht minder. Die Nachmittage verbrachten wir am Strand, bauten Burgen, sammelten Glückssteine, schleckten Eis (seit Neustem konnte ich sogar wieder Vanilleeis essen), und abends spielten wir zusammen, erzählten und lachten. Meine Mutter erholte sich, sie war weniger müde und hatte sogar weniger Schmerzen als zu Hause. Und wenn ihre Augen auf den Kindern ruhten, sah ich in ihnen eine Entschlossenheit und einen Kampfeswillen aufblitzen, wie ich dies schon lange nicht mehr bei ihr gesehen hatte: Meine Mutter sammelte sich, sie ballte ihre Energie, sie erinnerte sich, dass es da noch so einiges gab, für das es sich zu leben lohnte – und dass ihr das Leben noch mehr zu bieten hatte, als nur die Pflege eines zunehmend schwierigen, weil immer kränkeren Ehemannes. Ihr Leben, das waren auch wir.

Ich begleitete meine Mutter zurück nach Deutschland. Ich wollte nicht, dass sie allein war, wenn der Arzt ihr das Ergebnis der Biopsie mitteilte. Ich wollte bei ihr sein. Seite an Seite betraten wir das Sprechzimmer in der Ambulanz des Krankenhauses. Schon der Blick des Arztes machte uns klar, dass er keine guten Nachrichten hatte. Meine Mutter setzte sich, aber sie weinte nicht.

»Ich will alles wissen, hören Sie, alles!«

Der Arzt nickte und erklärte ihr, dass der Tumor in ihrer Hüfte leider bösartig sei und überdies kein Primärtumor, sondern eine Metastase. Mein Herz sackte bis in die Knie. Ich griff nach der Hand meiner Mutter, als könne ich sie so halten, zurückziehen, aus diesem Dunkel, das sich da vor uns auftat. Meine Mutter drückte kurz meine Hand und blieb erstaunlich ruhig.

»Was für ein Krebs ist es?«, fragte sie.

»Hautkrebs. Und ein besonders bösartiger dazu. Wir müssen jetzt den Primärtumor suchen und kontrollieren, ob es noch weitere Metastasen gibt.«

»Und wie sieht die Behandlung aus?«

»Da gibt es mehrere Möglichkeiten: Zum einen ist zu prüfen, ob man die Metastase operativ entfernen kann oder sollte; manchmal ist es günstiger, den Tumor nur zu bestrahlen, manchmal bietet sich auch eine Kombination der beiden Verfahren an. Und eine Chemotherapie wird nach meiner Einschätzung auf jeden Fall nötig sein.«

Ich sah, wie meine Mutter schluckte, aber sie blieb weiter ruhig und eigenartig gefasst.

»Dann weiß ich nun wenigstens, woran ich bin«, sagte sie ein paar Atemzüge später. »Und wie sind meine Chancen? Habe ich denn überhaupt eine?« Nur das leichte Dünnerwerden ihrer Stimme verriet, dass sie innerlich weit weniger gefasst war, als es nach außen den Anschein hatte.

Der Arzt nickte nachdrücklich. »Man hat immer eine Chance!«

Und außerdem hast du Enkel und eine Tochter, denen du nicht antun kannst, dass du aus ihrem Leben verschwindest!, hämmerte es in meinem Kopf. Ich will dich nicht verlieren! Ich brauch dich doch! Natürlich hast du eine Chance! Du schaffst das! Erst als mir meine Mutter die Tränen vom Gesicht wischte, merkte ich, das ich weinte.

Am Abend redete ich lange mit meiner Mutter. Was sollte jetzt werden? Ich versuchte, sie zu überreden, die Chemotherapie in Spanien zu machen. »Da könnte ich mich wenigstens richtig um dich kümmern!«

Doch meine Mutter wollte nicht. Wegen Karl. Und auch als ich ihr sagte, dass ich mich auch um ihn kümmern würde, lehnte sie mein Angebot weiter ab. »Das schaffst du nicht, Kind. Bitte, sei vernünftig: Du hast deine Arbeit, zwei Kinder, einen Mann, einen Hund und eine Katze – da kannst du dich nicht auch noch um Karl und mich kümmern!«

»Aber du brauchst mich jetzt doch auch!« Mir schwirrte der Kopf. Die Angst um meine Mutter, die Sorge um meine Kinder, alles wirbelte wild durcheinander.

»Dann ziehe ich eben mit Julien und den Kindern zu dir«, schoss es aus mir heraus.

Meine Mutter schüttelte den Kopf. »Das Dachstudio ist ganz in Ordnung für eine Woche, aber nicht für länger. Und du weißt doch, wie schwierig es mit Karl und den Kindern ist. Und die Kinder gehören auch nicht hierher: Sie haben ihre Freunde in Spanien. Außerdem kämen sie hier gar nicht in der Schule mit: Sie können doch Deutsch weder lesen noch schreiben.«

»Aber reden und den Rest würden sie mit der Zeit schon lernen. Ich kann dich jetzt nicht allein lassen!«

»Das wirst du schon auch so nicht. Aber du musst auch an Leon und Kiara denken. Kind, glaub mir: Sie kämen hier nicht zurecht. Und Kiara sogar noch weniger als Leon!«

Ich wusste, dass meine Mutter recht hatte.

»Aber was soll ich denn sonst machen?«, stöhnte ich. »Ich will dich nicht verlieren!«

»Es wird schon so gehen«, versprach mir meine Mutter. Dann sahen wir uns an. Die eine so ratlos wie die andere. Aber wenigstens waren wir zusammen.

Es folgte ein sehr hartes Jahr für alle und zugleich eine unglaublich intensive Zeit. Die Chemotherapie und die Bestrahlungen nahmen meine Mutter sehr mit, eine Operation hatte der Arzt verwerfen müssen: Das Risiko war zu hoch. Meine Mutter vertrug die Chemo recht gut, aber bald jagte ein Infekt den anderen. Immerhin nahmen dank der Bestrahlungen die Hüftschmerzen ab, zeitweise konnte meine Mutter nun auch wieder ohne Krücken laufen. Aber Karl – seine

Versorgung wurde ein Ding der Unmöglichkeit. Obwohl meine Mutter seine Medikamente inzwischen gut versteckte, fand er sie eines Abends doch und nahm seine gesammelten Tabletten noch einmal. Sein Herz begann zu rasen, sein Blutdruck schoss hoch – meine Mutter musste den Notarzt rufen. Zwar ging alles noch einmal glimpflich aus, aber der Hausarzt überzeugte meine Mutter, dass es so nicht weiterging: »Sie müssen Ihren Mann endlich in einem Pflegeheim unterbringen. Liebe Frau Wolff, Ihren Einsatz für Ihren Mann in Ehren, aber Sie sehen doch selbst, dass es so nicht weitergehen kann. Während Sie im Bett liegen, um sich von der Chemo zu erholen, stellt er einen Unsinn nach dem anderen an. Das belastet Sie alles zusätzlich. Wenn Sie gesund werden wollen, müssen Sie in erster Linie an sich denken; mit allem anderen ist niemandem gedient – Ihrem Mann übrigens auch nicht!«

Drei Wochen rang meine Mutter mit sich, dann hatte sie den nächsten schweren Infekt und sah selbst ein, dass es so nicht weitergehen konnte. Und so brachten wir Karl schweren Herzens ins Pflegeheim.

»Es ist ja nur, bis es Mama wieder besser geht!«, tröstete ich ihn.

»Aber wie lange wird das dauern?«, fragte Karl verzweifelt.

»Ich weiß es nicht, Karl; das weiß niemand. Hoffen wir einfach, dass es bald der Fall sein wird!«

Karl ins Heim zu bringen war für meine Mutter die wohl schwerste Entscheidung ihres Lebens. Und sie hat sie sich nie verziehen, obwohl sie keine Wahl hatte. Karl starb im Sommer. Ein weiterer Schicksalsschlag für uns alle.

Wann immer ich es einrichten konnte oder es auch einfach nur nötig war, flog ich zu meiner Mutter nach Deutschland. Anfangs nahm ich die Kinder mit, aber der Krebs und die zweite Chemotherapie hinterließen ihre Spuren: Jede kleine Aufregung war meiner Mutter jetzt zu viel und damit auch die an sich harmlosen, aber nicht gerade geräuschlosen Rangeleien zwischen Leon und Kiara. So nahm ich schließlich nur noch Kiara mit, die schon ruhiger war und auch einmal mit anpacken konnte. Oder ich fuhr ganz allein. Und damit begann für mich das nächste Dilemma: Egal, ob ich nun bei Julien und den Kindern in Spanien oder bei meiner Mutter in Deutschland war – immer hatte ich das Gefühl, gerade am falschen Ort zu sein, weil die anderen mich genauso gebraucht hätten.

Nur noch zwei Mal in dieser Zeit konnte ich meine Mutter dazu überreden, zwischen den Chemotherapiezyklen für ein paar Wochen zu uns nach Spanien zu kommen, wo ich die Kinder leichter draußen beschäftigen konnte und die beiden auch Freunde hatten, zu denen sie stundenweise »verschwinden« konnten.

Immerhin wusste ich meine Mutter, auch wenn ich nicht bei ihr war, gut aufgehoben und versorgt: Eine Nachbarin und mein Cousin und seine Frau kümmerten sich dann um sie. Und das nicht nur zuverlässig, sondern auch mit ganzem Herzen.

Wenige Wochen nach ihrem letzten Besuch bei uns – inzwischen lag ein Jahr des Leidens hinter meiner Mutter und sie konnte sich nur noch im Rollstuhl fortbewegen, weil auch die zweite Chemotherapie den Krebs nicht zum Stillstand gebracht hatte – zog ich mit den Kindern nach Deutschland. Julien kam kurz danach ebenfalls. Es ging meiner Mutter damals schon so schlecht, dass ich sie nicht mehr allein lassen wollte, zumal sie auch ständig solche Angst hatte, allein zu sein. Meine Kinder, die Wilden, versetzten mich in dieser Zeit immer wieder in Erstaunen: Sogar mein Springinsfeld Leon schaffte es, leise und rücksichtsvoll zu sein, und Kiara wollte sowieso nur noch für ihre Oma da sein. Nie werde ich vergessen, wie gerade sie meine Mutter über Stunden in ihrem Rollstuhl herumschob, wenn die Schmerzen wieder einmal so stark waren, dass meine Mutter es nicht mehr im Bett aushielt und bewegt werden wollte, als könne sie ihrem Elend so doch noch entfliehen. Mit ihren elf Jahren vollbrachte Kiara eine unglaubliche Leistung, und ich war stolz auf meine kleine tapfere Tochter.

In der Nacht vom 11. November 2007, um null Uhr fünf (meine Tochter ist – ein Zufall? – um die gleiche Uhrzeit geboren), starb meine Mutter im Krankenhaus. Mein Cousin und seine Frau waren bei mir. Ich weinte nicht. Geweint hatte ich vorher, immer wieder, das ganze Jahr hindurch, vor allem, als ich merkte, dass die Chancen, den Kampf gegen den Krebs zu gewinnen, kleiner und kleiner wurden. Schlimm fand ich den Schmerz, das Leiden meiner Mutter, ihr Ausgeliefertsein, unsere Hilflosigkeit, nicht aber den Tod. Und ich wusste, dass meine Mutter trotzdem weiter bei uns war.

Mein Cousin, seine Frau und ich blieben in dieser Nacht noch lange im Krankenhaus. Wir redeten, konnten uns nicht lösen, schwelgten in schönen Erinnerungen, das Einzige, was uns jetzt Trost sein konnte. Es war fast vier Uhr früh, als ich nach Hause kam. Ich stellte die Blumen aus dem Zimmer meiner Mutter in die Küche und ging nach Julien und den Kindern sehen. Sie schliefen tief und fest. Undenkbar, sie aus dem Schlaf zu reißen und ihnen zu sagen: Meine Mutter, eure Oma ist eben gestorben. Ich hätte die Worte auch gar nicht über die Lippen gebracht. Ich hatte es selbst noch gar nicht richtig begriffen, dass der Kampf – auch mein Kampf – um das Leben meiner Mutter verloren war.

Mich hinlegen und schlafen konnte ich aber auch nicht. So leinte ich den Hund an und ging mit ihm über die Felder. Es war eine eisige, sternenklare Nacht. Ein scharfer Nordwind zerrte an meinen Haaren. Wenn ich vom festgetretenen Weg abkam,

stieß ich mit den Schuhen gegen die steif gefrorenen Ackerschollen. Obwohl ich nur eine dünne Jacke anhatte, spürte
ich die Kälte nicht. Ich spürte in diesem Moment gar nichts.
Ich war wie in einem Vakuum. Stoisch stapfte ich durch die
Felder, sah den Weg matt im Mondlicht vor mir schimmern
und machte den Hund los, damit er herumstromern konnte. Zuerst folgte ich ihm langsam, dann lief ich schneller und
schneller, schließlich rannte ich fast. Und auf einmal packte
mich eine solche Wut, dass ich mitten in der mich umgeben-
den Einsamkeit und Finsternis einfach losbrüllte. Ich fluchte,
schrie, trat gegen Steine und Ackerschollen.

Dann weinte ich. – Und es war das einzige Mal, dass ich
nach dem Tod meiner Mutter richtig geweint habe.

Als ich zurückkam, war es schon fast sieben Uhr. Ich duschte mich, deckte den Frühstückstisch im Esszimmer und
weckte die Kinder. Ich hatte ihnen versprochen, zumindest
beim Frühstück bei ihnen zu sein und sie in die Schule zu
bringen. Wohl mit der Vorahnung, dass meine Mutter die
Nacht wahrscheinlich nicht überleben würde, ohne ihnen
dies jedoch sagen zu wollen. Seit Tagen hatten sie mich nur
dann gesehen, wenn sie mit Julien ins Krankenhaus gekommen waren und ich mit ihnen in dem Restaurant neben dem
Krankenhaus zum Mittag- oder Abendessen gegangen war.
Da sie mit meinem Kommen gerechnet hatten, hieß das für
sie jetzt nicht automatisch, dass meine Mutter, ihre Oma, gestorben war. Julien aber sah es mir an. Es war nur ein Blick,
den er mir zuwarf. Ich nickte, schluckte und gab ihm zu verstehen, nichts zu sagen.

So frühstückten wir wie immer. Nur dass – zum ersten
Mal – niemand von meiner Mutter sprach. Eigentlich hätte
mich das wundern müssen. Aber ich war viel zu sehr damit
beschäftigt, mich gewohnt fröhlich und aufgeräumt zu geben. Kiara half mir, den Tisch abzudecken. Als sie in der Kü-

che auf die Blumen aus dem Krankenzimmer meiner Mutter sah, wusste ich, dass ich auch ihr nichts mehr vorzumachen brauchte. Unsere Blicke trafen sich. Ich suchte nach den richtigen Worten.

»Ich habe es vorhin schon gewusst«, meinte Kiara. »Als ich in die Küche gegangen bin, um noch die Milch zu holen, die wir vergessen hatten. Du hättest die Blumen nie mitgenommen, wenn Oma noch leben würde.«

Ich zog sie an mich und war froh, dass wenigstens sie weinen konnte.

Auch Leon sagte ich es nun. Er weinte und wollte wissen, wo die Oma jetzt sei.

»Irgendwo um uns herum«, erwiderte ich und machte eine weit ausholende Geste. In den letzten Monaten hatten wir oft über den Tod gesprochen. Für mich verschwinden die Toten nicht einfach: Ihre Seelen leben weiter. Das hatte ich auch versucht, den Kindern zu vermitteln. »Wenn du dich ganz still in eine Ecke setzt, kannst du sie vielleicht spüren.«

»Ich glaube, sie ist jetzt bei Karl«, meinte Leon und beruhigte sich allmählich.

»Bestimmt«, erwiderte ich. »Und sie sind sicher froh, dass sie wieder zusammen sind.«

Davon war auch Leon überzeugt.

Die Formalitäten, die Beerdigung, das Leerräumen des Hauses meiner Mutter, unsere Rückkehr nach Spanien – wie ein Film zog all das an mir vorüber. Weit gegenwärtiger jedoch war mir, dass meine Haut erneut heftig reagierte und an zahlreichen Stellen aufplatzte. Jeden Tag bekam ich neue Ekzeme, vor allem im Gesicht und am Hals. Warum gerade jetzt? Warum nicht vorher, als ich noch Angst um meine Mutter hatte und ihr Leiden oft genug wie mein eigenes empfand? Ich stand während dieser ganzen Zeit unter »Dauerstrom«.

Angst, Sorge, Verantwortung. Mein Körper, meine Haut hatten überhaupt keine Zeit zu reagieren. Mit dem Tod meiner Mutter fielen der ganze Druck und die enorme Belastung von mir ab. Jetzt musste ich nicht mehr die Starke sein, ich musste nicht mehr funktionieren, sondern konnte Schwäche zeigen – und meine Haut tat, wonach ihr wohl schon lange zumute gewesen war: Sie zeigte – im wahrsten Sinne des Wortes – offen, wie sehr mich das alles mitgenommen hatte. Doch je großflächiger die Ekzeme wurden, desto mehr kamen Zweifel in mir auf, dass dies der einzige Grund für das Aufplatzen meiner Haut war, zumal ich immer öfter an ein Gespräch denken musste, dass ich einmal mit Maya, meiner Psychologin, geführt hatte. Es ging um die Frage, ob ich Gefühle manchmal unterdrückte. Damals hatte ich dies bestritten, auf einmal jedoch war ich mir da nicht mehr so sicher. Immerhin hatte ich seit dem Tod meiner Mutter erst ein Mal geweint. Zwar bin ich eigentlich generell nicht jemand, der leicht weint, aber ich konnte mich noch gut daran erinnern, dass ich beim Tod einer krebskranken Freundin mehr geweint hatte. Ich redete mit Julien darüber.

»Du leistest keine Trauerarbeit«, hielt er mir vor. »Du hast an deiner Mutter dermaßen gehangen, dass du nicht akzeptieren willst, dass sie nicht mehr da ist. Statt zu trauern, flüchtest du dich in Arbeit.«

»Aber für mich ist sie doch auch nicht weg, sie lebt weiter, eine andere Form von Leben – wir können sie nur nicht mehr sehen.«

»Trotzdem ist sie für dich nicht mehr da, Anna. Du kannst sie nicht mehr anrufen, du kannst sie nicht mehr anfassen, nicht mehr mit ihr lachen und noch nicht einmal mehr mit ihr weinen – und selbst wenn du dir hundert Mal vorzustellen vermagst, dass deine Mutter hinter der Gardine, wie du es den Kindern so schön erzählst, weiter da ist und ihre schützenden Hände über euch hält. Im realen Leben ist sie es nicht. Du musst dich allein fühlen, verlassen, einsam, und du müsstest darauf irgendwie reagieren!«

Ich winkte vehement ab. Das alles wollte ich nicht hören.

Meine Haut verschlimmerte sich weiter. Ich stellte meine Diät um, aß nur noch, was ich auch nach der Klinik noch zu mir genommen hatte. Die Ekzeme beruhigten sich etwas, verschwinden aber taten sie nicht. Auch die Bioresonanz griff nicht, kein bisschen.

»Ich sehe nur, dass du immer tiefer stürzt«, meinte Mireilla. »Es ist, als wärst du im freien Fall.«

Ich fing wieder mit Yoga und autogenem Training an, was ich während der Krankheit meiner Mutter aus Zeitmangel vernachlässigt hatte. Und als ich einmal in diesem speziellen Wach-Traum-Zustand war, in den man beim Meditieren gerät, sah ich mich auf einmal von innen: Ein riesiges schwarzes Loch war in mir, meinen ganzen Leib füllte es aus, überlagerte all meine Organe – und es schrie und tobte darin. Wut, Verzweiflung, Verlassensein, Angst, Traurigkeit. Alles war da, doch die Schale um dieses Schwarz war so hart und fest, dass nichts davon nach außen dringen konnte. Ich schrak hoch. Und ich wusste jetzt, dass Julien recht hatte.

Trotzdem gelang es mir auch weiterhin nicht zu trauern. Ich wusste nicht, wie. Ich fühlte diesen »schwarzen Kloß« in mir, wusste, wie es darin schrie und tobte, aber ich konnte es nicht aus mir herauslassen. Ich hoffte, dass »es« sich irgendwann schon wieder beruhigen würde. Man sagt doch: Die Zeit heilt alle Wunden. Und zugleich versuchte ich, mir nicht allzu viel aus meiner ramponierten Haut zu machen. Immerhin hatte ich schon viel, viel schlimmer ausgesehen. Es waren nur ein paar Stellen, nicht schön anzusehen, aber auch kein Drama, redete ich mir ein. Und ich sagte mir, dass die Haut sich schon wieder beruhigen würde, wenn in mir drin wieder

Ruhe herrschte. Von daher lösten die Ekzeme diesmal auch keine tieferen Ängste oder gar Panik in mir aus.

Aber dann näherte sich der Tag, an dem ich eine Lesung für meinen neusten historischen Roman hatte – und die Haut war noch immer ein einziges Desaster.

Da meine Haut so unzuverlässig ist, vereinbare ich nur selten Lesungen, obwohl mir eigentlich viel am Kontakt mit meinen Lesern liegt. Um diese Lesung aber war ich von Karen, einer alten Bekannten in Deutschland, so inständig gebeten worden, dass ich schließlich zugesagt hatte – allerdings zu einem Zeitpunkt, zu dem meine Haut noch intakt war, noch vor dem Tod meiner Mutter. Ich rief Karen an, um die Lesung abzusagen, aber noch ehe ich dazu kam, auch nur ein Wort zu sagen, schwärmte sie mir vor, was sie schon alles vorbereitet hatte. Sie platzte fast vor Enthusiasmus.

»Wir haben gestern die Plakate von deinem Verlag erhalten und überlegen, wo wir sie hinhängen können, damit möglichst viele Leute kommen; und Mundpropaganda haben wir natürlich auch schon jede Menge gemacht. Die Lesung wird bestimmt super. Ach, Anna, ich freue mich ja schon so!«

Nach diesen Worten blieb mir meine Absage erst einmal im Hals stecken.

»Oh, prima«, krächzte ich. Dann redeten wir noch über ein paar andere Sachen, und ich legte den Hörer wieder auf.

Na großartig, dachte ich. Und jetzt?

Ich ging ins Bad. Mein Gesicht sah natürlich noch genauso aus wie vor zehn Minuten: verschuppte Wangen, gerötete Haut, rote Pandaaugenränder mit unschönen Schwellungen. Im Vergleich zu meinem Gesicht nach dem Cortisonentzug war dies zwar noch harmlos, aber schön anzusehen war es trotzdem nicht, ganz und gar nicht. Ich grummelte, drehte mich weg, sah mich wieder an – und wusste nicht, was ich tun sollte. Es war eben eine Sache – und schon schwierig genug –, sich mit dieser Haut im Alltag und unter Menschen zu bewegen, die man mehr oder weniger gut kannte, aber noch einmal eine ganz andere, vor Fremden aufzutreten, und dies auch noch bei einer Gelegenheit, bei der einen die Leute direkt ansehen.

Ich blickte mein Spiegelbild an. Das schaffe ich nicht!, ging es mir immer und immer wieder durch den Kopf. Das packe ich einfach nicht, so vor die Leute zu treten! – Und erneut strich ich um das Telefon herum, um die Lesung doch noch abzusagen. In diesem Moment kam Julien in mein Arbeitszimmer. Er sah mir an, dass ich mit mir kämpfte, und fragte lachend, worum es ging. »Du siehst echt aus, als würdest du dich gleich selbst in der Luft zerreißen!«

Ich erzählte ihm, was mir auf der Seele lag. »Mit diesem Gesicht kann ich mich doch nicht vor die Leute stellen. Das ist doch eine Zumutung.«

»Für wen? Für dich oder für die Leute?« Er lachte erneut.

»Ach, du verstehst mich nicht!«

»Doch, ma petite, ich verstehe dich sehr wohl. Aber ich glaube, du wirfst da ein paar Sachen durcheinander: Die Leute kommen, weil sie hören wollen, wie du aus deinem Buch vorliest. Was spielt es da für eine Rolle, wie deine Haut aussieht? Es wäre etwas anderes, wenn du Fieber hättest oder heiser wärst, aber so.« Er schüttelte den Kopf. »Da ist kein Problem. Das Problem kreierst du selbst!«

Unschlüssig hob ich die Achseln, unternahm für den Moment aber trotzdem nichts weiter und zog mich nachdenklich in eine Ecke zurück.

Auch alles Nachgrübeln brachte mich nicht weiter: Ich traute mich einfach nicht, so vor die Leute zu treten. Aber andererseits waren da auch Karen und die Hoffnung, die sie in mich setzte. Ich wolle sie nicht enttäuschen.

Ich begann eine Umfrage in meinem Freundeskreis. Sie alle meinten, genau wie Julien: »Aber sicher kannst du so die Lesung abhalten. Warum denn nicht? Du willst ja keine Kosmetik verkaufen, sondern nur dein Buch vorstellen. Die Leute interessiert deine Haut doch gar nicht.«

Elenas Entgegnung gab mir am meisten zu denken: »Jetzt stell dir einmal vor, du säßest im Rollstuhl. Würdest du dann auch nicht aus dem Haus gehen, um aus deinem Buch vorzulesen? Du kennst doch sicher diesen englischen Astrophysiker Stephen Hawking, der wegen seiner schweren Krankheit schon seit Jahren im Rollstuhl sitzt, inzwischen nur noch mit einem Sprachcomputer kommunizieren kann und der sich trotzdem immer wieder ins Rampenlicht stellt. Ich finde diesen Mann bewundernswert, gerade weil er all dies trotz seiner schweren Behinderung durchzieht. Und auch der amerikanische Schauspieler Christopher Reeves hat dies bis zu seinem Tod getan und mir deswegen immer total imponiert.«

Zuerst lag mir auf der Zunge, dass man das nicht vergleichen könne, aber dann wurde mir bewusst, dass es irgendwie doch das Gleiche war. Die Angst, sich mit einer Behinderung in der Öffentlichkeit zu zeigen, anderen seinen Anblick »zuzumuten«, seine Schwächen öffentlich zu zeigen. Zugleich musste ich nun auch an diesen Satz denken, mit dem ich mich vor drei Jahren dazu überredet hatte, trotz meines damals wahrlich noch furchtbar entstellten Gesichts zum Karnevalsumzug der Kinder zu gehen: »… sich nicht auch noch selbst behindern …«

Aber als ich mich zu diesem Karnevalsumzug aus dem Haus »getraut« hatte, hatte ich es für meine Kinder getan, weil ihnen meine Anwesenheit wichtig war. Diesmal ging es eigentlich nur um mich. Nur?

»Ich soll also meine Haut einfach vergessen und meine Lesung halten, als sei alles in schönster Ordnung?« Ich sah Elena zweifelnd an.

»Genau«, gab Elena im Brustton der Überzeugung zurück. »Und du wirst sehen: Kein Mensch wird sich an deiner Haut stören!«

Ich rieb mir über die Wange. Es rieselte weiß herab. Ich blies die Schuppen von meinem Pulli und nickte zögerlich.

Also stieg ich ins Flugzeug und flog nach Deutschland. Am Abend der Lesung war ich trotzdem mehr als nervös. Trotz allem guten Zureden und aller Einsichten war es mir mehr als unangenehm, mit diesem Gesicht vor Fremde zu treten. Ich fühlte mich nackt, ungeschützt, angreifbar.

Aber was kann mir eigentlich schon groß passieren?, rief ich mich schließlich zur Ordnung. Die Leute werden mich schon nicht vor Empörung auspfeifen, und aus der Stadt jagen! Schlimmstenfalls sagt Karen die Lesung ab, und ich bin dann halt blamiert, aber das kann ich jetzt eh nicht mehr ändern. – Und so schwang ich mich aus meinem Leihwagen und stapfte mit mehr Trotz als Courage zu dem Saal, in dem die Lesung stattfinden sollte. Wie hatte meine Großmutter immer so schön gesagt: Man muss den Kopf hochhalten, auch wenn der Hals dreckig ist. Ich beschloss, dass dies ab sofort auch für rote und entzündete Gesichter zu gelten habe.

Als ich die Tür zum Lesesaal öffnete, klopfte mein Herz bis zum Hals, und meine Hände klebten vor Schweiß – vor Angstschweiß. Ich war extra früh gekommen, um einen möglichst leeren Saal betreten zu können. Zumindest dies klappte: Ich konnte lediglich Karen entdecken. Sie kam sofort auf mich zu.

»Ach, Anna, da bist du ja! Prima!«

Erwartungsvoll schaute ich sie an, wartete auf einen Kommentar über meine Haut, mein Gesicht. Entsetzen, Ablehnung.

Doch Karen sagte gar nichts, sondern erzählte mir nur begeistert, wie viele Plakate sie noch zusätzlich aufgehängt und wer von ihren Freunden und Bekannten sein Kommen fest zugesagt hatte, und zeigte mir das Buffet, das sie vorbereitet hatte. Sie sprudelte regelrecht über vor Vorfreude.

Ich räusperte mich, sagte: »Oh toll!« und: »Wie viel Arbeit du dir gemacht hast!«, und hatte dabei das Gefühl, irgendwie vollkommen neben mir zu stehen. Als würde ich zwei Leben gleichzeitig leben: Das eine führte die Schriftstellerin, das andere die Neurodermitikerin. Ich war völlig irritiert.

Kurz darauf betraten die ersten beiden Gäste den Saal.

Na, dann kommt sie eben jetzt, die Reaktion, dachte ich. Und wieder begann mein Herz zu pochen.

Karen stellte mich den beiden Frauen vor. Ihr Gesicht platzte vor Freude, eine Bekannte zu haben, die Bücher schrieb. Und ihre Freunde freuten sich sichtlich, mit mir bekannt gemacht zu werden. Sie reichten mir die Hand – was zumindest schon einmal bewies, dass sie keine Angst hatten, sich bei mir anzustecken – und erzählten mir, wie sehr sie sich schon auf diesen Abend freuten.

Ich nickte, lächelte, erwiderte das Kompliment – und konnte nicht fassen, dass auch sie nichts über meine Haut sagten und mich auch nicht – besonders – lange oder gar irritiert ansahen.

Der Saal füllte sich, die Zuhörer nahmen ihre Plätze ein, Karen stellte mich vor – und noch immer schien niemand etwas dabei zu finden, dass mein Gesicht so aussah wie es aussah. Wirklich beruhigen tat ich mich jedoch erst, als ich begann, aus meinem Buch vorzulesen, einem Roman, in dem ich die Geschichte der Nonne Catalina de Erauso verarbeitet hatte, die im Spanien des 17. Jahrhunderts für einen ziemlichen Eklat gesorgt hatte.

Als ich später zum Haus einer Freundin fuhr, bei der ich übernachtete, hielt sich auf meinem Gesicht ein hartnäckiges Grinsen. Es galt mir selbst – und den Ängsten, die ich vor

diesem Abend ausgestanden hatte und die sich alle als unnötig herausgestellt hatten. Die Leute hatten mich akzeptiert.
Es war ihnen einerlei gewesen, wie ich aussah. Meine Worte,
mein Buch, mein Wesen waren ihnen wichtig gewesen, nicht
meine Haut.

Ich lachte auf, froh, frei, regelrecht befreit – und kam mir
vor, als hätte ich meiner Haut ein Schnippchen geschlagen.
Ich hatte mir ein neues Stück Freiheit und Unabhängigkeit
erkämpft – und das war ein unheimlich, ein unglaublich gutes Gefühl.

AUSKLANG

Leben mit Neurodermitis

*Der Himmel hat den Menschen als Gegengewicht zu
den vielen Mühseligkeiten des Lebens drei Dinge gegeben:
die Hoffnung, den Schlaf und das Lachen.*

Immanuel Kant

Trotz dieses – inneren – Siegs blieb aber doch das Problem, dass ich weiterhin diese Ekzeme auf meinem Gesicht und meinem Hals hatte. Ein paar Monate »dokterte« ich noch an mir herum: Ich versuchte es mit Brottrunk und hoch dosierten B-Vitaminen, womit zumindest mein Hals abheilte, der Juckreiz deutlich nachließ und ich insgesamt ruhiger wurde. Aber die Ekzeme im Gesicht besserten sich kein bisschen.

»Warum rufst du nicht in der Klinik an?«, meinte Julien. »Vielleicht haben sie eine Idee, was du noch machen könntest.«

»In dem Winter nach dem Cortisonentzug habe ich viel schlimmer ausgesehen und bin da auch wieder allein rausgekommen«, gab ich trotzig zurück.

»Das weiß ich, aber du weißt auch, wie lange es gedauert hat. Du meine Güte, ich meine doch nur, dass es nicht schaden kann, sie mal anzurufen und sich beraten zu lassen.«

Also schnappte ich mir den Hörer und ließ mich mit Frau Dr. Schöne verbinden. Sie hatte allerdings viele gute Ratschläge. Doch all diese Dinge hatte ich selbst schon ausprobiert.

»Dann müssten Sie doch herkommen«, meinte sie. »Es wäre ohnehin sinnvoll, einmal Ihre Vitamin- und Mineralstoffversorgung zu überprüfen, wenn Sie nun schon wieder so lange diese strenge Diät mit nur fünfzehn Lebensmitteln einhalten.«

Ich ließ mir einen Termin geben. Abends redete ich mit den Kindern.

»Es wird nicht für lange sein«, versprach ich ihnen. »Außerdem seid ihr nicht mehr so klein und wisst, dass ihr bei Julien gut aufgehoben seid!«

Sie nickten. Durch die Zeiten, die ich allein bei meiner Mutter verbracht hatte, waren wir inzwischen alle an Trennungen gewöhnt.

In der Klinik wurde mir schon nach wenigen Tagen klar, dass ich diesmal auch auf Kalb- und Lammfleisch reagierte. Also strich ich sie von meinem Speiseplan und verzeichnete in der Folge eine kleine Besserung in meinem Gesicht. Die Blutuntersuchungen zeigten, dass eine Umstellung meiner Ernährungsergänzungsmittel nötig war: Ich hatte gleich mehrere Mineralstoffmängel, die ein zusätzliches Problem für die Haut darstellten. Außerdem verordnete mir Frau Dr. Schöne hoch dosiertes Selen, auf das ich sehr gut ansprach. Trotzdem heilte die Haut nicht richtig ab. Gerade um die Augen und den Mund herum hielten sich die Ekzeme hartnäckig.

»Was könnte man denn noch machen?«, fragte ich Dr. Kröner, allmählich doch wieder ein bisschen verzweifelt.

»Wie sieht es bei Ihnen denn derzeit mit Stress aus?«

Ich erzählte ihm von dem letzten, schweren Jahr und meiner Schwierigkeit, mich mit dem Tod meiner Mutter auseinanderzusetzen.

»Und da wundert es Sie, dass Ihre Haut erneut reagiert?« Er hob die Augenbrauen. »Mich wundert da eher, dass sie nicht schlimmer aussieht. Suchen Sie nach Wegen, den Tod Ihrer Mutter und alles, was für Sie damit zusammenhängt, zu verarbeiten. Bevor Ihnen das nicht gelungen ist, kann Ihnen niemand helfen.«

»Das ist zumindest eine klare Ansage«, erwiderte ich und musste erst einmal schlucken.

»Wenn Sie ehrlich sind, war Ihnen klar, dass es so ist, oder?« Er zwinkerte mir zu. Ich musste nicken. Ja, es war mir schon klar gewesen. Nur hatte ich es nicht wahrhaben wollen. Eine Heilung von außen oder durch Tabletten wäre einfacher gewesen.

»Eigentlich kann ich also wieder nach Hause fahren?«, gab ich beklommen zurück.

»So ist es«, erwiderte er mit nachdrücklichem Nicken. »Trotzdem war es gut, dass Sie gekommen sind: Mit diesen Mineralstoff- und Vitaminmängeln hätte es Ihre Haut noch schwerer gehabt, wieder abzuheilen. Und außerdem haben wir eine Creme finden können, die Sie vertragen. Aber mehr können wir derzeit nicht für Sie tun. Die Knoten in sich müssen Sie selbst lösen. Und ehe Sie die nicht entwirrt haben, wird Ihre Haut nicht abheilen.«

Ich nickte.

»Immerhin sind Sie diesmal nicht wieder in die Cortison-falle getappt: Sie wissen, dass Sie Ihre Haut auch so wieder in den Griff bekommen können. Aber mir ist bei unseren Gesprächen in den letzten Tagen noch etwas anderes aufgefallen: Sie beißen sich viel zu sehr an Ihrem Problem mit dem Essen fest. Sie haben mir doch schon damals gesagt, dass Sie, wenn ein Schub vorbei ist, vieles wieder essen können. Haben Sie Vertrauen in Ihre eigenen Worte, und versuchen Sie, zu einem entspannten Umgang mit dem Essen zurückzufinden. Sorgen Sie sich lieber um Ihr inneres Gleichgewicht als ums Essen!«

»Ein entspanntes Verhältnis zum Essen und mein inneres Gleichgewicht wiederfinden: Wenn das nur so einfach wäre!«, seufzte ich.

»Sie schaffen das. Ganz bestimmt!«

Immerhin wusste ich nun genau, woran ich war, und dankte ihm für seine offenen Worte. Mit nichts anderem hätte er mir mehr helfen können.

Also fuhr ich wieder nach Hause. Zwar nicht mit abgeheilten, aber doch zumindest gebesserten Ekzemen. Julien und die Kinder freuten sich, dass ich »schon« nach zwei Wochen wieder da war; sie waren jedoch auch enttäuscht darüber, dass meine Haut noch nicht ganz abgeheilt war.

»Das wird schon noch«, versprach ich den Kindern. Zu Julien war ich offener: »Du hattest leider recht mit deiner Trauerarbeit. Auch Dr. Kröner meinte, der Hauptauslöser für meine Ekzeme sei meine innere Unordnung. Die äußerlich sichtbaren Verletzungen entsprechen schlicht und ergreifend den inneren.«

»Und jetzt?«, fragte Julien.

»Jetzt hörst du vor allem einmal auf zu grinsen«, gab ich zurück, obwohl ich mitgrinsen musste. »Monsieur Dr. Dr. Julien Rechthaber!«

Julien grinste trotzdem noch einen Moment und dies noch breiter. Dann wurde er ernst. »Und wie kommst du aus diesem Loch wieder raus?«

»Am besten wie der Frosch, der in den Krug mit Milch gefallen ist: Ich strampele und trete so lange um mich, bis aus der Milch Butter geworden ist, und steige dann ganz lässig aus meinem Krug wieder heraus.«

Julien sah mich irritiert an.

»Mensch, ich weiß es doch auch nicht. Ich habe keine Ahnung«, brummte ich zurück. Und ich wusste es in der Tat nicht.

Während der folgenden Tage merkte ich, dass die Klinik mir auch in anderer Hinsicht gutgetan hatte: Ich war wesentlich ruhiger und entspannter als vor dem Klinikaufenthalt. Beinahe täglich hatte ich dort am Imaginationstraining und der suggestiven Tiefenentspannung teilgenommen. Zu Hause klangen die Worte der Sprecher vom Tonband noch immer in meinem Kopf nach: Ich bin ganz ruhig, ich bin entspannt, ich kann meinen Alltagsproblemen mit mehr Gelassenheit gegenübertreten.

Die kleinen Zankereien der Kinder brachten mich weit weniger »in Fahrt« als noch vor dem Klinikaufenthalt, die Briefe, Mails und Arbeit, die sich auf meinem Schreibtisch aufgetürmt hatten, steckte ich mit einem Schulterzucken und einem »Morgen ist auch noch ein Tag« weg. Und als unser Hund – mal wieder – einen meiner Schuhe angenagt hatte und, von mir erwischt, mit eingezogenem Schwanz und unterwürfigem Blick zu mir hochschielte, konnte ich mich nicht einmal ärgern, sondern nur herzhaft lachen. Es war schließlich nur ein Schuh, kein Weltuntergang.

Wenn ich jetzt autogenes Training machte oder meditierte, wagte ich mich ganz bewusst zu dem »schwarzen Loch« in mir vor. Erst blieb ich am Rand stehen und sah es mir an, dann wagte ich mich noch ein Stück weiter vor und hörte, wie ich zumindest tief in mir drinnen weinte. Und langsam, ganz langsam, wurde dieses »schwarze Loch« in mir kleiner und kleiner. Und meine Haut zugleich ruhiger und ruhiger.

Es vergingen noch etliche Wochen, bis meine Haut ganz abgeheilt war. Dann wollte ich aber auch noch Dr. Kröners zweiten Rat ausprobieren: den entspannteren Umgang mit dem Essen.

»Wenn er sagt, dass ich mit guter Haut wieder das meiste essen kann, dann kann ich das auch«, redete ich fleißig auf mich ein und nahm am nächsten Tag einen Teelöffel ungesüßte Biocornflakes zu mir. Ich freute mich, endlich mal wieder einen neuen Geschmack im Mund zu haben – ansonsten gab es keine Reaktion. Am nächsten Tag war ich schon mutiger: Ich aß einen Esslöffel voll. Am Tag danach probierte ich Reismilch, und am folgenden aß ich eine Schüssel Cornflakes mit Reismilch. Wieder blieb die Haut ruhig.

»Na, wer sagt es denn«, freute ich mich und probierte von da an immer neue Lebensmittel aus. Bei manchen gab es anfangs noch eine kleine Reaktion, aber wenn ich das gleiche Lebensmittel zwei, drei Tage später noch einmal probierte, ging es dann auf einmal doch – und das alles ohne Bioresonanz.

Inzwischen habe ich sogar Paella und Pizza mit Käse und Tomatensoße gegessen. Ein klein bisschen wurde die Haut da zwar schon rot, aber die Reaktion hielt sich nur zwei Tage, und natürlich weiß ich, dass ich dies wegen des Histamingehalts ohnehin nicht oft essen darf. Aber nach all dieser Zeit absolut eingeschränkten Essens eine Paella oder eine Pizza zu essen, das war so toll – das kann ich kaum beschreiben!

Dr. Kröner lag also erneut richtig: Mein Körper hatte sich von ganz allein wieder eingependelt.

Nach all dem, was ich vor allem die letzten Jahre mit meiner Neurodermitis erlebt und durchgemacht habe, kann ich sagen, dass sie trotzdem einen großen Teil ihres Schreckens für mich verloren hat. Ich habe nicht länger das Gefühl, ihr ausgeliefert zu sein. Ich bin mehr als nur ihr Spielball. Ich kann ihren Zustand ein gutes Stück weit selbst mitbestimmen und das auch dann, wenn ich in so aussichtslose Situationen wie die Krebserkrankung und den Tod meiner Mutter gerate. Ich werde gewiss immer eine sensible und empfindliche Haut behalten, und fast möchte ich sagen: hoffentlich! Denn sie ist zugleich das Abbild meines Inneren. Ich habe gelernt, in ein paar Ekzemstellen nicht mehr gleich ein Drama zu sehen. Und statt sie anzusehen, schaue ich lieber in mich hinein und frage mich: Was ist mit mir los? Was liegt mir auf der Seele? Was geht mir »unter die Haut«?

Sehr geholfen hat mir, dass ich, gerade in der schwersten Zeit nach dem Cortisonentzug, die Erfahrung gemacht habe, dass die Menschen, auf die es mir ankommt, mich auch mit meinem »zweiten« Gesicht annehmen und lieben und dass ich keinen Grund habe, mich mit meiner Neurodermitis zu verstecken. Sie ist ein Teil von mir, wird es wohl auch immer bleiben – und ich habe ihr auch so manch Gutes zu verdanken.

Ich bin, was ich bin – und ich will auch gar nicht anders sein. Selbst wenn die Haut einmal wieder rot wird. Sie gehört zu mir.

NACHWORT

Von Dr. med. Raphael Shimshoni,
Fachkrankenhaus für Dermatologie, Leutenberg

A ls mich meine ehemalige Patientin Frau Anna Wolff bat, ein Nachwort für ihren Erfahrungsbericht »Das zweite Gesicht« zu schreiben, habe ich mich erst einmal hinsetzen müssen, um tief nachzudenken, wie ich damit beginne.

Mein erster Schritt führte mich in diverse Buchhandlungen, in denen ich mich erkundigte, ob es schon persönliche Berichte zum Thema Neurodermitis gibt. Zu Vitiligo und Psoriasis sind mir einige Veröffentlichungen bekannt, aber zu Neurodermitis?

Die Enttäuschung war riesig, als ich in insgesamt drei Buchhandlungen und in einer großen Stadtbibliothek überhaupt nur ein bzw. zwei Bücher zum Thema Neurodermitis fand. Bei meiner Recherche im Internet fand ich immerhin über fünfzig Neurodermitisbücher, die nicht nur für Ärzte, sondern auch für Betroffene geschrieben worden sind. Die Mehrheit befasst sich mit der psychischen Problematik, Allergien und Ernährung. Eine echte Biographie, einen Leidensweg, die Geschichte einer Betroffenen konnte ich nicht finden.

Ich hatte das Glück, als Assistenzarzt eine Ausbildungsstätte zu finden, wo der Chefarzt nicht nur schulmedizinisch arbeitete, sondern – damals mehr als ungewöhnlich – auch »seinen Bauch« bei der Therapie sprechen ließ. So hatte ich die Gelegenheit, bereits vor mehr als 37 Jahren mit Mistel, Vitaminen und Mineralien arbeiten zu können. Außerdem wurden damals die ersten Patienten mit Vitiligo ans Tote Meer geschickt, und eine großangelegte Studie mit Original Badesalz vom Toten Meer bei Neurodermitikern und Psoriatikern durchgeführt.

Erst am Toten Meer wurde mir klar, was wir Schulmediziner den Patienten mit der Vorgabe antun, die bis heute gilt: erscheinungsfrei zu werden, koste es, was es wolle. Was zählt, ist die makellose Haut, unabhängig davon, wie es im Inneren aussieht.

In meiner Klinik am Toten Meer hatte ich das Privileg, Patienten aus der ganzen Welt mit Psoriasis und in zunehmender Zahl auch Neurodermitis-Patienten behandeln zu dürfen, und sammelte dort viele Erfahrungen, neues Wissen und Erkenntnisse. Nach meiner Rückkehr nach Deutschland konnte ich all dies in vollem Umfang im Fachkrankenhaus Schloss Friedensburg in Leutenberg anwenden. Als Akutkrankenhaus, das sich insbesondere auf Neurodermitis, Psoriasis, Vitiligo, Urticaria und ernährungsbedingte Hautveränderungen spezialisiert hat, werden wir tagtäglich mit Betroffenen konfrontiert. In zunehmendem Umfang sind dies auch Säuglinge und Kleinkinder, die bereits im zarten Babyalter nicht nur äußerlich, sondern auch innerlich mit Cortison-Präparaten und anderen Immunsuppressiva behandelt worden sind. Die modernen Therapeutika (Cyclosporin, Biologicals etc.) werden von den Therapeuten als meilenweiter Fortschritt angesehen. Für uns, die dann die sogenannten »austherapierten Patienten« behandeln müssen, die aus der ganzen Bundesrepublik, aber auch aus Tschechien, Russland, Österreich, Schweiz, Holland und etlichen anderen Ländern zu uns kommen, ist es eine nicht einfache Aufgabe. Die Betroffenen setzen ihre immunsuppressive Behandlung ab, da sie nicht half. Erwartungsgemäß kommt es danach zu einer rapiden Verschlechterung, die über Wochen andauert. Dies ist der Grund, dass in unserem Akutkrankenhaus die Betroffenen mindestens drei, häufig aber auch bis zu sechs Wochen bleiben müssen, bis sie anschließend in die weitere ambulante Betreuung entlassen werden können.

Heutzutage bekommen die Betroffenen wesentlich stärkere Immunsuppressiva als vor zehn Jahren; weitere und noch stärkere befinden sich in der pharmazeutischen Entwicklung. Nichts gegen die Schulmedizin! Wir alle sind Absolventen der Universitäten und haben als Fachärzte die gleichen Fachbücher für unsere Facharztprüfungen benutzt. Es besteht allerdings ein großer Unterschied zwischen akuter und chronischer Behandlung. Patienten, die an chronischen Krankheiten leiden, insbesondere an Neurodermitis, können nicht mit akuter Medizin behandelt werden. Es kommt sonst zu solchen Reaktionen, wie von Frau Wolff ausführlich beschrieben.

Der Autorin ist es gelungen, sehr nah, plastisch und vor allem persönlich ihren schmerzlichen Weg vom Kleinkind bis zur Erwachsenen zu beschreiben. Sie hat für sich – und das wünsche ich auch allen anderen – einen Weg gefunden, in dem die Einheit von Körper, Geist und Seele die Heilung bringt.

Selbstverständlich ist es ein dorniger Weg. Es gibt nichts Einfacheres, als zum Arzt zu gehen, der irgendetwas für die äußere bzw. innere Behandlung verordnet. Damit ist man für Tage, Wochen und Monate beschwerdefrei. Bei vielen gelingt es, das ist keine Frage. Aber ebenfalls werden viele abhängig und fallen dadurch in ein Loch, das immer tiefer und tiefer wird. Hinzu kommt der psychosoziale Rückzug; Familien brechen auseinander, oder man wird arbeitslos. Um aus diesem Tal herauszukommen, braucht es viel, viel mehr als irgendwelche Polikliniken der Akutkrankenhäuser oder dermatologische Praxen, in denen die Patienten in einigen Minuten mit irgendeinem Rezept abgefertigt werden.

Diese Aussage ist auf keinen Fall persönlich gemeint, sondern Kritik am System. Die Dermatologie wird mehr und mehr zum ästhetischen und kosmetischen Fach umfunktioniert. Nur derjenige, der Operationen, Proktoskopie, Rektoskopie, Phlebologie oder Allergiediagnostik durchführt, kann überleben. Die Dermatologie wird mehr und mehr von den Haus- und Kinderärzten übernommen, da viele Patienten der Ansicht sind, dass ihnen (auch) der Hautarzt nichts anderes als Cortison verschreibt – sie beim Haus- und Kinderarzt aber wenigstens leichter an Termine kommen und er sich mehr Zeit für sie nimmt. Das Cortison wird den Eltern sogar schon für Babys und Kleinkinder empfohlen, und das nicht nur zur äußeren, sondern auch zur inneren Anwendung, und in ihrer Ahnungslosigkeit wenden sie es auch an.

Ich wünsche diesem Buch viel Erfolg und eine weite Verbreitung nicht nur im deutschsprachigen Raum, sondern dass bald eine französische, spanische und englische Übersetzung folgen wird. Die Patienten sollten endlich anfangen, über sich nachzudenken, und verstehen, dass sie ihr Leben selbst ändern, das heißt: in ihre eigenen Hände nehmen müssen. Sie sollten nicht darauf hoffen, dass der Arzt schon richtig entscheiden wird, weil er ja so viele Jahre studiert hat, und was er tut, auch richtig ist. Der Weg ist dornig, aber am Ende der allerbeste, und wird zur Zufriedenheit mit sich selbst und der Umwelt führen.

Leutenberg, im August 2009, *Dr. med. Raphael Shimshoni*

ANHANG

WAS IST NEURODERMITIS?

Neurodermitis, auch als endogenes oder atopisches Ekzem bezeichnet, gehört genau wie Heuschnupfen und allergisches Asthma zu den Erkrankungen des atopischen Formenkreises und bezeichnet eine chronische Erkrankung der Haut. Neurodermitis leitet sich von den Worten »Neuron«, der Nerv, und »Dermitis«, Entzündung, ab. Sie macht sich durch extrem trockene Haut, quälenden Juckreiz, Rötung, Nässen und eine starke Verschuppung der Haut bemerkbar und verläuft in »Schüben«. Meist sind vor allem die Augenpartie, der Hals, die Armbeugen und die Kniekehlen betroffen, aber es gibt durchaus Fälle, bei denen auch andere Körperteile oder sogar der ganze Körper mit Ekzemen überzogen sind. Oft tritt sie zugleich mit anderen Erkrankungen des atopischen Formenkreises auf.

WAS SIND DIE URSACHEN?

Die Veranlagung zum atopischen Ekzem ist genetisch festgelegt (Genregion 3q21); damit es zum Ausbruch kommt, bedarf es aber eines Auslösers. Solche Auslöser können individuell ganz verschiedene Allergene, Reize wie Seife, Duftstoffe, Desinfektionsmittel, Infekte, chronische Krankheitsherde (z. B. Zähne), organische Erkrankungen, verschiedene Medikamente, toxische Belastungen durch Umweltgifte, Ernährungsgewohnheiten und psychische Belastungen sein. Auch Impfungen werden von Neurodermitikern oft nicht gut vertragen. Auch bei meinem Sohn (Neurodermitiker von Geburt an) löste jede Impfung einen Schub aus, und das, obwohl ich ihm die Impfungen sehr viel später als allgemein üblich hatte verabreichen lassen, weil ich seinem Immunsystem zunächst die Gelegenheit geben wollte, weiter zu reifen. Geholfen hat ihm, dass wir die Impfungen immer homöopathisch begleitet haben. Ganz auf die Impfungen wollte ich nicht verzichten.

Die meisten Schulmediziner sehen in Neurodermitis eine Hauterkrankung mit unbekannter Ursache und behandeln nur die äußere Erscheinung. Naturheilkundler gehen davon aus, dass ein Neurodermitisschub durch eine Überlastung der Ausscheidungsorgane (Darm, Lunge, Haut) ausgelöst wird und dass hierbei die Ernährung eine entscheidende Rolle spielt. Sie sehen die Schlüsselrolle im Darm: Durch das Aufkratzen der juckenden Haut wollen Neurodermitiker die dort abgelagerten Schadstoffe (Schlacken, auch hervorgerufen durch Übersäuerung) ausschwemmen. Die betroffenen Bereiche werden schlechter durchblutet, und die Sauerstoffsättigung sinkt, was das Hautbild weiter verschlechtert.

__ IST NEURODERMITIS HEILBAR? __

Ganz klar und eindeutig: Nein, Neurodermitis ist nicht heilbar. Die Veranlagung zum atopischen Ekzem ist, wie im Vorhergehenden beschrieben, angeboren und begleitet einen lebenslang. Sehr wohl kann man aber einen erscheinungsfreien Zustand erreichen, wenn man lernt, mit seiner Neurodermitis umzugehen. Um dies zu schaffen, muss man herausfinden, was bei einem selbst die Auslöser sind, und diese fortan meiden.

Bei vielen Kindern verliert sich die Überempfindlichkeitsreaktion während der Pubertät, bei anderen aber, wie bei mir, wird sie auch stärker. Meine Mutter hat ihren ersten Neurodermitisschub sogar überhaupt erst mit fünfzig bekommen, wieder andere, die ich kenne, haben einmal als Erwachsene einen einzigen Schub und bleiben nachher von weiteren Ekzemen verschont. Trotzdem kann man auch bei ihnen nicht von Heilung sprechen. Sie sind »nur« erscheinungsfrei.

WAS HILFT IM KAMPF
GEGEN DIE NEURODERMITIS?

Wichtig ist eine gesunde, ausgewogene und allergenarme Ernährung. Für viele Neurodermitiker gilt zugleich, dass diese möglichst histaminarm sein sollte, unter Vermeidung aller Lebensmittel, die im individuellen Fall unverträglich sind. Zitrusfrüchte, größere Mengen Zucker, Kaffee, Alkohol und Nikotin werden von fast allen Neurodermitikern nicht oder nur schlecht vertragen – Ausnahmen bestätigen die Regel.

Ein anderer wesentlicher Punkt ist der Abbau von Stress. Da man Stress oft nicht vermeiden kann, ist es sinnvoll, Entspannungstechniken zu erlernen, um dem Körper zumindest Erholungspausen zu gönnen. Mir helfen am besten autogenes Training und Yoga.

Außerdem sollte man alles tun, um sein Immunsystem zu schützen und zu stärken. Die Möglichkeiten hierzu sind vielfältig; auch hier wird jeder seinen eigenen Weg finden müssen. Bioresonanz, Akupunktur, Homöopathie, Magnetfeldtherapie und Brottrunk sind nur einige der möglichen Wege. Mit dem Brottrunk sollte man sehr vorsichtig anfangen. Meine erste Einnahme war ein viertel Teelöffel! Heute trinke ich täglich eine halbe Stunde vor dem Frühstück auf nüchternen Magen ein Glas Brottrunk. Auch die Einnahme von Vitaminen und Mineralstoffen (vor allem B-Vitamine, Zink und Selen) kann helfen, muss aber unbedingt mit dem Arzt abgesprochen werden. Borretschöl hilft, die Haut von innen »zu fetten«. Andere schwören auf Nachtkerzen-öl und sind sehr zufrieden damit; ich vertrage es hingegen nicht.

Naturheilkundler gehen die »Heilung« meist über den Darm an. Auch für eine Darmsanierung gibt es viele verschiedene Möglichkeiten: spezielle Diäten, die Einnahme von Enzymen, probiotische Getränke, Medikamente wie Prosymbioflor und Symbioflor oder den bereits genannten Brottrunk. Auch Synerga ist in diesem Zusammenhang zu nennen. Außerdem sollte vom Arzt untersucht werden, ob der Darm mit dem Hefepilz Candida albicans befallen ist.

Die Darmsanierung und die Gabe hoher Vitamin-B-Gaben scheint vielen Neurodermitikern zu helfen. Neben verschiedenen Medikamenten und probiotischen Milchgetränken (sofern Milch vertragen wird) ist auch der Brottrunk dazu geeignet, den Darm wieder ins Gleichgewicht zu bringen und die Aufnahme der B-Vitamine zu erleichtern, da er eine große Anzahl von Milchsäurebakterien und Enzymen enthält. Leider aber ist der Darm nicht immer der Schlüssel zur Lösung.

Ein weiterer Punkt ist die Übersäuerung. Tierische Eiweiße wie Fleisch, Wurst, Eier, Milchprodukte, Fisch, Weißmehlprodukte, Süßspeisen, süße Getränke, Alkohol, Nikotin und verschiedene Nahrungsmittelzusätze sowie Stress führen dazu, dass unser Körper übersäuert. Die Folge der Übersäuerung des Körpers ist, dass sich die pH-Werte der Flüssigkeiten im Körper verändern, was den gesamten Stoffwechsel in Mitleidenschaft zieht, da viele Stoffwechselfunktionen nicht in einem sauren Milieu, also bei einem pH-Wert unter 7, stattfinden können. Auch auf die Neurodermitis hat eine Übersäuerung einen negativen Einfluss.

Der Übersäuerung entgegenwirken kann man durch eine Nahrungsmittelumstellung, den bevorzugten Verzehr also von sogenannten »basischen« Lebensmitteln wie Kartoffeln,

Gemüse, Obst, Salat und hochwertigem Quellwasser. Auch Brottrunk, Basenpulver, Ausgeglichenheit und ausreichende Bewegung helfen dabei, den Körper zu entsäuern.

Viele Neurodermitiker empfinden Sonnenbäder, Bestrahlungen (vor allem mit UV1-Licht) und Meerbäder als hilfreich. Auch ich bin im Sommerhalbjahr in der Regel erscheinungsfrei.

Schließlich gibt es natürlich auch noch unzählige Cremes, die Hilfe bei Neurodermitis versprechen. Eine gut genährte Haut ist widerstandsfähiger und entgleist nicht so schnell. Empfehlenswert sind Cremes auf Ureabasis oder mit Eucerin; Teer- und Zinkcremes können der Haut dabei helfen, schneller abzuheilen. Über den Bundesverband Neurodermitiskranker in Boppard kann man Ärzte und Krankenhäuser finden, die einem gute, cortisonfreie Cremes empfehlen können, auch keine Cremes mit den Wirkstoffen Pimecrolimus und Tacrolimus verschreiben und sich auf die ganzheitliche Behandlung von Neurodermitis spezialisiert haben. Ich kann jedem Betroffenen den Kontakt gerade mit diesem Selbsthilfeverein nur empfehlen. Genau wie viele andere Neurodermitiker, die ich kenne, habe auch ich dort schon so manch guten Rat bekommen. Die Adresse des Verbandes befindet sich im Anhang. Die Beratung dort ist ebenso unkompliziert wie prompt und engagiert.

Zum Schluss möchte ich noch einen weiteren, mir sehr wichtigen Hinweis für künftige Mütter geben: Neurodermitisprävention fängt bereits im Mutterleib an. Durch das, was die Mutter schon vom ersten Tag der Schwangerschaft an zu sich nimmt, werden in dem entstehenden Kind die ersten Allergien angelegt. Deswegen sollten sich vor allem Allergiker, Asthmatiker und Neurodermitiker unbedingt schon vor der Schwangerschaft von kompetenter Stelle beraten lassen (zum Beispiel in der Hautklinik Friedensburg in Leutenberg. Die Adresse befindet sich im Anhang.).

IMAGINATIONSTRAINING NACH SIMONTON

Im Rahmen ihrer Klinikarbeit fragten sich Anfang der 1970er-Jahre O. Carl Simonton, Facharzt für Radiologie, und seine Frau Stephanie Matthews Simonton, eine Psychologin, wie es kommt, dass manche Menschen eine so schwere Krankheit wie Krebs besiegen können, andere aber nicht. Sie betrieben intensive wissenschaftliche Studien und fanden heraus, dass Patienten, die aktiv an ihrem eigenen Heilungsprozess mitwirken, für sich ein Ziel formulieren können und etwas haben, wofür es sich für sie selbst zu leben lohnt, eine größere Überlebenschance haben. Auf der Basis dieser Grundüberlegung und mithilfe verschiedener Disziplinen der Psychologie entwickelten sie ein Selbsthilfeprogramm für Krebspatienten, dessen Ziel es ist, die Selbstheilungskräfte zu stärken und die Lebensqualität der Patienten zu erhöhen. Die Grundlage dieser Technik ist die Imagination, die Visualisierung, wie ich sie auch im Krankenhaus erlernt und in diesem Buch beschrieben habe. Unsere Vorstellungskraft kann uns dabei helfen, im Körper Gesundungsprozesse auszulösen. Diese Technik lässt sich sehr gut mit anderen Entspannungsverfahren kombinieren. Im entspannten Zustand stellen wir uns unser Immunsystem vor und bitten es um Mithilfe bei der Lösung unseres Hautproblems. Es ist wichtig, diese Hilfe zu visualisieren, sich die Arbeit unseres Abwehrsystems also bildlich vor Augen zu führen und uns vorzustellen, wie wir mit unserer gesunden Haut aussehen.

—— MEINE ERSTE-HILFE-TRICKS ——
BEI JUCKREIZ

Kalte Dusche
Halten Sie juckende Körperteile unter eiskaltes, fließendes Wasser, oder nehmen Sie eine eisige Dusche. Sobald die Hauttemperatur sinkt, nimmt der Juckreiz ab.

Kühlakkus
Nehmen Sie tiefgefrorene Kühlakkus für Kühltaschen, wickeln Sie ein dünnes Geschirrtuch oder T-Shirt darum, und kühlen Sie damit die juckenden Stellen. Der Vorteil der Kühlakkus gegenüber den Gelpacks ist, dass sie wesentlich länger kühlen.

Imaginationstraining mit dem Wasserfall
Menschen, die Yoga machen oder ein anderes imaginatives Training erlernt haben, können sich vorstellen, dass sie durch einen kühlen Wald spazieren und auf einen Wasserfall zulaufen. Je näher sie dem Wasserfall kommen, desto mehr spüren sie die kühlende Wirkung des Wassers. Erste Wasserspritzer berühren die Haut und hinterlassen ihre kühlende Wirkung. Gehen Sie weiter, bis Sie unter dem imaginären Wasserfall stehen und die herrlich kühlende Wirkung des klaren Wassers spüren.

Diese Übung sollten Sie möglichst dreimal täglich durchführen und zusätzlich im Bedarfsfall anwenden. Es ist nachgewiesen, dass man durch reine Imagination die Hauttemperatur um bis zu zwei Grad absenken kann. Das regelmäßige Durchführen dieser Übung hilft, sie im Notfall »auf Abruf« zu beherrschen.

Knöchelkratzen und Hautklopfen
Kratzen ist der absolute Horror für die Haut, da man sich dadurch ständig neue Wunden zufügt und das Histamin noch mehr hochjagt. Wenn Sie statt mit den Fingernägeln aber mit den Fingerknöcheln über die Haut fahren, erfahren Sie eine ähnliche Erleichterung, ohne die Haut zu zerstören. Noch sanfter ist das »Beklopfen« der Haut.

VERBÄNDE

Bundesverband Neurodermitiskranker in Deutschland e.V.
Vorsitzender und Bundesgeschäftsführer: Jürgen Pfeifer
Oberstraße 171
56154 Boppard
Tel.: 0 67 42/87 13-0
Fax: 0 67 42/27 95
www.neurodermitis.net
info@neurodermitis.net

FACHKLINIKEN

Fachkrankenhaus für Dermatologie Schloss Friedensburg
Chefarzt Dr. med. R. Shimshoni
Schloßstraße 25
07338 Leutenberg
Tel.: 03 67 34/800
Fax 03 67 34/22362
www.schloss-friedensburg.de
www.rshimshoni.de
info@ schloss-friedensburg.de

Spezialklinik Neukirchen
Krankenhausstraße 9
93453 Neukirchen b. Hl. Blut
Tel.: 0 99 47/280
Fax: 0 99 47/28109
www.spezialklinik-neukirchen.de
info@spezialklinik-neukirchen.de

____ INTERESSANTE WEBSEITEN ____

Die Hautklinik in Leutenberg hat eine Webseite, auf der man viele Informationen finden kann:
  http://www.schloss-friedensburg.de

Eine hervorragende Schweizer Webseite, die sehr breit gefächert ist und viele wertvolle Informationen und Tipps liefert, ist:
  http://www.neurodermitis.ch

Ebenfalls viele Infos zum Thema Neurodermitis (allerdings auch viele Informationen zum Thema Cortison) bietet:
  http://neurodermitis.dermis.net

Mehr Informationen zum Thema Pimecrolimus und Tacrolimus finden Sie hier:
  http://www.allgemeinarzt-dr-eichler.de
  http://www.neurodermitis.ch
  http://www.arznei-telegramm.de/zeit/0503_a.php3
  http://www.fda.gov

Zum Thema basische Ernährung bietet sich an:
  http://www.ugb.de

Auch auf meine eigene Webseite möchte ich an dieser Stelle hinweisen:
  www.anna-wolff.com

THEMA HISTAMIN

Literatur

Reinhard Jarisch: *Histamin-Intoleranz, Histamin und See-krankheit,* Thieme, 2004.
Thilo Schleip: *Hilfe bei Histamin-Intoleranz: Endlich Schluss mit den Beschwerden.* Trias, 2007.
Thilo Schleip: *Richtig einkaufen bei Histaminunverträglich-keit. Für Sie bewertet: über 1100 Fertigprodukte und Le-bensmittel.* Trias, 2008.

Webseiten:

Zum Thema Histamin-Intoleranz:
http://www.ernaehrung-online.at
http://www.histaminbase.at
https://www.wien.gv.at

THEMA BROTTRUNK

Der wesentliche Effekt des Brottrunks ist, dass er die Zahl der Milchsäurebakterien im Darm erhöht und sich dort dank der Ansäuerung keine krankheitserregenden Keime bilden können beziehungsweise diese vermindert werden. Ein weiterer positiver Nebeneffekt ist, dass der Brottrunk bei der Entsäuerung unseres Körpers hilft.

Bestätigt wird die hier dargestellte Wirkung von Brottrunk vom Bund Neurodermitiskranker. 20 Betroffene tranken in einer Studie fünf Wochen lang eine ansteigende Menge an Brottrunk. Überdies wurden die befallenen Hautstellen regelmäßig mit Brottrunk abgerieben, um die dort sitzenden schädigenden Bakterien abzutöten.

Das Ergebnis: Die Darmflora stabilisierte sich, die Krankheit besserte sich bereits in diesem kurzen Zeitraum, und der Juckreiz ließ nach.

Da jeder Neurodermitiker anders reagiert, empfiehlt es sich, mit einer kleinen Menge Brottrunk anzufangen und diese allmählich zu steigern.

http://www.kanne-brottrunk.de
http://www.wissen-gesundheit.de

BIORESONANZ

Informationen zur Bioresonanz:
   http://www.energy-medicine.info/theorie.html
   http://www.scioeurope.com/29-0-bioresonanz.html

——— THEMA KORRUPTION ———
PHARMA

Buchtipp

Markus Grill: Kranke Geschäfte: Wie die Pharmaindustrie uns manipuliert, Rowohlt 2007

Webseiten

http://www3.ndr.de/ndrtv_pages_std/0,3147,OID4677746_REF13486,00.html
http://www.wiwo.de/unternehmer-maerkte/korruption-schwarze-flecken-auf-dem-arztkittel-270036/
http://www.dradio.de/dkultur/sendungen/zeitfragen/669166/
http://www.3sat.de/3sat.php?http://www.3sat.de/ard/sendung/124382/index.html
http://www.rbb-online.de/_/kontraste/beitrag_jsp/key=rbb_beitrag_1173554.html
http://www.stern.de/wirtschaft/unternehmen/maerkte/:Pharmaindustrie-Die-Schein-Forscher/581173.html
http://www.focus.de/finanzen/news/medizin-party-statt-kongress_aid_307264.html

Wie erkenne ich, ob mein Arzt manipuliert ist?
http://www.stern.de/blog/42_pharmablog/archive/1343_wie_erkenne_ich_ob_mein_arzt_manipuliert_ist.html

DANKSAGUNG

Mein Dank gebührt in erster Linie meiner Familie, die mich in dieser schweren Zeit unterstützt und immer wieder aufgebaut hat, wenn mich die Hoffnung und Zuversicht doch einmal verlassen hatten. Um ihre Privatsphäre und die anderer mir nahestehender und im Buch erwähnter Menschen zu schützen, habe ich mir erlaubt, Namen und charakteristische Einzelheiten abzuwandeln.

Auch meiner verstorbenen Mutter möchte ich in Liebe und größter Dankbarkeit gedenken. Sie ist für mich immer eine große Stütze gewesen und fehlt uns sehr.

Ebenso bedanken möchte ich mich bei den Ärzten und dem Pflegepersonal der Dermatologischen Klinik Schloss Friedensburg in Leutenberg für ihren Einsatz, ihre Zuwendung und ihre endlose Geduld – und dafür, dass sie einen gangbaren Weg abseits der Cortisonpfade gefunden haben und sich so sehr für ihre Patienten einsetzen.

Ein besonderer Dank gebührt meiner Kollegin Muriel Simon, die im gleichen Verlag zwei wundervolle Bücher über das Thema Brustkrebs geschrieben hat. Es war ihre Idee, dass ich meine Geschichte niederschreibe und dem Verlag anbiete. Auch den ersten Kontakt mit der Lektorin verdanke ich ihr.

Und last, not least möchte ich auch meiner Lektorin Frau Susanne Haffner für ihre wertvolle Unterstützung beim Entstehen dieses Buches danken.

*Gemeinsam alt sein. Ein berührender
Bericht über Liebe und Vergessen*

Katrin Hummel
GUTE NACHT, LIEBSTER
Demenz.
Ein berührender Bericht
über Liebe und Vergessen
Erfahrungen
288 Seiten
ISBN 978-3-404-61646-6

Hilda und Hans sind seit dreißig Jahren verheiratet. Da beginnt
Hans sich zu verändern. Zuerst wundert sich Hilda über ihn,
findet manches unverschämt. Als ein Neurologe Hans dann
fragt: »Wie heißen ihre Töchter?«, weiß er die Antwort nicht.
Die erschreckende Diagnose: Demenz. Schon bald kann er Hilda
kein Partner mehr sein und wird zum Schwerstpflegefall. Obwohl die Belastung fast unmenschlich erscheint, entscheidet
Hilda, dass sie sich um ihren Mann kümmern wird. In diesem
sehr persönlichen Buch spricht sie über ihren Alltag, ihre Ängste
und ihre intimsten Gedanken. Es ist ein bewegendes Plädoyer
für die Liebe.

Bastei Lübbe Taschenbuch

Missbraucht von dem Mann, den ich lieben wollte

Christine Birkhoff
EIN FALSCHER TRAUM
VON LIEBE
Der lange Weg
aus der Hölle meiner Kindheit
Erfahrungen
448 Seiten
ISBN 978-3-404-61609-1

Vom Vater verprügelt, von der Mutter verachtet: Die kleine Christine ist froh, als ihr neuer Stiefvater Jürgen sich auf ihre Seite stellt. Vielleicht gibt es das doch noch: Familienglück. Doch Jürgens Liebe ist nicht das, was sie zu sein scheint. Immer öfter will er mit Christine allein sein, und immer mehr isoliert er sie von ihren Freunden. Als er in seinem neuen Haus ein »Liebesnest« für sie einrichtet, beginnt eine Tortur für das Mädchen, aus deren Klauen sie sich erst zwanzig Jahre später befreien kann. Mit Anfang Dreißig wird sie Polizistin und engagiert sich heute selbst gegen Gewalt und für die Schwachen. Inzwischen lebt sie glücklich mit ihrem Mann und ihrer Tochter zusammen.

Bastei Lübbe Taschenbuch